Dispersionsklebebindung

bei *docupoint*, für optimales Aufschlagverhalten und eine lange Haltbarkeit Ihrer Bücher.
Für Auflagen von 50 -1000 Stück.

Sprechen Sie uns an!

docupoint GmbH	Telefon (03 92 03) 51 07-0
Druckerei & Verlag	Telefax (03 92 03) 51 07-21
Otto-von-Guericke-Allee 14	info@docupoint-md.de
39179 Barleben	www.docupoint-md.de

Knut Bastel
Laute Gedanken

Knut Bastel
Laute Gedanken
ISBN 978-3-938142-26-4
2. Auflage, 2012

© docupoint Verlag • Otto-von-Guericke-Allee 14 • 39179 Barleben

http://www.docupoint-md.de

Umschlagentwurf und Gestaltung: Steffen Schlüsselburg

Titelbild: Rembrandt, "Danae" (1636. Öl auf Leinwand. Eremitage, St. Petersburg)

Herstellung: docupoint GmbH, Barleben

Printed in Germany

Knut Bastel

Laute Gedanken

Phantastischer Roman

Die Handlung ist frei erfunden. Die Personen und Namen sind für mich selbstverständlich nicht zufällig. Eine für andere festzustellende Ähnlichkeit mit verstorbenen oder noch lebenden Personen streite ich ab.

Prolog

Vor Millionen von Jahren

Die gelbe Fläche des Meeresgrundes wurde nur vom einzelnen Weiß leerer Muschelschalen unterbrochen. Hier und da gaben braune und schwarze Klümpchen organischer Abfälle und abgerundete Stücke erkalteter Magma der Fläche ein zufälliges Muster. Kleine Sandfontänen, Strudeln gleich, rundeten das scheinbar friedliche Bild ab. Der kleine bunte Fisch schwamm ziellos in leichten Schlängelbewegungen dahin, knabberte hier an einem Pflanzenrest, spielte da mit einer Sandfontäne.

Da, im Bruchteil einer Sekunde, für einen Beobachter fast zu schnell, öffnete sich in unmittelbarer Nähe des kleinen Fisches ein riesiges Maul, zuckte nach vorn und verschluckte den Fisch.

Nur kurze Zeit später hatte sich der rochenähnliche Raubfisch wieder dem Meeresgrund angepasst. Seine Augen glichen den kleinen erkalteten schwarzen Magmastücken.

Das zufällige Muster auf dem Meeresgrund vermittelte Frieden.

Vor Hunderttausenden von Jahren

Mur leckte seine Wunde an seinem linken Arm. Den Schmerz spürte er kaum. Endlich hatte er Glück gehabt. Das Tier hatte sich in seiner Panik beim Sprung ein Bein gebrochen. Hilflos daliegend schlug es noch beim Herannahen von Mur um sich. Bevor Mur mir seiner Keule den Schädel des Bocks spaltete, ritzte die Beute mit seinen Hörnern den Arm des Jägers auf. Mur war nicht der beste Jäger. Schnell nahm er sein Steinmesser und schlitzte die Gazelle am Bauch auf. Die über seinem rechten Arm herausquellenden Innereien störten ihn nicht. Das Herz aß der Jäger sofort. Mur spürte noch die Bewegungen der Lebensquelle des Tieres an seinen Lippen. Das warme Blut strömte in seinen Magen, und er trank begierig.

Erschöpft von seiner langen Wanderung durch die Steppe, seinen Entbehrungen, seit er aus der Sippe verstoßen worden war und dem nun reichhaltigen Mahl, setzte sich Mur zurück. Seine Augen durchstreiften die Steppe und die während der Jagd vergessene Angst vor Raubtieren kehrte zurück. Ganz in seiner Nähe bemerkte er einen zerklüfteten Felshügel. All seine Kraft zusammennehmend schleppte Mur die tote Gazelle in die Richtung der großen Steine.

Sein schwächlicher Körper, der ihn zum Außenseiter in der Sippe gemacht hatte und auch letztendlich der Grund für seinen Ausschluss war, konnte die Anstrengung nur mit Mühe bewältigen. Schwer schnaufend ließ er den Tierkadaver von seiner Schulter rutschen und sich an einen großen Stein lehnend erholen. Als das Schwarz vor seinen Augen langsam verschwand, sah er am Himmel zum ersten Mal die noch kleine Schar der großen Aasvögel. Weitere gesellten sich in diesem kreisenden Flug über ihm und seiner Beute.

Das wusste Mur, er muss seine Beute vergraben und Steine darauf wälzen, sonst würden in kurzer Zeit eine Anzahl dieser schwarzen Vögel die Gazelle auseinander reißen. Er müsste wieder hungern. Zwischen großen Steinen am Rande der Felsen fand er eine sandige Stelle. Gestärkt durch einen weiteren Schluck des langsam erkaltenden Gazellenblutes und ohne Werkzeug fing er an, mit den Händen eine Mulde auszuheben. Da zuckte ein Schmerz durch seine linke Hand. Und als er den Daumen sah, bemerkte er den tiefen Kratzer, aus dem dickes Blut hervorquoll. Kein Skorpion. Mur nahm sein Steinmesser und grub vorsichtig weiter. Ein großes Stück Elfenbein, unschwer als Zahn eines Raubtieres auszumachen, ließ ihn zurückschrecken und sich hinter dem Fels verstecken. Erst nach einiger Zeit, als er gemerkt hatte, dieser Zahn konnte ihn nicht gefährden, grub er vorsichtig weiter. Die Gazelle fast vergessend, hatte er bald die Habseligkeiten eines großen Jägers ausgegraben: Ein Steinmesser, größer und schärfer als sein eigenes, einen Speer mit einer Steinspitze, Pfeile und einen Bogen, dessen Sehne zwar gerissen, aber seine Bedeutung für Mur erkennbar war. Die Kette mit den Zähnen des großen Raubtieres ließ er liegen, berührte sie nicht. In einem weichen Fellbündel eingewickelt fand Mur einen kleinen Bogen, einen Stab aus hartem Holz und einen weiteren mit einem Loch. Mur kannte diese Utensilien. Auch seine Sippe besaß diese Werkzeuge. Doch nur die Mutter der Sippe konnte mit ihnen das Feuer entfachen. Feuer – Mur schloss die Augen und sah die wärmende Flamme in der Nacht, schmeckte das gebratene Fleisch und erlebte das Gefühl der Sicherheit durch Feuer. Ein Luftzug über sein Gesicht ließen ihn seine Augen wieder öffnen. Ein Aasvogel hatte ihn fast mit seinem Flügel gestreift. Jetzt spürte Mur wieder die seit Tagen schon anhaltende Erschöpfung. Er legte seinen Fund beiseite und zog den Leib des Tieres in die Mulde, schob Sand darüber und deckte es mit Steinen ab. Und ohne dass er es verfolgen konnte, wurde die Schar der kreisenden großen schwarzen Vögel kleiner. Seinen Fund schob er unter einen großen Stein und fast ohnmächtig schlief er ein.

Tau der Morgenkühle, von den Felsen tropfend, weckte ihn am nächsten Morgen. Gierig löschte er halbwegs seinen Durst. Beinahe steif vor Kälte, hängte er sich die gefundenen Fälle um. Sie waren viel dünner und wärmten besser als die steifen Felle in seiner Sippe. Wärme. Mur erinnerte sich an die kleinen Werkzeuge zum Feuermachen. Unter den Steinen fand er trockenes Moos, steckte den Stab in den Bogen und bewegte ihn. Doch sein verletzter Arm und Daumen, mehr noch seine Ungeschicklichkeit ließen keinen Qualm als Vorboten einer Flamme aufsteigen. So musste Mur wieder rohes Fleisch vom ausgegrabenen Gazellenbock essen. Und er schlug sich den Magen voll. Dabei schmeckte das Fleisch bei weitem nicht mehr so wie am vergangenen Tag. Morgen könnte er es nicht mehr essen. So vergrub er den Kadaver nicht mehr so sorgfältig. Die Raubtierzähne mit der Lederschnur hatten sich nicht bewegt. Mit dem Speer zog Mur die Kette über den Sandboden. Nach einigem Zaudern und Zögern nahm er sie auf und hängte sie sich über die Schultern. Darüber ein Fell, das mit der Tiersehne des gefundenen Fellbündels um den Bauch festgebunden wurde. Hierhin kam das neue Messer. Er nahm Speer und Bogen und zog dem Bergrücken entgegen. Nach wenigen Metern kehrte Mur zurück und steckte das für ihn nutzlose Feuerwerkzeug in seinen Gürtel. Vom Blut und Fleisch der Gazelle gestärkt, waren ihm Speer und Bogen keine große Last und als die Sonne zwar schon tiefer stand, aber immer noch mit Kraft schien, erreichte er den mit Büschen und vereinzelten Bäumen bewachsenen Gebirgsrand.

Die Begegnung mit der anderen Sippe erfolgte für Mur unvorbereitet und plötzlich. Eben noch auf eine Baumgruppe zustrebend, eine kleine Erhebung erklimmend, stand er nun vor Angst wie erstarrt vor der in einer Senke sitzenden Gruppe von nur hier und da mit Fellresten bekleideten Menschen. Auch bei ihnen hatte die Begegnung Erstarren und Furcht ausgelöst. Ein Wesen ganz in ein Fell gehüllt war etwas Neues. Doch es regte sich nicht, stand ganz erstarrt auf dem Hügel. Dann, schwankend zwischen Furcht und Mut, standen die größten Männchen auf und vollführten Drohgebärden mit ihren Fäusten und Knüppeln.

Hunderte Male hatte Mur in seiner Sippe diese Situation erlebt und immer hatte er die starken Männchen durch das Entblößen seiner Brust und dem Darbieten seines Halses beschwichtigt. Ohne Gedanken streifte er das Fell von seinen Schultern und reckte den Kopf. Dabei vollführte seine Hand mit dem mächtigen Speer ungewollt eine Vorwärtsbewegung. Das Klirren der Kette mit den mächtigen Zähnen bemerkte er kaum. Er sah nur die Wesen, die jetzt mit ausgebreiteten Armen bäuchlings auf den Boden sanken. Immer noch erstarrt auf dem Hügel fand Mur langsam zur Besinnung und hörte das Plärren der Kleinkinder, die unbeeindruckt von der Szene, nach Futter schrieen. So war es auch die junge Mutter Rre, die als erste der Sippe ihre Erstarrung verlor und, aber noch immer voller Furcht, sich Mur näherte. Kniend fasste Rre an das ungewohnt weiche Fell. Mur weckte diese Bewegung aus seiner Starre.

Die Ambivalenz seiner Gefühle, Angst und doch schon Stärke, ließ seine sonst so blasse Stimme einen markerschütternden Schrei auslösen. Die schon vom Boden sich erhobenen Köpfe der Wesen aus der fremden Sippe drückten nun ihre Gesichter wieder in den langsam feucht werdenden Boden. Mur war erstaunt über diese Reaktion. Keiner bewarf ihn mit Exkrementen oder bedrohte ihn. Das junge Weibchen zitterte zu seinen Füßen. Dann unverhohlen, reckte Rre ihr Hinterteil Mur entgegen. Ausgezehrt von der langen Wanderung, vom langen Alleinsein und wieder gestärkt von der unverhofften Beute nahm er das sich darbietende Weibchen. Ihr bisheriger Favorit Burr sah dies mit halb erhobenem Kopf, wagte nicht einmal zu knurren. Innerhalb weniger Minuten war Mur das Alphamännchen der Sippe, seiner neuen Sippe. Nach seinem kurzen Spiel mit Rre ging er zum Platz der Sippe. Die Lagerstätte war einfach. Die Sippe befand sich auf der Wanderschaft. Schon lange hatte kein Blitz Feuer für die Gruppe gebracht, das Zeug zum Feuerentzünden war schon lange verloren gegangen. Mur erinnerte sich an die Utensilien in seinem Sehnengürtel und im nächsten Augenblick an die Ungeschicklichkeit seiner Hände. Das grimmige Gesicht der starken Männchen seiner alten Sippe nachahmend, schlug er mit dem Speer auf den Boden, schrie laut und warf die Feuerutensilien Rre in den Schoß. Rre hatte geschickte Hände und hatte das Entzünden von Feuer bei den Alten gesehen. Sie legte Zunder auf das Holz und begann, vom Knurren Murs begleitet, mit dem Bogen den kleinen Stab zu drehen. Nicht lange und es fing an zu rauchen, ein Funke sprang in den Zunder und Flammen leckten an den kleinen, trockenen Ästen. Die Sippe hatte seit Monaten wieder Feuer.

Und Mur, der starke einsame Raubtierjäger hatte der Sippe das Feuer gebracht. Mit seinem scharfen Speer und seinem bald durch Rre reparierten Bogen konnte Mur die Lüge um seine Person aufrechterhalten. Burr bezahlte seinen Zweifel mit dem Leben. Zwei starke Männchen überfielen ihn und spalteten ihm den Schädel. Mur wurde sehr geschickt in seiner neuen Fähigkeit zu lügen. Immer besser verstand er es, wütende Gebärden zu zeigen und seine Angst damit zu verdecken.

Waren es die Gene oder die Erziehung, auch seine Kinder verstanden es gut und immer besser, ihre Gattungswesen zu belügen und zu betrügen.

Vor zehntausend Jahren

Die unbarmherzige helle Sonne hatte den Fluss in seine Sommergrenzen gezwungen. Die Pflanzen in den sonst so reichen Feldern im breiten Schwemmland des Flusses ließen die Köpfe hängen und begannen bereits zu verdorren. Auch die ausgeklügelten Bewässerungsanlagen schafften keine Abhilfe mehr. Das nahrungsversprechende Grün war dem Gelb der Dürre gewichen.

Der hohe Priester Sahib kannte die Sorgen der Bauern, die täglich mit Geschenken den Tempel besuchten und um Regen baten. Sahib saß bei den Audienzen mit unbewegter Miene und hörte kaum auf das Jammern der Menschen. Seit Jahrhunderten hatten seine Vorfahren die Natur beobachtet und das Wissen ihren Kindern weitergegeben. So wusste Sahib, er sah es am Fluss, an den Vögeln und den Insekten. Noch zwei, drei Sonnenaufgänge und es würde hier im Tal regnen. Nun ging er zu den Bauern, um ihnen zu sagen, dass sein Gott erzürnt ob der wenigen Opfergaben sei, und es würde eventuell niemals mehr regnen.

Innerlich grinste er dabei und dachte an den kommenden Wohlstand in seinem Haus – sein Gesicht zeigte Konzentration.

Heute, am Abend, hätten alle am Tempel die Gelegenheit seinem, ihrem Gott zu opfern. Er würde beten, die ganze Nacht.

Sie opferten, er betete vor den Opferwilligen und es regnete am nächsten Tag.

Am Grund des Flusses verschluckte der eingegrabene Raubfisch sein Opfer.

Vor 2.500 Jahren

Innerlich frohlockend hielt Senator Theorotor seine lang erwartete Rede vor der Vollversammlung des Stadtstaates. Obwohl darin längst geübt, hatte er in der letzten Nacht jede Miene, jede Geste seiner traurig wirkenden Anklagerede gegen den dickbäuchigen, freundlich lächelnden Philosophen geübt. Dieser Sohn eines Bildhauers und einer Hebamme verdarb mit seinen Reden und Handeln die Geschäfte und nicht nur seine. Fast alle Mitglieder der Vollversammlung litten unter diesem in der Öffentlichkeit so beliebten Vielredner und Fragesteller. So sagte Theorotos „Sitten" und sprach von Göttern und meinte eigentlich Geschäfte. Die Zuschauer auf den Rängen konnten dem Spiel ihrer Oberen nicht folgen. Sahen sie doch zutiefst betrübte Geschworene, die ihren Philosophen verurteilen mussten, sogar gegen ihren eigenen Willen. Man sah es ja an den Mienen der gewählten Volkstribune. Diese Vertreter der Herrscherklasse hätten das Theater im sonnigen Stadtstaat revolutionieren können, bedurften sie doch keine Gesichtsmasken mehr, um die Zuschauer über ihr wirkliches Denken zu täuschen. Nur der Philosoph mit der Halbglatze konnte an diesem Tage hinter die lebenden Masken aus Worten und Haut sehen. So war sein Lächeln sehr traurig, als er zum Schierlingsbecher griff. Die Geschworenen feierten an diesem Tag nicht. Man konnte auch ein oder zwei Tage damit warten. Das Volk vergisst schnell.

Im blauem Meer, gleich neben dem Hafen des Stadtstaates, verschluckte ein, wie ein Fels wirkender, Raubfisch sein Opfer.

Teil I – Die Begegnung

Heute:
Frank löste sich aus seinem Traum. Langsam, dann schneller, es lohnte sich nicht, ihn zu behalten.
Schon vor dem Öffnen der Augen spürte er die Sonne, die durch das Fenster seinen Rücken wärmte und das Schlafzimmer in ein eigenes, dem Muster der Vorhänge folgend strukturiertes Licht tauchte.
Sonntag.
Neben ihm seine Frau Petra atmete regelmäßig – der Tag hatte noch nicht begonnen. Also konnte Frank noch im Bett verweilen. Er stellte sich die Frage, schon Denken oder noch Träumen. Da er die Wärme seiner Frau spürte, fiel die Entscheidung zum Träumen. Tag-Träumen ist zuerst immer beobachten innen und außen. Das Nachthemd seiner Frau war verrutscht. Die linke Brust lag fast frei. Noch immer ansehnlich, nach zwei Kindern und 22 Ehejahren. Bei einer Berührung, nicht gleich, würde sich die Warze füllen und wie ein Karstgebirge in grauer Vorzeit nach oben streben. Jetzt lag sie in Ruhestellung hellbraun im Vorhof. Der Drang, diese Bewegung nach oben – füllend – nur mit der Erektion des eigenen Penis vergleichbar – auszulösen, ist stark. Doch Frank weiß, Petra mag das nicht, so aus dem Schlaf gerissen mit einer Zärtlichkeit und noch einer Zärtlichkeit und noch einer. Früher mal, ja, aber das war vor fast einem Vierteljahrhundert. Jetzt muss vorher geduscht werden.

Ein wenig betrübt fällt Frank in einen Tagtraum mit Umarmungen, Schwellungen der Brustwarzen und des so ähnlichen Gebildes zwischen den Schamlippen seiner und einer anderen Frau. Das Gefühl des Wachsens und des Druckes in seinem Penis treibt Frank aus dem Traum.

Jetzt nicht mehr – nicht wieder enttäuscht sein, das bringt Frust den ganzen Tag. Lesen?

Frank greift zum Buch und lässt es liegen.

Ich werde das Frühstück vorbereiten, Zeitung reinholen, den Tag beginnen.

Schnell ist der Druck zwischen den Lenden vergessen.

Seine Frau, schon eine Ewigkeit wach, nimmt es, die Augen geschlossen haltend und den Schlaf nachahmend, dankbar wahr. Die Gedanken ihres Mannes hatte sie wohl gespürt. Doch den ganzen Tag feucht zwischen den Beinen; das wollte sie heute nicht erleben. Zufrieden kuschelt sie sich in die blaue Damastbettwäsche, die mit dem gefilterten Sonnenlicht und dem großen Spiegel am Kleiderschrank die ruhige Stimmung im Schlafzimmer verstärkt.

*

Die Augen sind schwer, es brennt als seien Sandkörner zwischen die Augenlieder geraten.

Jetzt ist es Sonntagmorgen, 6.00 Uhr – fast noch Nacht.

Seinen Dienst im Observatorium hatte Philipp genau vor 36 Stunden angetreten und vor neun Stunden hatte seine Frau angerufen, wo er denn bleibe. Doch die wolkenlose Nacht versprach ein Arbeiten, dem er nicht entsagen konnte.

Ihre Stimme klang erst verärgert, doch dann hatte sie sich schnell beruhigt.

Zu schnell?

Daran konnte der Wissenschaftler keine Zeit verschwenden. Schon gar nicht in den letzten 9 Stunden.

Komisch, dass ich mich jetzt daran erinnere.

Doch der Blick über den mit Rechnern und Monitoren

vollgestellten Raum, den leeren Kaffeetassen auf dem Tisch und das Flimmern des Monitors im kalten Licht des Auswertungsraumes im Observatorium verbunden mit dem ungeduldigen Warten auf die Auswertung der Aufnahmen der letzten Nacht, ließen schnell den Gedanken an seine Frau wieder verschwinden. Er wandte sich seinem Monitor zu. Ein hier virtuelles Ereignis, das Lichtjahre entfernt materielle Wirklichkeit war, ließ vor Stunden den Atem stocken.

Sollte sein nun jahrelanges Suchen nach einem Planeten bei dem der heimischen Sonne am nächst gelegenen Stern sich doch gelohnt haben? Sein Blick ging zurück auf die benutzten Kaffeetassen und der Wunsch nach frischem Kaffe stieg in ihm auf.

Doch Tina muss am Rechner bleiben. Jetzt.

In der Nähe des Sterns war eine umgekehrte Sternschnuppe, aus der Schwärze des Alls getreten. Der Schweif war umgedreht! Ein Punkt, erst hell – dann ein Schweif breit, schmaler und verblassend. Keine Nova. Philipp lächelte verkrampft.

Eine umgekehrte Sternschnuppe, Lichtjahre entfernt, habe ich beobachtet. Da werden Wünsche erfüllt.

Wieder schaute er auf den Monitor. Was für eine Dimension und was für eine Leuchtkraft hatte dieses Objekt. Fast eine Stunde steht es nun schon am tausendfach vergrößerten Abschnitt des Nachthimmels. Die Zeit steht für Professor Philipp Bensch. Immer und immer wieder ließ er die Erscheinung durch Tina fotografieren und digitalisieren. Dann, wie in einem Spiegel im Raum die gleiche Erscheinung. Ein Schweif heller und breiter werdend, ein punktförmiges Licht, das schlagartig erlosch. Die Computer des Observatoriums laufen sprichwörtlich heiß. Eine solche Erscheinung, in dieser Dimension, so zeitlich begrenzt, ist die astronomische Sensation – Seine Sensation. Der Gedanke an einen übernatürlichen Ursprung ist da, wird sofort verdrängt, wird nicht zugelassen.

Das Professor Bensch-Phänomen. Die genaue Auswertung der Berechnungen kommt später.

Tina ist fertig. Die Ergebnisse sind hieb und stichfest. Enter – seine Bobachtung war jetzt im internen Netz aller Observatorien dieser Welt zugänglich. Schon jetzt musste er über die Anfragen, Spekulationen und Vorwürfe seiner Kollegen lächeln.

Ich hab es zuerst ins Netz gebracht – das Philipp Bensch – Phänomen. Es ist meins. Und jetzt muss ich schlafen.

„Tina, sie können jetzt gehen."

Das ist nicht möglich. Es ist gleich 7.00 Uhr morgens und ich kann jetzt gehen.

Tina Roberts erhebt sich aus dem unbequemen Bürostuhl und versucht ihre Beine zu strecken. Der Stolz auf ihre bei den Männern sonst so Aufsehen erregenden Gliedmaßen ist jetzt nicht da.

Hoffentlich werden sie wieder gerade.

Mit einer gekonnten Bewegung ihres linken Arms schiebt sie ihre über das Gesicht gerutschten naturblonden Haare zur Seite. Den Blick in den Spiegel vermeidet Tina bewusst.

Jetzt nur nach Hause, die Katze füttern und schlafen. Da, schon wieder diese Stimme von dem verrückten Professor.

„Tina, ich danke Ihnen, ohne Sie hätte ich die heutige Nacht nicht geschafft."

Was soll das? Kaffee kann jeder kochen. Und das bisschen Rechnerei hat der Computer gemacht. Die „große" Entdeckung wird er nur für sich beanspruchen. Aber, ich will nicht ungerecht sein, das wird wohl wirklich eine Sensation sein. Und die ständigen anzüglichen Blicke auf meine Beine und Brust sind zu ertragen. Da ist er nicht anders als die anderen. Alles Böcke.

Dieser Philipp Bensch ist mit seinen 50 Jahren, die man ihm auf dem Kopf und am Bauch ansieht, kein Adonis. Er ist aber ihr erster Chef und was wurde nicht alles an der Uni über die Stolpersteine der Wissenschaft erzählt.

So schlimm ist er nun auch nicht. Jetzt hat er vielleicht den großen Wurf gemacht. Ein Achtungszeichen im Himmel. Und ich bin dabei. Nun aber schnell nach hause, bevor er es sich noch anders überlegt.

Am großen Tor des Observatoriums begegnet sie den *unverschämt attraktiv*en Michael Polte von der Wartungsmannschaft. *Der sieht überhaupt nicht müde aus. Ganz schön affig sein halb zugeknöpftes Hemd am Morgen. Nicht mal Haare auf der Brust!*
Tina muss lächeln.
Ich muss mich doch nicht selbst belügen. Ein Glück, dass diese braune makellose Männerbrust keine Haare verdecken.

Gern denkt sie an die zärtlichen Berührungen vor zwei Wochen mit Michael in einer dieser endlosen Arbeitsnächte. Die Kantine ist eben für die Wissenschaftler und das andere Personal da.
Liebe auf dem Küchentisch. Gott, wenn das die anderen wüssten.
Michael geht freundlich grüßend vorbei. Ein wenig bedauernd:
Draußen wartet bestimmt seine Freundin – er ist sowieso zu jung für mich. Oder?

*

Peter Brode, der wissenschaftliche Mitarbeiter im Generalstab – eigentlich, was keiner wissen darf und jeder weiß, der Verbindungsmann zum Geheimdienst – zieht seine buschigen Augenbrauen nach oben. Allein in seinem Arbeitszimmer, das in seiner Nüchternheit nicht zu überbieten ist, wollte er eben seinen Nachtdienst beenden und in seine ebenso nach seinem Geschmack – nur nicht auffallen – Wohnung nach Hause gehen. Hier in seinem Arbeitszimmer ohne Fenster, waren Fotos von Jagdflugzeugen aus dem letzten Weltkrieg und in seiner Wohnung Drucke von van Gogh dominierender

Schmuck. Blumen und Pflanzen wollten unter seiner Pflege nicht gedeihen. Eigentlich ist Peter kein eingefleischter Junggeselle, doch seine einerseits pedantische Art nach unten und andererseits sein Buckeln nach oben lassen ihm Frauen gegenüber wenig Chancen. Jedenfalls bis jetzt.

Das wird sich mit meiner Karriere schon ergeben.

Eben kommt eine Meldung einer seiner Mitarbeiter auf den Schirm. Ein Professor Bensch hat eine Sternschnuppe in einem 2 Lichtjahre entfernten Sonnensystem beobachtet. Schnell rechnet er.

Das kann nur ein Witz sein. Wenn man eine Sternschnuppe in diesem Sternensystem beobachten will, so muss der Körper die Masse des Mondes haben und in die Atmosphäre eines Planeten mit der Größe einer Sonne fallen und das Ganze rückwärts. Der ist verrückt! Die Bilder sind Fälschungen! Oder ein virtueller Kratzer auf dem Objektiv. Gibt es so etwas?

Eben will Peter die Information löschen, doch da kommt ihm ein für ihn typischer Gedanke.

Das muss auf den Tisch des Generals. Koch wird sich die Hände reiben. So geben die nutzlosen Wissenschaftler unser Geld aus. Es wird Zeit, die Mittel für solche brotlosen Künste zu kürzen.

Und da ist noch ein Gedanke bei ihm, oder sind es nur Emotionen wie Unsicherheit, Neid, was in Verachtung für Wissenschaftler übergeht.

Eierköpfe. Die verschwenden unser Geld.

Und das „unser" impliziert bei Peter Brode vor allem „meins".

*

Noch immer sitzt der innerhalb weniger Minuten in Fachkreisen bekannt gewordene Astronom Philipp Bensch in der Zentrale des Observatoriums. Die Anrufe wollen nicht enden. Waren es zuerst Nachfragen, sind es jetzt immer wieder

Bestätigungen und Glückwünsche, die Philipp Bensch entgegennehmen muss. Erste wissenschaftliche Spekulationen findet er in den an ihn gerichteten E-Mails. Alle Teleskope und alle Observatorien zeigen jetzt in eine Himmelsrichtung. Er kann nicht zugeben, dass es fast Zufall war.
Ich habe schon immer diesen Stern erforscht.

**

Photonen, gebündelt, verdichtet als Träger von Energie und Information durchbrechen die Grenze zum Realraum. Losgelöst von den Bedingungen des Hyperraums wird Energie zur Masse. Innerhalb weniger Sekunden strukturiert sich aus Licht ein Doppelrumpfraumschiff, dessen Leiber tausende Kilometer entfernt sind. Nur der goldene Glanz und die unregelmäßig verteilten Sensorstäbe auf den beiden ungleichen Elypsoiden lassen ihren künstlichen Ursprung vermuten. Mit dem Ende der Strukturierung der Materie erwacht Leben im Raumschiff. Weitere Sekunden der Anpassung vergehen. Da nehmen die drei Lebewesen Verbindung mit einander auf. Ihre goldene Oberfläche öffnet sich zu handtellergroßen Augen. Sie sind in einem Dreieck angeordnet. Mit dem Erheben aus ihren Sarkophagen modellieren sie Extremitäten aus der Unterseite des Körpers, stellen sich auf diese. Gleich neben dem unteren Augenpaar wachsen ihnen zwei armähnliche Gebilde mit drei fingrigen gliederlosen Händen. Es scheint als schweben sie in den an der Schlafkammer grenzenden Raum. Die Sarkophage haben die medizinische Untersuchung bereits abgeschlossen, Ausscheidungsprodukte beseitigt. Ihre Sinne nehmen den halbkugelförmigen Raum kaum wahr. Auf Kanten und Ecken brauchen sie nicht zu achten. Monitore, Tastaturen und Hebel werden zur Kommunikation mit dem Schiff nicht benötigt. Lautlos lassen sich die Wesen vom Schiff über die Daten des sie umgebenden Raums berichten. Scheinbar völlig emotionslos

und ohne Worte und Gesten verständigen sie sich.
Die Astronomen hatten Recht. Auch in dieser Galaxis sind ähnliche Bedingungen. Wir haben es geschafft. Unser Schiff ist voll funktionstüchtig. Wir können jederzeit zurück. Jetzt suchen wir Gleiche. Wir vergrößern unsere Gemeinschaft.

Weiter „lauschen" sie den Ergebnissen der Untersuchungen des Schiffs das seine Sensorenbereiche systematisch erweitert.

Jubel.

Die Wesen berühren sich mit ihren Händen, eine Welle glücklicher Emotionen, geteilt und um ein drei faches verstärkt durchlaufen ihre Körper.

Es gibt intelligentes Leben in diesem Teil der Galaxis.

Die Untersuchungen laufen weiter. Und die Aussagen kommen immer präziser. Dann die Nachricht. Nur wenige Lichtjahre vom gegenwärtigen Standort ist Intelligenz zu spüren. Das Schiff hat natürliche Intelligenz gespürt.

Schnell sind die Befehle mit dem Schiff diskutiert – vorgeschlagene Vorsichtsmaßnahmen reduziert. Ganze zwei Stunden hat der Vorgang gedauert. Die Wesen begeben sich wieder in ihre Sarkophage. Für sie in kurzer Zeit – werden sie Verwandte einer anderen Galaxis treffen. Diese sollen sich wie sie auf ihr Kommen schon freuen. Bevor das Schiff zum fast lichtschnellen Impuls ansetzt wird die Botschaft abgesetzt.

So nah am Ziel kann ihr Schiff nicht mit Höchstgeschwindigkeit zwischen den Dimensionen navigieren, es steht ein längerer Flug bevor. Und nur Stunden nach dem Bensch Event scheint der Film im Raum um Sirius rückwärts zu laufen. Einer Nova gleich erhellt der Beschleunigungsimpuls für Millisekunden das Siriussytem. Materie wird zu gebündelter Energie, strukturierte Photonen treten in den Hyperraum, um ihn in sechs Monaten wieder zu verlassen. dann wird das Schiff aus dem Hyperraum treten und das Sonnensystem mit dem intelligenten Leben am Rande der Galaxis erreichen. Die Wesen selbst werden diese Zeit nur als Augenblick wahrnehmen.

Der überlichtschnelle Spruch – vom Schiff auf der Grundlage universeller Gesetze der Verständigung von natürlicher Intelligenz formuliert – braucht für diese Entfernung nur einen Bruchteil der Zeit, die das Schiff benötigt.

Gleiche, schaut auf die Lichter und versteht uns.
Gleiche – wir werden Euch in 1/4 Lichtzeit erreichen.
Freude auf Gleiche.

*

Alle zivilen und militärischen Astronomischen Einrichtungen der Erde sind seit Tagen auf einen Punkt am Himmel gerichtet. Das Bensch-Phänomen geistert durch alle Nachrichtensendungen und Zeitschriften der Erde. Wilde Spekulationen übertreffen einander.

Und da, sieben Tage nach dem „Verschwinden" des Bensch-Phänomens, schlagen die Kontrollinstrumente der dem fernen Sonnensystem zugewandten Radioteleskope aus. Doch es kommt kein Signal auf den Bildschirmen und die Lautsprecher schweigen. Hier und da, in den mit Elektronik vollgestopften Räumen blickt ein Mitarbeiter verstört auf, geht näher an die Lautsprecher, geht näher an den Monitor, als wolle er an das Glas des Bildschirmes klopfen, andere Mitarbeiter schauen ungläubig, ängstlich. Aber auch auf der Straße bleiben Menschen stehen und lauschen angestrengt. Da ein hysterisches Lachen, Ohnmachtsanfälle und Nachdenklichkeit. Überall suchen Augen Verständigung und finden immer mehr Bestätigung. Alle haben die Botschaft gehört – wenige sind sich der Bedeutung schon bewusst. Mit der Drehung des Planeten um seine Achse sind es immer mehr, die in den Bann der Stimme in ihrem Kopf geschlagen sind. Der Zweifel an der eigenen Zurechnungsfähigkeit hemmt anfangs die öffentliche

Diskussion. Selbsternannte Auserwählte die lauthals ihre STIMME propagieren werden belächelt. Doch dieses Lächeln ist unsicher.
Was passiert hier mit mir, mit uns?
Nach zwei Tagen steht es dann fest. Fast alle hören diese Stimme, diese Botschaft. Die Menschheit ist geschockt. Kriege, Liebe, Katastrophen treten für kurze Zeit überall in den Hintergrund und eine weltweite Spekulation hat begonnen.

Dort, wo Menschen zusammenkommen, gibt es nur noch ein Thema: Die Stimme. Und waren es erst das hysterische Lachen, Ungläubigkeit und Ohnmachtsanfälle bei den Menschen auf der Straße, setzt dies sich jetzt in den Medien fort. Kommentatoren lächeln unsicher zynisch über die Massen, die einem Dummenjungenstreich erlegen sein müssen. Seher aus dem Mittelalter werden kommentiert und Sensationsarchäologen können hieb- und stichfest belegen, das gab es schon bei den Pharaonen. Mediziner haben den besonderen Tinitus als Seuche diagnostiziert. Der Psychiatrische Notstand nicht nur im größten Land des Kontinents wächst ins Uferlose.

Und tagtäglich wiederholt sich die Botschaft in den Köpfen.

**

Was für ein Unsinn. Erst haben sie mich falsch verstanden und dann das noch verdreht wiedergegeben.

Wütend legt Professor Bensch die Zeitschriften auf den leeren Fensterplatz neben sich und funkelt die hochgewachsene Stewardess böse an. Dabei wollte sie nur aufmerksam sein. Sie hat Zeit dazu. Die 1. Klasse im Flugzeug ist nur zur Hälfte gebucht. Aber auch die Leere in der Ökonomie-Class ist Ausdruck der allgemeinen Verunsicherung. Nach außen immer noch freundlich wendet sie sich einem anderen Fluggast zu.

Längst haben Wissenschaftler die Verbindung vom Bensch-

Phänomen und der STIMME erkannt. Philipp ärgert sich im Stillen, dass er nicht sofort die Verbindung sah, ja er wollte sie zuerst sogar abstreiten, als ob das Phänomen ein Kollier sei, das durch die STIMME in ihrem Glanz beschädigt würde.

Erst als die Einladung zum Kolloquium kam und zugleich 'zig verschiedene Sender und Journalisten seine Meinung veröffentlichen wollten, setzte bei ihm der Stolz die Vernunft frei.

Und eigentlich ist die STIMME auch das Bensch-Phänomen. Außerirdische, Aliens, werden uns besuchen. Danach sucht doch eigentlich jeder Sterngucker. Ich habe sie gefunden.

Doch richtige Freude mag bei Philipp nicht aufkommen. Immer wieder muss er sich fragen

Warum eigentlich nicht. Warum kann ich nicht wie einige andere bedingungslos jubeln. Wissen die denn, was auf uns zukommt? Der „Auspuff" der Galaktischen knattert, als ob eine Atombombenexplosion den ganzen Mond vernichtet.

Hier lächelt Philipp; das muss er sich für die Diskussion merken.

Und sie nennen uns Gleiche!

Diese innerliche Zerrissenheit ist bei fast allen Teilnehmer des 1. Galaktischen-Kolloquium zu spüren und lässt es dann auch scheitern. Nach außen nicht. Die verschiedensten Wissenschaften und Würdenträger der großen Religionen sehen in den Ergebnissen der drei Tage dauernden Diskussion eine Bestätigung ihrer Theorien oder Fundamentierung der Dogmen.

Die Weltöffentlichkeit entnimmt den Veröffentlichungen über den wissenschaftlichen Kongress der Weltorganisation nur eine Bestätigung ihrer Unsicherheit.

*

Anders ist es nur in den Kommandozentralen der Militärs. In jedem Land unterschiedlich – aber orientiert nach dem jahrhundertealten Muster der Uniformiertheit, Geheimniskrämerei und Intoleranz Andersdenkenden gegenüber.

Gefasst, nach innen zufrieden grinsend, sitzt Peter Brode am Konferenztisch des obersten Planungsstabes. Seinen Aufstieg vom wissenschaftlichen Mitarbeiter, vom Zuträger, zum Berater, hat er gerade seinem schnellen Handeln beim Auftauchen des Bensch-Phänomens zu verdanken. Was hat der General Koch geflucht, als er ihn morgens aus dem Bett – *wessen Bett, die verdammten Handys verraten auch nie etwas* – holte. Jetzt verdankt Koch ihm den Planungsvorsprung. Und der General hat sich erkenntlich gezeigt.

Dranbleiben. Das ist meine Chance.

Geübt rückt er den dunklen Anzug, das hellblaue Hemd und die nichtssagende Krawatte zurecht.

Eben erläutert der wissenschaftliche Berater des Obersten Generalstabes in Anwesenheit des Kanzlers Stroiber und seines Ministers Bleckenbush die Dimension des Bensch-Phänomens. Beide sitzen an der Stirn des überdimensionierten Konferenztisches, der eine Kommunikation nur über Mikro ermöglicht. So wird auch Abstand gehalten. Die Sekundenzeiger der an der hinteren Stirnwand angebrachten Uhren mit den Uhrzeiten der acht wichtigsten Hauptstädte dieses Planeten ticken im Gleichtakt.

Auf dem Schirm an der vorderen Stirnseite des Raumes läuft die Simulation des Ereignisses. „Der Schweif muss eine Länge der Strecke Erde – Mond gehabt haben."

Minister Bleckenbush unterbricht den Wissenschaftler barsch.

„Kann es sein, dass die das Ganze aufgebauscht haben, um uns zu beeindrucken, ja zu lähmen. Sie wissen schon, mit ionisiertem Gas, oder so. Schauen sie doch nach draußen. Kein Mensch hat bisher an den Aufbau einer Verteidigung gedacht."

Der Wissenschaftler antwortet kurz „Nein, mit ionisiertem Gas oder so geht das nicht. ′Oder so′. Ich kann es nicht erklären."

„Und die STIMME?" fragt der Kanzler mit fast versöhnlichem Ton.

„Der Zusammenhang ist zeitlich und örtlich klar nachweisbar."

„Das kann nicht sein," triumphiert Brode beifallheischend zu Koch.

„Soweit ich weiß, braucht Licht von dem Stern bis zu unserem Planeten 2 Jahre, und schneller geht es nicht – laut ihres großen Einstein. – Wie erklären sie das?" Die letzten Worte des Emporkömmlings waren fast in Richtung des Wissenschaftlers gebellt.

Und als ob er zu einem Terrier spricht, antwortet der Wissenschaftler indem er Brode eine CD reicht:

„Dies, Herr Brode," – ablesend vom Namensschild – „kann ich ihnen nicht erklären. Ich glaube, auch unser Einstein könnte das nicht. Nach unseren Berechnungen brauchte die Stimme 2 Jahre und 7 Tage – also Lichtgeschwindigkeit. Die Galaktischen wollen die Strecke in 400 % der Lichtgeschwindigkeit zurücklegen. Der Rest der Berechnungen unseres Wissenschaftsstabes sind hier auf der CD. Legen sie die sich ein und rechnen sie nach. Herr Kanzler, meine Herren, weitere gesicherte Aussagen kann ich zurzeit nicht treffen."

Ignoranten.

Ärgerlich setzte sich der Wissenschaftler. Innerlich kochend, aber außen wie ein begossener Hund nimmt auch Brode auf seinem Sessel Platz.

„Wenn sie gestatten Herr Kanzler" erhebt Minister Bleckenbush seine Stimme „versuche ich das eben Gehörte mit den verschiedenen bereits im Vorfeld getätigten Äußerungen auch einiger hier anwesenden Herren zusammenzufassen." Und ohne die Bestätigung seines obersten Dienstherren abzuwarten, führt er mit erhobenem Timbre fort „Eine Bedrohung unbekannten Ausmaßes ist auf dem Weg zur Erde. Eine uns technologische hoch überlegene Zivilisation...."

Bleckenbush wird vom Kanzler unterbrochen.

„Für Statements und gar Festlegung einer Strategie ist es mir heute noch zu früh. Ich schlage vor, in allen Richtungen weiter zu forschen und wir sehen uns spätestens in einer Woche hier wieder. Ich bitte dann um die Berichte der verschiedenen Abteilungen. Wir bilden eine Arbeitsgruppe."

„Galaktische" wirft der Wissenschaftler ein.

„Galaktische" bestätigt der Kanzler. In Gedanken verlässt er den Raum und lässt einen verärgerten Innenminister, der aber die Solidarität der Generäle spürt, stehen.

Ähnliches hat er von einigen seiner ausländischen Kollegen erfahren. Und der Gedanke, die Frage, *'Sind es nur die Militärs, die die Erde retten können?',* wird wieder in die obersten Schichten seines ICH's gespült.

Das kann ich nicht zulassen. Nicht hier!

Und plötzlich geht die Tür des Konferenzraumes auf und der Kanzler erscheint nochmals. Noch in der Tür stehend legt er fest, dass die Arbeitsgruppe Galaktische beim Innenminister installiert wird und er sich persönliches Erscheinen vorbehält. Experten aus allen Bereichen der Gesellschaft sollen dazu geladen werden. „Ach ja, zu groß soll die AGG natürlich nicht werden."

*

Tage, ja Wochen sind vergangen und faktisch jeder Mensch auf der Erde hat die STIMME gehört und verstanden. So wie das astronomische Bensch-Phänomen verschwand, war auch, fast unmerklich, die STIMME verschwunden. Wie von einem Alb befreit atmeten die Menschen auf. Hysterie auf allen Ebenen ist spekulativer Konfusion in allen Ebenen gewichen.

*

Das oberste Gremium der heiligen Kirche tagt in der heiligen Stadt. Fast könnte man die Beratung eine Synode nennen, sind doch Vertreter aller großen Religionen des Planeten erstmals als Beisitzer geladen. Angehörige aller Religionen haben die STIMME Gottes gehört. War es die Stimme Gotte? So konnte in allen Teilen des Planeten ein starker Zulauf in den Gotteshäusern registriert werden.

Nun steht die schwierige Aufgabe der Abgleichung der semantischen mit theologischen Ebenen der STIMME zwischen den Religionen bevor, einfach gesagt: Gott hat in allen Sprachen gesprochen.

Die Deutungen aller Religionsführer mit ihren Reaktionen auf die Stimme ähneln sich zum Anfang, in der sie nach kurzer Unsicherheit die Allmacht ihres Gottes hervorhoben. Jetzt steht die Unsicherheit in den roten, schwarzen und weißen Roben. Nicht einmal ausgesprochen ist doch der Gedanke vom möglichen Ende aller Religionen und dem damit für die Robenträger noch viel wichtigerem Ende aller Kirchen immanent. Und die STIMME war in den Gedanken aller Gläubigen, der Rechtgläubigen, der Ungläubigen und Menschen 'falschen' Glaubens. Dies erbrachte die heftige Diskussion am ersten Tag.

Nach dreitägiger Beratung einigt sich dann das Gremium auf überraschende Antworten auf die Fragen der Gläubigen dieser Welt:

DIE STIMME, WAR NICHT DIE STIMME GOTTES.
ES WAR NICHT DIE ANKÜNDIGUNG DES 'JÜNGSTEN TAGES'.

*

Verwundert legt Frank Lehnert die Zeitschrift mit dem Bericht über das Konzil auf die mit einer dünnen Staubschicht bedeckten Glasplatte des Wohnzimmertisches und richtet sich vom

Sofa auf. Diese kurzen Antworten hatte er nicht erwartet, den Verlauf des Konzils schon. In der letzten Zeit barst das Bestellbuch seiner Praxis. Die STIMME hatte die Menschen noch unsicherer gemacht. Er selbst kommt kaum zum Nachdenken. Petra leitet zwei Selbsthilfegruppen. Ein wenig Staub in der Wohnung spielt gar keine Rolle mehr – ist völlig unwichtig geworden.

Und abends redeten so beide über andere, wenig über sich. Ihr Bericht vom Entstehen neuer Sekten auch an Petras Schule, verwundert Frank nicht.

Angst war schon immer der Pfad ins Überirdische und Mystische. Noch war seine Frau nicht zu Haus und so spielt er mit seinen Gedanken.

Der Bericht der Philosophischen Kommission, als Teil der AGG, hatte aber auch genau in diese Kerbe geschlagen. Dabei war die Fragestellung eine ganz einfache. Es gibt über hundert Sprachen auf dem Planeten und alle Menschen hatten die STIMME in ihrer Sprache gehört – wie geht das? Ein Paradoxon. Denken die Menschen in Bildern oder in Wörtern? Die Frage ist falsch gestellt, weil es „die Menschen" nicht gibt. „Die Menschen" ist ein Abstraktum.

Aus seinem Studium, aber noch mehr aus seiner Arbeit heraus, weiß der Psychologe, jeder einzelne Mensch denkt anders – innerhalb allgemeingültiger Gesetzmäßigkeiten. Auch der Anteil von Bildern, ihre Komplexität und Schärfe und hier wiederum die Art und Weise der Verwendung im Denkprozess sind von Kultur zu Kultur und von Mensch zu Mensch unterschiedlich.

Ein Brot ist ein Brot.

Frank muss über dieses Wortspiel aus seiner Jugendzeit lächeln.

Auch innerhalb einzelner Kulturen gibt es unzählige Bilder für ein Brot. Sonne, Mann, Frau, Kind sind eventuell die „universellen" Denkbilder. Aber was ist mit so abstrakten Begriffen wie

„Denken"?. *Gleiche Symbole, Metapher im kollektiven und individuellen Unterbewusstsein gespeichert, haben von Kultur zu Kultur, von Individuum zu Individuum wenn nicht eine andere, dann wenigstens eine veränderte Bedeutung und müssen so zu unterschiedlichen Ergebnissen des Denkprozesses führen.*

Die Hauptwerke der Gläubigen und der Atheisten führten auf verschiedenen Kontinenten zu unterschiedlichen, zu abgewandelten, Wertvorstellungen. Die verschiedene Auslegung gleicher Bücher führte bis hin zu Kriegen.

Ich habe das Wort „Gleiche" gehört und denke, alle Menschen sind gleich und die Galaktischen stellen sich in diese Gemeinschaft. Für die Mehrzahl der Bewohner des südlichen Kontinents, die einen roten Punkt auf der Stirn tragen, muss das Gleiche natürlich in das Kastensystem passen, denn gleich ist man hier auch, aber innerhalb seiner Kaste. Nur wenige denken dort anders. Können hier ein Heiliger Vater gleich mit einem Atheisten und ein Präsident mit seinem Wähler sein? Und wenn die Galaktischen das fordern; auf jedem Kontinent des Planeten. Worauf beruht eigentlich die Ungleichheit hier? Ist die Ungleichheit nicht die Voraussetzung für das Zusammenleben – hier und in anderen Ländern?

Frank vertreibt diese Gedanken, sie schlagen um.

Was hat mir die STIMME gebracht? Was bringen die Galaktischen mir? Angst? Auch. Noch mehr Arbeit. Und jetzt diese Einladung – warum ich? Petra lässt sich von der Angst anderer schon anstecken. Wir müssen reden. Mehr über uns. Sind wir Gleiche? Susann und Carlo sind aus dem Gröbsten heraus. Es ist immer wieder erstaunlich, wie Kinder mit Phänomenen umgehen. Keine Angst. Neugier bestimmt ihr Verhalten. Verdammt – wie schaffen es die Sektengurus immer wieder, die Angst der Erwachsenen auf die Jugendlichen zu projizieren? Noch sind Carlo und Susann Kinder. Oder nicht? Wo ist der Sprung vom Kind zum Jugendlichen? Fragen, Fragen, keine Antworten. Dabei wollte ich mich entspannen.

Die Tür zur Terrasse klappt und Dr. Lehnert weiß, seine Frau kommt nach Haus.
Wieder über die Terrassentür. Dabei haben wir eine richtige Eingangstür. Gib doch den Dieben noch einen Hinweis.
Doch sein Ärger verschwindet schnell als er das Lächeln seiner Frau spürt. Ein Lächeln nur für ihren Mann. Das Lächeln weicht der Verwunderung als sie die Kerzen und den Rotwein auf dem Tisch sieht.
Frank sieht und hört die Relais in ihrem Gehirn fallen. "Nein, Du hast unseren Hochzeitstag nicht vergessen. Und ich habe auch keine andere."
Petra wirft ihre Jacke über das Sofa und lässt sich in den bequemen Ledersessel fallen. In der Abwärtsbewegung geht sie mit dem Gesicht nahe dem Strauß weißer Tulpen vorbei, um ein weiteres Mal bestätigt zu bekommen, ihre Lieblingsblumen sehen besser aus als sie riechen.
„Unser Kanzler hat mich in die nationale Arbeitsgruppe Galaktische berufen. Ich soll ihn auf den Besuch vorbereiten. Oder besser Euch." und Frank antwortet auch gleich auf die hochgezogenen Brauen seiner Frau: „Irgendwie müssen die meine Diplomarbeit zur Alienphobie aufgestöbert haben. Na ja, und nach meiner veröffentlichten Dissertation zu diesem Thema scheine ich der Experte in dieser Republik zu sein. Nun muss ich erstmal sieben Tage in die Hauptstadt, später eventuell nur noch drei Tage in der Woche."
Petra schweigt ihn fragend an.
„Ich habe schon ja gesagt". Ohne ein Wort zu sagen, erhebt sich Petra aus dem nur zum Entspannen bequemen grünen Sitzmöbel. Das Leuchten der Kerzen scheint zu verblassen, als ob der Flamme Sauerstoff fehlt.
„Lass uns drüber reden."
„Warum, du hast dich entschieden. Später ... eventuell."
Jetzt scheint der Tulpenstrauß zu stinken. Petra wendet ihren Kopf sofort der Küche zu, greift ihre Jacke und geht. Das

Grau ihres Strickpullovers kriecht in ihr Gesicht.
Sind da graue Haare?
Trotzig schuldbewusst trinkt Frank den Lieblingswein seiner Frau.

*

General Erhard Koch liest nun schon zum dritten Mal die Berichte und Materialien der AGG. *Endlich ist allen klar geworden. Phänomen am Himmel und STIMME,* – kurz zuckt schmerzlich die Erinnerung an die STIMME in seinem Kopf und seiner Ohnmacht dagegen, – *hin und her – es kommt eine fremde Macht auf den Planeten, auf uns, zu. Und wir müssen uns wappnen. Dazu gibt es auch den Konsens aller vernünftigen Parteien. Und wenn es mit Psychofritzen sein muss.*

Immer noch ärgerlich denkt der General an seine Unterredung mit Dr. Lehnert vom Vormittag. Der hatte seine Frage gar nicht verstanden, dabei war sie einfach und klar formuliert: „Warum haben uns die Aliens vor ihrem Kommen gewarnt?" Lehnert erzählte dann was vom Unterschied einer Warnung und einer Mitteilung, Botschaft usw.

Wenn es denn keine Warnung wäre, säße er, der General Koch, Stellvertretender Leiter der AGG (Arbeitsgruppe Galaktische) am falschen Platz. Dabei hatte er die Gefahr des Bensch-Phänomens als erster erkannt.

Da war die Unterredung mit dem Pater Goldstein, Abgesanter der heiligen Stadt, bedeutend interessanter für den General. Koch hatte sich über den Wunsch des *Pfaffen* nach einem Vieraugengespräch schon gewundert. Doch als dieser dann unumwunden zugab, die sieben an einen Gott glaubenden Kirchen dieses Planeten hätten kein Interesse an einer Verbindung mit Nicht-Gottes-Kinder, und die Aliens könnten ja solche sein, war es dann zu einem produktiven Gespräch gekommen. Noch heute Nacht würde Koch diese geheime Meinung der Kirchen im Kreise der AGG des Großen Militärbündnisses verkünden können. Dazu hatte der Pater ihn autorisiert. Es sei denn, die Aliens würden sich als Gotteskinder erweisen. Doch dem gab Koch wenig Chancen.

Lange in den Safes der Militärs ruhende Projekte über Weltraumkampfmaschinen, riesige Laser und Meteorietenabwehrraketen waren zum Teil schon in der Realisierungsphase. Streng Geheim! Nicht einmal die Mitglieder der AGG des Kanzlers waren informiert. Auch der Kanzler selbst kannte die Details nicht. Die Gelder dafür mussten nicht den Umweg über das Parlament nehmen.

Noch fünf Monate Zeit.

*

„Noch vier Monate Zeit."

So begann Gert Blume, Pressesprecher der AGG, die Pressekonferenz in der Hauptstadt. Geradesitzend, natürlich auf einem Podium in erhöhter Position, seine wöchentliche Präsentation vor seinen ehemaligen Kollegen der Medien. Wie hatte er doch früher, die Leute mit den Informationen, die sie tröpfchenweise gönnerhaft verteilten, gehasst. Jetzt thronte er. Und dabei war er gerade erst neununddreißig Jahre alt. Er und seine neben ihm sitzende, um acht Jahre jüngere, rothaarige, attraktive Kollegin Eva Blume waren vor vier Wochen direkt vom Kanzler im Team als Pressesprecher in Sachen „Galaktische" berufen wurden. Beide kannten sich vorher nur flüchtig, arbeiteten sie doch bis dahin für verschiedene Sender. Es hatte sich als sehr günstig erwiesen, dass sie schon nach drei Wochen in seine Wohnung zusammenzogen. Eva trug jetzt gerade die neuesten Berichte der einzelnen Unterarbeitsgruppen vor und Gert lächelte nach innen.

Eva ist umwerfend. Ich sehe doch die lüsterne Blicke meiner Kollegen. Die sollen lieber zuhören, anstatt Eva mit ihren Blicken

zu entkleiden.
Ohne darüber eine feste Absprache getroffen zu haben, lebten beide jetzt wie ein monogames Ehepaar.
Eigentlich ist es gut, dass Frauen die Gedanken der Männer nicht lesen können. Oder können sie das?
Er sucht und findet das Bild des gestrigen Abends.
Er kommt ins Schlafzimmer und Eva liegt gelöst nackt auf dem Bett. Ihr heller Körper zeichnet sich scharf auf der schwarzen Bettwäsche. Die vollen roten Haare liegen flammenartig auf dem Kissen. Die Nippel der im Hof rosafarbenen Brustwarzen alternieren zu dem kräftigen Rot der Haare. Die Schamhaare spärlich, rötlich-grau, fast farblos, bedecken kaum den Venushügel und geben zwei volle Lippen in der Farbe des Hofes ihrer Brustwarzen frei. Als Eva dann noch mit beiden Zeige- und Mittelfinger diese Lippen langsam, zärtlich, auseinander schiebt, hat seine Wollust die Überraschung brutal verdrängt.
Heute erinnert er sich wieder der beiden abgespreizten kleinen Finger. Als ob sie zärtlich eine Kaffeetasse hält. Wie jetzt, nachdem sie ihren Vortrag beendet hat.
Das Bild sollte ich der Meute zeigen.
Gert eröffnet ohne ein Wort, mit jovialer Geste die Fragestunde. Der Inhalt und der Duktus der Fragen hat sich in den letzten Wochen geändert. Die Aufgeregtheit ist einer Zielstrebigkeit nach maximaler Information gewichen. Zwar gibt es auch hier immer wieder Fragen zur militärischen Bedrohung der Erde und Gegenmaßnahmen durch die Republik, doch ist die Einsicht gewachsen, dass solche Fragen zur AGG des Völkerbundes gehören. Gert zuckt innerlich zusammen.
Wieder eine Frage nach dem Aussehen der Aliens, der Galaktiker. Dabei haben die Berichte eben klipp und klar gesagt, wir können keine Aussagen darüber machen. Verdammt, war ich auch so penetrant?
Nur die letzte sich selbst gestellte Frage hält ihn ab, unwirsch

zu reagieren.

Dies hatte er gestern in der Kantine von diesem „Alienpsychologen – Lehnert" wieder einmal gelernt.

Es gibt keine dummen Fragen, nur dumme Antworten – aber ein Narr kann mit seinen Fragen 10 Weise in den Wahnsinn treiben. Die Kenntnis vom zweiten Teil des Spruches ist eine Voraussetzung auf dem Weg zur Weisheit. Der Lehnert ist ein ganz passabler Kerl.

Eva und er leiten die Fragestunde souverän. Nach zwei Stunden erlahmt das Interesse der Journalisten. Für eine Meldung, mehr gibt das Thema zur Zeit sowieso nicht her, war es genug.

Gerade als Gert die Konferenz beenden will, wird im hinteren Teil des kleinen Saals unter Begleitung eines scharfen Trillerns von Pfeifen ein Spruchband mit der Aufschrift „SCHÜTZT UNS VOR DEN GALAKTISCHEN TEUFELN" hochgehalten. Schnell schwenken die Kameras um 180° vom Podium weg. Die Journalisten versuchen tumultartig die Aktivisten des Protests zu sprechen. Auf das Zeichen von Gert hin versucht der Sicherheitsdienst die Leute in ihren roten Kitteln aus dem Saal zu drängen. Die Vorgänge im Saal und dann später vor dem Gebäude sind die Top-Nachricht der Sender.

*

Mit Vergnügen hört Ehrhard Koch, wie das Bier in sein Glas hinter sich glucksend läuft. Er weiß, es hat die richtige Temperatur. Seine Frau Marta sorgt für ihn. Seit 30 Jahren. Von Anfang an hatte er die Gleise gelegt. Seine Karriere war dabei die Richtung. Weichen gab es dabei nicht. Auch 'Muttchen', so nennt er sie, rollt auf diesem Gleis. Dabei darf sie halbtags arbeiten. In Kindergärten überprüft sie die Qualifikation ihrer jüngeren Kolleginnen, ist beliebt bei diesen. Ab Nachmittag ist sie 'Muttchen'. Wenn ihr Ehrhard nach Hause kommt, meist

abends, muss er sich wohl fühlen. Dann ist er abgespannt von der Arbeit.
Und jetzt mit den Aliens noch mehr.
Muttchen weiss, nein ahnt, von seinen kurzen Affären mit anderen Frauen. Sie bedauert, dass ihre Wohnung nicht auch wie bei anderen Generälen zu Orten von kleinen Empfängen fungiert und sie die Gastgeberin spielen darf. Ihr Ehrhard mag das nicht. Sie fühlt sich manchmal schon ein wenig eingeschlossen, gefesselt.
Ach, wenn es doch Kinder für uns gegeben hätte.
Er hatte ihr ihre Kinderlosigkeit nie vorgeworfen. Aber ein Gespräch über eine Adoption wurde sofort von ihm abgebrochen.

Das Vergnügen des Generals war nicht nur im Glucksen seines wohltemperierten Biers und seiner sportlichen Freizeitkleidung, die akkurat wie eine Uniform saß, begründet. Sein seitlich gekämmtes immer noch schwarzes Haar, bedeckte fast die sich kaum merklich Jahr für Jahr ausbreitende Glatze. Die Nachrichten waren voll von dem Tumult bei der Pressekonferenz der AGG. Nie würde es rauskommen, dass die gefälschten Presseausweise über ihn an die Protestler gegangen waren.

Dieser Brode entwickelt sich. So werden Sicherheitsfragen in der AGG wieder nach oben getragen. Sicherheitsfragen im Kleinen öffnen die Augen für Sicherheitsfragen im Großen. Und dann werden sie schon sehen.

Denn, die jetzige Entwicklung im Großen gefiel dem General gar nicht. Die Ideen zur und der Bau der „galaktischen" Waffen war das eine. Keiner dachte daran, diese auch anzuwenden. Eigentlich wurde die Verteidigung gegen die Aliens nur in Kreisen des Militärs diskutiert. Den Pfaffen hatte er nie wieder gesehen und selbst die Kirchen sprachen vom galaktischen Frieden. Manchmal hatte Ehrhard Koch schon über eine Welt ohne Armee hier und in den anderen Ländern nachgedacht. Das war eine Welt ohne ihn. Schnell riss er sich zusammen, so wie er es gelernt und an der Akademie gelehrt hatte und er brauchte nicht weiter zu denken. Konnte Bier und TV genießen. "Muttchen bist du so lieb und holst mir noch ein Bier!"

*

Mit besorgtem Gesicht verfolgt Petra Lehnert die Nachrichten über den Tumult bei der AGG. Susann und Peter erledigen in ihren Zimmern ihre Hausaufgaben. Hofft sie.

Susann ist eine richtige Schönheit. In letzter Zeit rufen mehr Jungen als Mädchen an. Hoffentlich sind die Jungen keine Männer. Mich rufen keine Männer mehr an. Wenn ich doch nur mehr Zeit hätte.

Die Selbsthilfegruppen hatte sie abgeben müssen; jetzt da sie fast immer allein für die Kinder sorgen musste. Frank war nach den zehn Wochen Hauptstadt wieder öfter zu Haus, aber dann kam er fast gar nicht mehr aus seiner Praxis.

Er kann nicht alle Patienten behalten.

Sie musste nochmals mit ihm darüber reden.

Und dann diese Verrückten da. Frank hatte das vorausgesagt. Und jetzt soll er die Kommunikation mit den Galaktikern vorbereiten.

Angst um ihn, um die Kinder und um sich mischen sich in den Gedanken. „Mutti, kannst du mal kommen?" Dankbar reagiert sie auf die Ablenkung, als Susann sie um Rat bei ihrer morgigen Schulkleidung bat.

*

Da sind es nur noch drei Monate und wir wissen genau so viel, wie beim Empfang der STIMME oder als sie mit meinem Phänomen trianguliert werden konnte.

Der Flieger Frankfurt – New York war wieder richtig gefüllt. Angenehm empfindet Philipp die Anwesenheit seiner Assistentin. Tina hatte sich in den letzten Wochen zu einer echten Hilfe gemausert. Waren es anfänglich nur Eingabearbeiten am Computer gewesen, so hatten sich nach und nach ihre astronomischen Fähigkeiten gezeigt. Philipp bedauerte, dass sich aus dem Arbeitsverhältnis nicht auch ein Verhältnis entwickelt hatte. Häufig dachte er an Tina, träumte sogar von ihr.

Seine Frau wollte er nicht unbedingt betrügen. Als er Tina dann bei einer alkoholischen Gelegenheit von seinen erotischen Träumen fast wissenschaftlich erzählte, reagierte sie sehr kühl und rückte in der Folgezeit von ihm ab. Natürlich erkannte sie die Vorteile der arbeitsmäßigen Nähe an den Professor für ihre wissenschaftliche Kariere. Die ist ihr wichtig. Das Techtelmechtel mit Michael, dem attraktiven Techniker, hatte sie der Nähe zu Projekt /Mann Bensch geopfert. Jetzt, hier im Flugzeug, rückte sie ein Stück von Bensch ab.

Er riecht. Merkt er das nicht? Das ist wohl ab 50 so. Ich kann es ihm schlecht sagen. Die Teilnahme an den wissenschaftlichen Konferenzen der AGG ist meine Chance. Da ist der Geruch das Wenigste. Durchhalten.

In der Scheibe des Fensters beobachtet sie den Professor.

Anfangs war es schlimmer mit ihm. Diese ausziehenden Blicke. Den Sabber hatte ich mir wohl eingebildet. Und die Anmache mit seinen Träumen war auch nicht so schlimm. Aber mit ihm?

Zum wiederholten Male stellt Tina fest, dass sie seit fast acht Wochen keinen Mann mehr hatte.

Aber er muss es nicht sein. Wie reagiert der Professor bei einem anderen Mann? Michael sehe ich gar nicht mehr. Auf meine Stelle ist die ganze Uni neidisch.

Ihre Pupillen verengen sich und das Spiegelbild des Professors verschwindet auf der Fensterscheibe des Jets. Tina sieht wieder das Wolkenfeld, das von der Sonne beschienen wie

eine endlose Schneelandschaft erscheint.
So muss es am Nordpol sein, mit der Landschaft und den Gefühlen und so.
Professor Bensch wundert sich über das Lächeln Tinas.
Lächelt sie über mein Schwitzen?
Er erhebt sich schwer aus dem Flugzeugsessel und nimmt den in einem Flugzeug nicht enden wollenden Weg zum Waschraum. Als er zurückkommt schläft seine Assistentin. Eigentlich ist es ein Zustand zwischen Schlaf und Wachsein. Deutlich spürt sie die Enttäuschung des Professors. Und da ist noch etwas anderes. Es ist als sähe sie sich durch ein Paar andere Augen. Der Blick richtet sich auf ihr langes blondes Haar. Ihre geschlossenen Augen. Er gleitet über ihren Busen. Ein hungriger Blick. Wütend öffnet sie ihre Augen. Doch der Professor schläft. In der dem Gang gegenüberliegenden Sitzreihe versucht eine Frau erschrocken ihren Blick zu wenden, fühlt sich von Tina erwischt.
Wieso habe ich das gespürt? Bin ich jetzt für Frauen empfänglich? Doch ein der gegenüber sitzenden Frau und sich selbst prüfender Blick verscheucht diesen Gedanken.

*

Als ob er Löcher in mein Gehirn stanzen will.
Innerlich grinst Peter Brode.
Durch solche Spielchen ist er nicht zu beeindrucken. Abwägend pflichtbewußt schlägt er die Augen vor dem Geheimdienstoffizier nieder.
Dieser Wicht hatte ihn einst als Berater beim Generalstab ins Spiel gebracht.
Jetzt hatte Koch ihn protegiert und er brauchte den Geheimdienst nicht mehr.
Wie der schon dasitzt. in seinem schlecht sitzenden Anzug und dem Hemd, an dem die Kragenenden streng durch Knöpfe nach

unten gehalten werden. Mode aus dem vorangegangenen Jahrhundert.

Doch Brode lässt sich nichts anmerken. Er weiß, dass er den Verein noch brauchen kann.

Geheimdienste waren schon immer das Rückgrat der Führer. Und das Rückrat ist das wichtigste im menschlichen Stützapparat. So spielt Brode weiterhin den geheimdienstwilligen Befehlsempfänger. Seinen Bericht über Ehrhard Koch hat er mit einem anderen Namen unterschrieben, was der schlechtgekleidete Geheimdienstler mit einem Zucken der linken Augenbrauen quittierte.

Nun, nachdem alle Berichte besprochen waren, nahm er zufrieden das schmale Bündel mit Geldscheinen entgegen und verließ fast grußlos die leere Wohnung im Randgebiet der Hauptstadt. Der verkniffene Geheimdienstler strich zufrieden über die Berichte. Nichts Neues. Brode wurde an die Organisation weiter gebunden. Der wird seinen Weg machen und zur richtigen Zeit haben wir den richtigen Mann am Ort. Als nächstes widmete er sich der weit schwereren Aufgabe – dem organisierten Widerstand gegen die AGG.

*

Seine vollen schwarzen Haare empfand Michael manchmal als Last. Nach dem Training war das lange Föhnen jedes Mal der Grund, dass er als letzter seiner Mannschaft die Schwimmhalle verließ. Aber abschneiden? Viele seiner Mannschaftskameraden bevorzugten einen praktischen Kurzhaarschnitt. Bei denen konnten sich aber die Frauen nicht in der Mähne festkrallen. Heute aber musste sich Michael besonders beeilen, hatte er doch Ute versprochen, sie zur Versammlung der Antigalaktiker zu begleiten. Etwas krampfte sich in seinem Magen, als er daran dachte. Die Versammlung letzte Woche hatte ihn abgestoßen. Aus allen Reden, die bei dieser neugegründeten Studentenvereinigung gehalten wurden, hatte er Angst gespürt. Angst vor Neuem.

Selbst Utes Philosophieprofessor hatte in diese Kerbe geschlagen. Michael kannte Professor Wendisch aus seinem abgebrochenen Studium eigentlich nicht so. Er war einer der wenigen, die ihn an der Uni halten wollten. Doch Michael, der nun 26 jährige Wasserballer, hatte seinen Sport vorgezogen. Die Arbeitsstelle am Observatorium, zwei 24 h Dienste in der Woche, ließen ihm viel Zeit für das Training seines geliebten Sportes.

Und Philosophen werden sowieso nicht gebraucht. Ute wird das auch noch merken.

Schnell hängt er Badehose, Kappe und Handtuch in seinen Spind, rennt hinaus und steigt in Utes kleines Auto. „Wir kommen zu spät" ist ihre Begrüßung. Michael küsst sie, schüttelt seine immer noch feuchten Haare und beendet so lächelnd weitere Vorwürfe. Mit den Tropfen aus Michaels Haaren fliegt das Lächeln auf Utes Gesicht. Sie greift fest in Michaels Mähne. „Du und deine Haare. Keine Haare auf der Brust, aber den Löwen spielen." Schnell fasst sich Michael. „Müssen wir wirklich dahin? Wer weiß ob die Galaktischen wirklich kommen. Und wenn sie kommen, dann kommen sie eben. Das ist doch eine tolle Sache."

Und die letzte Aussage meint Michael wirklich so, knüpft wage Hoffnungen an technologischen Fortschritt und „Weltfrieden und so" an dieses Ereignis, dessen erste Vorboten er fast live miterlebt hatte.

Bei diesem Gedanken kommt ihm kurz das Bild dieser Tina Roberts vor Augen und seines Erlebnisses in der Kantine.

Ganz anders als Ute. Eigentlich kühl. Und dann hatte sie so schnell auf sein Werben reagiert. Ja, wer hatte eigentlich die Initiative? Die Uni würde Kopf stehen. Die attraktive Kühltruhe Tina!

„He, wo bist Du?" Ute reisst Michael aus den Gedanken.

„Bei den Galaktikern natürlich."

„Ich wusste gar nicht, dass die lange blonde Haare haben."

Michael guckt verwundert auf Ute. Nach einer Schrecksekunde antwortet er: „Und ich wusste nicht, dass du Gedanken lesen kannst." Beide lachen laut in dem kleinen Auto. Ein neben ihnen stehender Fahrer einer dunkelgrünen Limousine schaut verständnislos zu ihnen hinüber. Ein Schulterzucken und Lächeln Utes in seine Richtung hellt seine düstere Miene auf.

Die Versammlung im Studentenclub der Uni ist gut besucht. Michael und Ute haben nur noch Stehplätze an der Tür bekommen.

Es sind wieder die selben Argumente, nur klingen sie jetzt wie Parolen. Was soll das? Und auch noch der Vertreter der Oppositionspartei. Was kann die Regierung für die Galaktischen.

Michael ist verärgert und überlegt, die Versammlung zu verlassen.

Und Utes Kopf ist die ganze Zeit auf diesen Professor gerichtet. Professor mit 35 Jahren!

Michaels Gesicht entkrampft sich.

Jetzt bin ich ungerecht.

Ute merkt nicht, wie Michael den Raum verlässt. Voller Eifer verfolgt sie die Beiträge der einzelnen Redner. Anders als auf wissenschaftlichen Kongressen gibt es hier Ablehnung gegenüber dem kommenden Ereignis. Ute hatte sich noch nie für Science Fiction interessiert, sie vehement abgelehnt. Da war nichts Konkretes. nur Spinnerei. Man konnte nichts vergleichen, nichts nachrechnen. Und jetzt sollte das Wirklichkeit werden.

Spinnenartige, glitschige Wesen.

Utes Unsicherheit, ihre Angst werden weiter geschürt. Sie kann gut die Wut nachvollziehen, die einige Redner auf die Regierung versprühen, die auch noch Geld für den Empfang der Aliens ausgeben wollen.

Schickt sie einfach nach Hause. Wir wollen sie nicht.
Ute hat nicht gemerkt, dass Michael die Versammlung schon vor einer Stunde verlassen hatte.

*

Schickt die Aliens nach Hause. Wir brauchen sie nicht.
Das war das Credo, auf das sich Gegner in allen Ländern, in den verschiedensten Gruppierungen geeinigt hatten. Offiziell gab es solche Statements nicht, weder aus Regierungskreisen, nicht von oppositionellen Parteien, noch von Seiten der Kirchen. Aber überall gab es Einzelpersonen, Gruppierungen, Sekten und Vereinigungen auf dem Planeten, die sich immer lauter zu Wort meldeten.

Die nationalen AGG`s und die AGG beim Bund der Völker versuchte dieser wachsenden Stimmung entgegenzuarbeiten, war man sich doch der Unmöglichkeit dieser Forderung bewusst.
Die Galaktischen würden in 6 Wochen auftauchen und wären da.
Mit Hochdruck wurde am Ausbau der internationalen Raumstation gearbeitet. Hier sollte die erste Begegnung stattfinden. Wissenschaftler der verschiedensten Gebiete mussten immer wieder und wieder Studien vorlegen, welchen technologischen Vorsprung die Galaktischen haben müssen, wenn sie denn solche kosmische Erscheinungen mit ihrem Raumfahrzeug hervorrufen können. Das Ergebnis dieser Studien stürzte die Militärs jedes Mal in Depressionen, wurden doch ihre Anstrengungen dadurch immer lächerlicher. Sogar ihr Antrag, den neuen Superlaser an der Raumstation zu installieren wurde abgelehnt. Streng geheim und abgelöst vom Wissen und von den Anstrengungen der AGG´s – erfolgte der Bau des Superlasers in den höchsten Bergen des Planeten.

**

Es war eines dieser wenigen freien Abenden am Wochenende, die Dr. Lehnert bei seiner Familie verbringen konnte. Jetzt, vier Wochen vor dem erwarteten Ereignis, war der Psychologe nur noch mit der Verminderung öffentlicher Angst beschäftigt. Vertreter großer TV und Radiosender, sowie der Printmedien saßen wöchentlich nach den Pressekonferenzen bei ihm. Seine Praxis blieb geschlossen.

Was für ein Irrsinn. Immer nur wird über Risiken gefragt, gesprochen, gesabbert. Selbst an der Börse brüllen Stier und Bär sich gegenseitig an.

Nach einem Schluck Rotwein betrachtet er die Kringel des Zigarrenrauches, wie sie gen Himmel streben. Nur auf der Terrasse darf er diesem, auch deshalb so selten ausgeübten, Laster frönen. Auch seine Praxisräume müssen vom Tabaksqualm frei gehalten werden, übt er doch erfolgreich Raucherentwöhnungshypnose aus.

Was passiert, wenn die Galaktiker gar keine Börse, keine Marktwirtschaft als den Motor der menschlichen Entwicklung – ab jetzt – für alle Zeiten festgeschrieben – kennen. Was passiert, wenn das „Galaktische Kommunisten" sind. Wenn die keinen Krieg kennen? An keinen Gott glauben? Und solch eine Technik beherrschen – eine Technik, dass sie uns beherrschen könnten und gar nicht wollen. Sie nennen uns doch Gleiche. Über diese 'Risiken' denkt keiner nach. Nur ich. Oder andere auch? Was passiert dann?

Frank Lehnert schaut auf seine Rauchkringel und lächelt.

Ich werde diese Fragen veröffentlichen.

*

Geschäftiges, ja hektisches Treiben herrscht in den Gängen des Kanzleramtes. Obwohl alle Gänge mit großen Fenstern versehen sind, wirken die Gesichter der wichtigen Personen, der

Wissenschaftler, Assistenten und Sekretäre ob der fehlenden Sonne wie von Neonlicht erhellt, fahl.

Schon seit einer Woche, hat eine feste Wolkenschicht den Himmel im Griff und erste Stimmen machten dafür die Galaktischen verantwortlich. Die hier durch die Gänge gehenden, glauben den Bildern der Wetternachrichten. Einen Monat vor dem angekündigten Ereignis trifft sich die AGG beim Bundeskanzler.

Nach einer knappen Begrüßung durch den Kanzler selbst, kommt es zur Berichterstattung der Abteilungsleiter und der verschiedenen Ministerien. Doch außer über eine wachsende Spannung in allen Bereichen der Gesellschaft kann keiner der Redner den Mitgliedern der Arbeitsgruppe berichten. General Koch ist hier nur Zuhörer.

Nach dem Bericht über die Kapriolen an der Börse, soll Dr. Lehnert über die „Psychologische Situation" der Bürger reden. Frank Lehnert beginnt mit den Fakten, der sprunghaft gestiegenen Selbstmordrate, der Überlastung der stationären psychologischen Einrichtungen und den Belastungen seiner Kollegen in den Praxen. Bis hierhin wird sein Bericht mit geübter Gelassenheit, ja fast Gleichgültigkeit, aufgenommen.

Erst als er sagt: „In vielen, ja fast allen Fällen ist die Angst vor einem Ende alles Gewohnten spürbar, was auf eine eventuelle wirkliche Gefahr hinweist, denn hier gilt der Satz „Das Problem mit den Paranoiden ist, ob sie nicht auch wirklich verfolgt werden." wird Dr. Lehnert vom General barsch unterbrochen „Herr Dr. Lehnert, wir achten ja ihre fachliche Kompetenz, was die Verrückten betrifft, über wirkliche Gefahren, aber, sollten sie doch bitte die Fachleute reden lassen." Scheinbar gelassen fährt Lehnert fort:

„Noch wird das Erscheinen der Galaktischen als Möglichkeit aufgefasst. Selbst wir reden und denken noch immer so. Ich kann noch nicht abschätzen, was passiert, wenn jeder die Anwesenheit der Galaktischen als Wirklichkeit begreift. Von eventuellen realen Äusserungen oder Handeln der Aliens ganz abgesehen." Diesmal ist es Polte: „Wir kennen Ihre Dissertation." Keiner der Mitglieder weist den Zwischenrufer zurecht. Jeder versucht seine eigenen Befürchtungen zu verbergen. Resignierend kommt der Psychologe zum Ende seines Berichtes: „Die Medien schüren Angst und Panik durch ihre Berichterstattung. Auch die sogenannten seriösen Gesprächsrunden mit Wissenschaftlern und Vertretern der Kirchen tragen nicht zu einer Eingrenzung der um sich greifenden Alienphobie bei."

„Und was schlagen sie vor?" meldet sich der Kanzler zu Wort. Frank Lehnert überlegt einen Augenblick, dann:„ Unsere Gesellschaft muss von einer tiefgehenden Freundlichkeit, ja Fröhlichkeit, dem Besuch der Galaktischen gegenüber durchdrungen sein. Von unserer Arbeitsgruppe ausgehend, muss das über die Medien, über die Kirchen, ja überall vermittelt werden. Nur so können wir uns als Gesellschaft, ja jeder einzelne auf das größte Ereignis in der Geschichte der Menschheit wappnen." Lehnert klappt seinen Aktendeckel zu und schaut in die Runde des im Kreis aufgestellten Konferenztisches. Prüft die Blicke der anderen und sich selbst.

Und ich – kann ich meiner Empfehlung vorbehaltlos folgen? Die Gesichter der Arbeitsgruppenmitglieder drücken jedenfalls keine Fröhlichkeit aus, das wird noch eine Weile dauern.

Mit einem Schluck Wasser versucht er seine Zweifel und Selbstzweifel herunterzuspülen. Es gibt keine verbale Reaktion auf seinen letzten Satz.

Der Kanzler ruft den Wissenschaftsberater zu Wort. Professor Müller, mit zerknautschtem Anzug und Fliege, Physiker durch und durch, über dessen Berufung in die AGG sich alle außer er selbst gewundert hatten, räuspert sich und streckt in einer aufreizenden Prozedur seine Finger. So ist das Knacken der Gelenke der Beginn seiner Rede. Und eigentlich greift er dann die letzten Worte des Psychologen auf.

„Wir Wissenschaftler können es vor Ungeduld kaum aushalten. Dabei sind es noch vier Wochen. Die Galaktischen müssen einen ungeheueren wissenschaftlichen und technologischen Vorsprung haben," mit einem fast diabolischen Lächeln auf General Koch „was irgendeine militärische Option unsererseits lächerlich erscheinen lässt. Die Erscheinung im fernen Sternbild und auch die Stimme in unseren Köpfen lassen hier auf einen Vorsprung, wenn der Vergleich überhaupt zulässig ist, von mindestens tausend Jahren schließen. Doch wenn man das akzeptiert, sind die Perspektiven für die Wissenschaft und damit für die Menschheit mit dem Besuch der Galaktischen gewaltig gestiegen. Tausend Jahre Vorsprung. Nur ein Beispiel, zwei Beispiele: Wir rechnen in den nächsten 50 Jahren mit der sicheren Beherrschung der Kernfusion, in 70 Jahren mit der Beherrschung der Gravitation. Das sollte für unsere Besucher Peanats sein. Das heißt wir können das Energieproblem unserer Welt dann in kürzester Zeit lösen, die fossilen Brennstoffe wären dann wieder Rohstoffe und so weiter."

Ein lautes Gemurmel unterbricht den Professor, so dass der Kanzler die AGG zur Ordnung rufen muss und der Vertreter der Wissenschaft dann weiterreden kann „Meine Damen und Herren, ich verstehe ihre Aufregung, auch uns Wissenschaftler geht es so. Und es geht ja noch weiter – in unserer Arbeitsgruppe Wissenschaft haben wir ja auch Philosophen, Soziologen, also Vertreter der Geistes- oder Gesellschaftswissenschaften. Und da gibt es schon Fragen wie: Was ist das für eine Gesellschaftsform, die solch wissenschaftlich-technische Leistungen vollbringen kann und sich augenscheinlich auf dem Wege dahin nicht selbst vernichtet hat? Kann man von ihnen Modelle übernehmen? Was für eine Geschichte und Religion haben die Galaktischen? Aber ich will sie mit unseren Fragen nicht weiter verwirren."

„Antworten, Herr Professor, und keine Fiktionen. Was macht ihr Wissenschaftler denn den ganzen Tag!" Wieder ist es der General der einen Wissenschaftler unterbricht. „Ach, Herr Koch" (Alle Mitglieder der AGG freuen sich innerlich über das weggelassene Wort „General")"die Antworten bekommen sie eigentlich nur von den Galaktischen selbst und von uns, nachdem wir Wissenschaftler mit den Aliens geredet haben – freuen sie sich darauf, wie Herr Dr. Lehnert doch sagte. Und eins will ich ihnen noch sagen: Über Waffen werden sie von ihnen nichts erfahren, die haben nämlich keine."

Hier machte der Professor eine kurze Pause, knachte mit seinen Gelenken und fuhr dann fort.

„Die brauchen nur ihr Raumschiff rumzudrehen und ungebremst zu starten. Dann gibt es auf der Erde kein Leben mehr. Und wenn sie so unqualifiziert wie eben mit denen reden, dann wird das wohl passieren.

Herr Kanzler, ich beende meinen Vortrag hier und meine begründet zu haben, das alle Gelder, die den Militärs in Vorbereitung des Besuchs der Galaktischen zugewiesen wurden, an die Arbeitsgruppe Wissenschaftler umgeleitet werden sollten."

Das erneute Knacken seiner Gelenke beim Strecken der Finger geht in den sehr unterschiedlichen Reaktionen der Mitglieder der AGG unter. Dr. Lehnert bringt seine Zustimmung offen durch Klatschen zum Ausdruck. General Koch hat es jede Reaktion verschlagen.

Der Kanzler ruft zur Ordnung ordnet eine Pause an und wendet sich dem Pressesprecher zu.

„Diesmal wird es schwer, ein Bericht aus der AGG zu bringen. Ich erwarte Sie mit ihrem Entwurf eine Stunde vor Beginn der Pressekonferenz. Keine Spekulationen über technologische Veränderungen, die die Wirtschaft betreffen. Der Zusammenbruch der Börse erfolgt noch früh genug."

Der letzte Satz des Kanzlers ist der beherrschende Gedanke vieler Mitglieder der AGG. Emsig wird gerechnet und spekuliert.

Schon in der Pause werden Kurse abgerufen und Verkäufe getätigt.

Auf alle Börsen dieses Planeten kam eine hektische Zeit zu und Gewinner gab es dabei kaum.

Der Bericht des Handelsministers nach der Pause unterstreicht eigentlich die Schilderung des Psychologen. Der Handel erzielte in der letzten Dekade im Bereich der Nahrungsgüter bisher ungekannte Umsätze. Wochen vor dem angekündigten Erscheinen der Galaktischen kam es zwar nicht zu Hamsterkäufen, aber ein verstärktes Abkaufen von Konserven war zu beobachten. Und dies war eine Tendenz.

Auch der Justizminister konnte von Tendenzen bei der Steigerung der Kleinkriminalität berichten. Die Berichte in den Medien aus dem Ausland zeigten auf, dass das ein planetenweiter Trend war.

Hier meldet sich Dr. Lehnert wieder zu Wort. „Herr Kanzler, meine Damen und Herren, das ist es, was ich meine. Die Menschen hören, wie andere Menschen auf eine scheinbare Gefahr reagieren und schon wird die für sie bisher nur geringe und scheinbare Gefahr immer realer. Wir selbst, unsere Medien, die Art der Berichterstattung, sind die Verstärker der Depressionen und Paranoia in der Bevölkerung."

„Unsere Medien sind frei, man kann ihnen nicht das Denken befehlen und ich kann keine Notstandsgesetze in Kraft setzen."

Was soll ich denn machen? Wie kann auch die auflagenstärkste Zeitung unseres Landes mir Untätigkeit bei der Vorbereitung des Besuchs der Galaktischen vorwerfen. Zum Glück sind die Wahlen erst in einem Jahr.

Tief drückten seine Finger auf seine Augen. Doch diese beiläufige Geste konnte die Müdigkeit des Kanzlers nicht vertreiben.

*

Wieder 24 Stunden geschafft. Die Leute im Observatorium werden immer hektischer. Alle Messinstrumente sind auf eine Richtung justiert. Dabei sind es noch Wochen. Sollte auf der anderen Seite ein riesiger Weltraumdrache auf uns zukommen, würde kein Schwein das merken.

Nach innen lächelnd eilte Michael Polte zu seinem Auto. Noch 30 Minuten bis zum Training.

Alle reden nur noch über die Galaktischen. Was werden sie mir bringen. Mit Ute ist es schon vorbei. Eigentlich ganz gut so. Unter Extremsituationen lernt man die Menschen wirklich kennen. Dabei ist die ganze Sache nur für Ute und ihre Sektenmitglieder so extrem. Hätte ich sie in die Sekte begleiten sollen? Innerlich wollte sie doch nur zu dem neuen Sektenguru; eben noch Philosophieprofessor. Das war er noch vor zwei Monaten. Wie schnell können Menschen sich ändern. Seine Familie soll er auch verlassen haben. Die Stimme hätte ihn dazu berufen. Also, ich habe solche detaillierten Anweisungen nicht erhalten.

Wie auf Schienen fährt Michael die Strecke zur Schwimmhalle. „Tausendmal" gefahren, hat er Zeit für seine Gedanken.

Ob die Galaktischen auch Wasserball spielen? Bestimmt wieder nur Fußball. In meiner Mannschaft scheinen nur „Unnormale" zu sein. Wir wollen in die 1. Bundesliga. Eigentlich gibt es keine Ausfälle.

*

General Koch klappte zufrieden seinen Aktendeckel zu und lehnt sich entspannt in den Sessel. Der letzte Konferenzteilnehmer verlässt gerade den abhörsicheren Raum. Die Beratung der militärischen AGG war zu seiner Zufriedenheit verlaufen.

Keine Psychoheinis und überhebliche Wissenschaftler. Kurze Berichte, keine Spekulationen. Wir werden bereit sein. Erstaunlich, wie die Fritzen vom Zivilschutz mitziehen.

Doch die wichtigsten Pläne, zur Mobilmachung in mehreren Stufen, die Internierung von Störenfrieden und der Stand der Einsatzbereitschaft seines Weltraumlasers waren in der Arbeitsgruppe nicht behandelt worden. Als „galaktischer" General war Koch in der Hierarchie des Generalstabes gestiegen.

*

Tina Roberts hatte zwei Tage frei von Professor Bensch bekommen. Die letzten Wochen und Tage der Reisen und Kongresse hatten keine Freizeit zugelassen. Jetzt am Abend ihres freien Tages versucht sie den Weg zum Observatorium einzuschlagen. Freunde hat sie nicht mehr. Seit vier Monaten waren ihr die Galaktischen näher als jeder noch lebende Verwandte. Nur selten dachte sie an ihre Eltern, die zwei Tage vor ihrem 18. Geburtstag bei einem Autounfall gestorben waren. Unbewusst oder es sich noch nicht zugebend lenkt sie ihr Auto nicht zum Observatorium, sondern zur Schwimmhalle. Vor zwei Tagen hatte sie zufällig ein Interview mit Michael Polte im Regionalfernsehn gesehen. Und da war ein Kribbeln im Bauch, das auch bei einem Lächeln über sich selbst nicht verschwunden war.

Was soll ich jetzt hier. Ich weis doch nicht einmal ob er heute hier ist.

Doch für eine „Nichtwissende" zielbewusst betritt sie das Entré der Schwimmhalle und schaut durch das große Fenster auf das Schwimmbecken. Michael Polte verlässt gerade mit einem Schwung das Becken und erblickt Tina erstaunt. Da ist das Kribbeln wieder da und fast grundlos verharrt Tina im Vorraum der Schwimmhalle. Schon nach wenigen Minuten, als erster seiner Mitspieler erscheint Michael mit nassen langen Haaren. Fragend sucht er die Augen Tinas. Ein Zucken ihrer

Schulter verrät ihm, dass sie ihn abholen will. Und ohne ein Wort geht er auf sie zu und verlässt mit ihr die Halle. Seine Manschaftskameraden, die, die bereits die Dusch- und Anziehprozedur hinter sich gelassen haben, blicken sprachlos hinterher. Der Neid kommt später.

Nach einer Weile ohne Worte in Tinas Mittelklassewagen – der alte Unfallwagen ihrer Eltern, wieder aufgebaut, – fragt Michael: „Wohin fahren wir?"

„Zu mir!"

Wieder ein Quicki? Bin ich ein Callboy?

Doch er sagt nichts. Michael merkt, dass Tina nicht sprechen will, nicht kann. Angekommen in Tinas Wohnung, zieht sie ihn in ihr Schlafzimmer. Seine langen Haare sind immer noch nass. Ohne Worte entledigt sie sich ihrer störenden Kleidung. Michael ist Zuschauer, immer noch erstaunt. Trotz des Erlebnisses im Observatorium sieht er Tina heute das erste Mal richtig. Ihre langen blonden Haare fallen bis auf die Ansätze ihrer vollen Brüste. Ihre Achseln sind rasiert. Ein schmaler Strich fast grauer Haare verlängern optisch die Spalte zwischen ihren Schenkeln.

Tina ist eine Frau, Ute ein Mädchen. Wieso denke ich jetzt an Ute? Das ist Lichtjahre vorbei.

Nur langsam, aber tief, ergreift ihn eine sexuelle Erregung, die bei weitem nicht nur auf sein Glied fixiert bleibt. Die Jungastronomin ist die Aktive. Als sie seine Shorts runterzieht, springt ihr Michaels Penis entgegen und entgegen ihrer sonstigen sexuellen Vorlieben senkt sie ihren Mund über die rosig glänzende Eichel. Mit den Händen greift Tina fest auf die Pobacken Michaels. Er löst sich aus diesem erotischen Festhaltegriff – langsam – und trägt sie zum Bett, öffnet ihren Schoss und versenkt sein Glied. Seine schnellen Bewegungen werden vom gedämpften Geschrei Tinas begleitet. Schnell kommen beide zum Höhepunkt.

Entspannt liegen sie auf dem Rücken.

Die Bettwäsche ist hin. Was sage ich jetzt?
Doch Michael beginnt das Gespräch. „Kann ich duschen, ich habe immer noch das Chlor auf meiner Haut. Und hast du einen Föhn?"
„Alles im Bad."
Tina sieht Michael hinterher. Immer noch gedanken- und sprachlos rutscht sie vom Bett und sucht neue Bettwäsche aus dem Schrank hervor. Doch bevor sie diese aufzieht geht sie Michael hinterher und setzt das begonnene Spiel fort. Sie wäscht den Chlorgeruch, den sie gar nicht gespürt hatte, von seinem Körper, seinen Haaren, die sie hinterher auch föhnt. Nach anfänglichen Sätzen über sich und ihrer eben begonnenen Beziehung sprechen sie dann über die Galaktischen. Beide teilen die Freude auf den Besuch und die Angst auf die Reaktionen der Menschen.

*

Einem gespannten Bogen gleich, ist die Welt vier Wochen vor dem angekündigten Besuch zur Ruhe gekommen. Immer mehr Menschen glauben nun nicht mehr an den Besuch, verdrängen das Ereignis aus ihrem Alltag. Das Ereignis ist in den Köpfen viel kleiner geworden, gedrückt worden. In den AGG in allen Ländern wird ruhig gearbeitet. Der Kanzler hat erst einen neuen Wissenschaftsberater berufen, dann aber wieder Müller eingesetzt. Dr. Lehnert wurde zur internationalen AGG delegiert. Er, der Experte für Aliens, soll zum Empfangskomitee auf der internationalen Raumstation gehören. Das Land hatte lange nach einem würdigen Vertreter im internationalen Gremium gesucht.
Auch Lehnerts ehemaliger Lehrer, Professor Roth war im Gespräch. Doch dieser war an einer schweren Grippe erkrankt. So entsprach Lehnert genau dem Typ Wissenschaftler, den die internationale Staatengemeinschaft als Vertreter für das Land

vorgeschlagen hatte.

Die Medien können nichts Neues über die Galaktischen berichten und Spekulationen werden als solche erkannt. Der Weltraumlaser der vereinigten Streitkräfte wurde erprobt. Die Energie des Strahls hatte einen weiteren Krater im Mond hinterlassen. Lasch war der Protest einzelner Parteien und Vereine gegen diesen Versuch, bedrohte der Laser doch keine Tiere auf der Erde, und einige den Militärs eng verbundene Wissenschaftler betonten immer wieder die Anwendung der Waffe als Forschungsobjekt und als Schutz vor Meteoriten.

*

Zum hunderttausendsten Mal in seinem Leben streicht General Koch seine Haare mit der rechten Hand von links über die Glatze. Unsicherheit und Genugtuung spürt er beim Lesen des Berichts über den abgefeuerten Laser.

Zivilisten! Nur die Präsidenten der Länder entscheiden über den Einsatz. Da hätten wir uns die Entwicklung des Lasers sparen können. Da wird dann vorher noch eine Konferenz abgehalten. Die Galaktischen haben doch auch nicht gefragt. Waffen sind Soldatensache. Meine Frau darf meine Pistole auch nicht abfeuern. Ein mächtiges Loch hat der Strahl in den Mond gerissen. Jedenfalls sind wir nicht unbewaffnet, wenn die kommen.

*

Mit ähnlichen Gedanken hält General Fletscher, der „Galaktische" im Stab der größten Armee des Planeten, den Bericht, doch gleichem Inhalts, in den Händen. Schlanker als Koch gleich lang/kurz und mit dem in seiner Armee gemäßen Bürstenhaarschnitt sind sie Brüder im Geiste. Dabei hatte Fletscher durch seine „echten" Kampfeinsätze eine ganz andere Entwicklung genommen. Seine Manöver mit dem Hubschrauber hatten dem Feind im Dschungel so manches Rätsel aufgegeben und viele Kameraden auf dem Boden gerettet. Das hatte ihn später für die modernen Jagdflugzeuge prädestiniert. Seine Führungseigenschaften waren auch unter den Generälen unbestritten. Nun bereitet er sich schon seit Wochen für seine Mission vor. Seine Berufung hatte er schon lange vor dem Entschluss des Völkerbundes erhalten. die Galaktischen im All zu empfangen.

Er hält beim Lesen kurz inne und muss lächeln, als er die Anstrengungen des Astronautentrainings in jeden Muskel spürte.

Den Jungen habe ich es gezeigt. Baseballtraining zahlt sich aus. Jetzt noch das Studium der Instruktionen für die internationale Raumstation und ich bin der Kommandant. Das wird diesmal schwerer als im Dschungel. Seine Stirn zog sich in Falten. *Ich bin zwar Kommandant der Station, aber ein Vertreter des Völkerbundes soll der Vorsitzende des Komitees sein. Und dann die Wissenschaftler – mir gleichgestellt. Dazu kommen die noch aus aller Herren Länder. Erst die Aliens, dann noch all` die Ausländer. Mal sehen, was schlimmer wird. Das war ja furchtbar mit anzusehen, wie die im Völkerbund um jede Person des Empfangskommitees gestritten haben. Wenn das da oben so weitergeht – ein Sack Flöhe – Zivilisten – auf einer Raumstation. Eventuell wäre der Job am Laser doch besser gewesen. Bin ich auf dem Abstellgleis? Ach was, ich werde denen schon meine Meinung sagen können, ich bin der Kommandant. Die nächsten zwei Wochen wird sich zeigen, ob die ausgewählten Personen überhaupt raumflugtauglich sind.*

Sein Start zur Raumstation war für den morgigen Tag geplant.

So sicher wie Fletscher war sich der Völkerbund nicht, durch wen und wo die Galaktischen empfangen werden. Mögliche Szenarien waren höchstens in der sience fiction vorhanden und gedanklich wurde auch darauf zurückgegriffen. Letztlich wurde die Entscheidung zu Gunsten der Raumstation getroffen. Dabei spielte die Angst vor einer möglichen Kontamination die

Hauptrolle. Ausgesprochen wurde die Vorsicht vor einer möglichen Kontamination mit giftigen Stoffen oder fremdartigen Krankheitsüberträgern. In den Gedanken der Herrschenden fast aller Länder und Religionen war es aber die kulturelle Kontamination, die sie zu diesen Entschluss führte. Wissenschaftler hatten darauf hingewiesen, dass die Galaktischen – mit so einer hohen Technik sich der Gefahr einer Kontamination durchaus bewusst seien und entsprechende Maßnahmen ihrerseits bestimmt eingeleitet hätten. Doch diese Stimmen waren nicht ausschlaggebend.

Und so stehen zwei Raumschiffe zwei Wochen vor dem angekündigten Eintreffen der Galaktischen zum Transport des 13 köpfigen Empfangskomitees zur Raumstation bereit. Alle Mitglieder sind seit Wochen und Tagen in einem Trainingscamp. Fletscher ist bereits auf der Station.

*

Frank Lehnert hatte in den ersten Tagen zwischen Aufgabe und unbändigen Willen geschwankt. Manchmal spürte er seinen Körper gar nicht mehr, manchmal waren die Schmerzen in seinen Muskeln unerträglich. Diesen Zustand hatte er erwartet, die guten Beurteilungen durch die Ärzte nicht. Als er vom Angebot seines Landes zum Empfangskomitee des Planeten erfahren hatte, glaubte er noch nicht an die reale Chance. Doch seine außergewöhnlichen Fremdsprachenkenntnisse und seine wissenschaftlichen Arbeiten zur Alienphobie hatten ihn in das Blickfeld der internationalen Empfehlungsgruppe gebracht. Dabei war wohl auch sein Wert für die geistige Gesundheit der Komiteemitglieder ausschlaggebend. So führte er täglich mit den Einzelnen Gespräche und musste darüber Bericht erstatten.

Nun, mit gequältem Körper, sitzt er über seine Dossiers. Diese Aufgabe fällt ihm leicht, wissen doch alle, dass er diese Aufgabe hat und auch dass diese Aufgabe kein Spionieren ist.

Natürlich merkte er im Laufe der Zeit, dass seine Kollegen sich ihm unterschiedlich öffneten. Gerade eben beendet er seinen Bericht über den Indischen Physiker, der zugleich Vertreter einer östlichen Großreligion war. Ausgeglichenheit und eine freudige Spannung waren Frank entgegengekommen. Nichts war gespielt.

Das was ich in unserer Kommission gefordert hatte. Eigentlich sollte Professor Ginseh die Leitung haben. Aber ob er der Chef von uns allen sein kann?

Frank atmetet stöhnend, gepresst durch fast geschlossene Lippen aus.

Wohl nicht. Warum reicht das nicht aus? Müssen Führer verbissen sein – Führer sein wollen? Warum will man Führer sein? Um sich die besten Bedingungen zur Weitergabe seiner Gene zu schaffen? Als Person, als Teil einer Gruppen, als Person in einem Land, einer Rasse. Quatsch – das muss wohl vor 5.000 Jahren noch so gewesen sein – bewusst, vor 50 Jahren auch – unbewusst. Und heute? Warum lassen andere, nicht andere – wir, überhaupt Führer zu – heute? Und dann noch solche Arschlöcher.

Gezwungen – was an einem kurzen energischen Kopfschütteln zu beobachten ist, verlässt der Psychologe diesen Gedanken, der ihn eigentlich schon seit Jahren beschäftigt.

Was wird Petra machen? Ich rufe gleich mal an. Mit Petra habe ich mich über dieses Problem schon öfter unterhalten – kehrten seine Gedanken halb zu diesem Thema zurück. – *Sie hatte mir zugehört, weil sie merkte, dass mich das immer wieder beschäftigte. Und das mit den Arschlöchern sieht sie auch so. Aber manchmal hatte sie dabei einen komischen Gesichtsausdruck als ob sie dachte, das ist meine Entschuldigung für meinen mangelnden Ehrgeiz. Hat sie Recht? Aber Zeit für die Kinder sollte ich auch immer haben.*

Frank greift zum Telefon und spricht mit seiner Frau. Über die Kinder, über das Wetter auf dem anderen Kontinent, über sich usw.

Noch drei Wochen bis zu seinem Start ins Weltall.

***

Eigentlich war es zu erwarten, doch das Auftauchen der 'umgekehrten Sternschnuppe' am Rande des Planetensystems Wochen vor dem angekündigten Besuch der Galaktischen führte wieder zu panischen Reaktionen in der Weltöffentlichkeit. Dabei war 'am Rande' nur unzureichend von den Medien definiert. Am Rande bedeutet die doppelte Entfernung die der äußerste Planet des Sonnensystems vom Heimatstern hat. Für die Wissenschaftler war es längst klar, dass die Galaktischen nicht neben ihrem Planeten auftauchen könnten, sondern die letzte Strecke mit einem konventionelleren Antrieb bewältigen würden. Doch das wollte vor Monaten keiner hören.

**

Diesmal ist die Ankunft der Galaktischen für die Mehrzahl der irdischen astronomischen Einrichtungen deutlich auszumachen. Selbst Schulsternwarten können nach einem kurzen Schwenk ihrer Teleskope das Schauspiel beobachten. Das Weltall öffnet sich an einer Stelle wie der Krater eines Vulkans – im Durchmesser scheinbar so groß wie der Mond. Ein Lichtstrahl sich schnell verjüngend, verblassend und nach wenigen Sekunden endend, steht am Firmament. Für alle Menschen, die in den Nachthimmel schauen, ist der umgedrehte Komentenschweif zu sehen. Die bleibende Erscheinung verrät den Unterschied zu einer überdimensionalen Sternschnuppe. Diejenigen, die die Entfernung nicht wissen, glauben an einen plötzlichen Besuch.

Die Aliens sind da.

Die Astronomen wissen um die gewaltige Entfernung.

Eigene Raumfahrzeuge sind noch nicht in diese Regionen gedrungen – auch wenn sie schon Jahre unterwegs sind.

***

Das Raumschiff geht mit der auf dem Planeten zu beobachtenden Lichterscheinung in den Normalraum über und nur kurze Zeit später ist es vollständig materialisiert und seine Geschwindigkeit auf null zum angesteuerten Sonnensystem gebracht. Die Sensoren des Schiffes und die Analysesysteme haben ihre Arbeit bereits aufgenommen, als sich die sarkophagähnlichen Gebilde im Inneren des Raumschiffes öffnen und die Wesen nach einer Zeit der gemeinsamen Meditation, in der sie vor allem die Freude an ihrer Gemeinschaftlichkeit zelebrieren, ihre Arbeit mit den Analyse und Auswertungsgeräten beginnen. Aber schon vorher – in ihrer Meditation – haben sie erfahren: Sie sind dem Ziel ihrer kaum in Maßstäben des Raumes und der Zeit zu beschreibenden Reise ganz nah. Durch die Kommunikation mit dem Raumschiff erfahren sie: Auf dem dritten Planeten gibt es eine Zivilisation, die den Schritt in den sie umgebenden Raum getan hat. Technische Objekte, ohne Leben, sind im Sonnensystem. Eben solche Objekte umkreisen in einer Vielzahl den Planeten. Hier und da auch mit denkenden Wesen im Inneren.
Der Planet selbst ist voller Leben – voller Denken.

Wie schon für die Wesen selbst vor einer kurzen Zeit – für die Bewohner des dritten Planeten vor einem halben Umlauf um ihre Sonne – schließen sich die Wesen im Geist zusammen, verstärken ihre Freude und diesmal, ob der kurzen Entfernung einer technischen Verstärkung nicht benötigend, senden sie spontan einen Gedankenimpuls zu den Bewohnern:

**Gleiche,
große Freude, wir kommen.**

Dieser Freudenausbruch ist fast gleichzeitig für alle Bewohner des Planeten zu vernehmen. Wie schon beim ersten Spruch wird die Reaktion unterschiedlich sein.

Im Organ des Denkens der Menschen selbst aber, wird sich für die Menschen nicht unmittelbar zu beobachten, wieder eine Veränderung vollziehen. Eine Veränderung – die nicht vorhersagbar ist, auch nicht für die Wesen aus der anderen Galaxis – den Galaktischen.

Die Wesen im goldfarbenen Doppelrumpfraumschiff wenden sich dem Vorschlag ihres Schiffes über den weiteren Flug in das Sonnensystem hinein zu. Die große Antriebssektion bleibt außerhalb des Systems. Die Wohn- und Forschungseinheit wird unter Nutzung der Kräfte des Planetensystems und ihrem Stern die Reise zum Planeten der intelligenten biologischen Wesen aufnehmen. Sie werden in eine Umlaufbahn des Planeten einschwenken.

Eine Gedankenverbindung zu den Wesen auf dem Planeten war noch nicht hergestellt. Das sollte in der nächsten Zeit gelingen.

***

Kurz vor Spielbeginn hatte Michael und seine Mannschaft die Nachricht über die Galaktischen am Rande des Sonnensystems vernommen. Der Hallensprecher hatte es vor dem Zeremoniell der Vorstellung der Mannschaften verkündet. Natürlich kam es zu Diskussionen und Aufgeregtheiten.

Doch auch selbstverständlich wurde mit einer kurzen Verspätung zum Spiel angepfiffen. Keiner der Zuschauer hatte die Schwimmhalle verlassen.

Gerade hatte sich Michael für den Schiedsrichter unsichtbar

mit dem Knie vom Gegner abgedrückt, wollte den Ball auf das Tor werfen, als ihm ein anderer Spieler der gegnerischen Mannschaft in seinen Arm griff Strafstoß! Michael jubiliert innerlich.
Jetzt ist uns der Sieg nicht mehr zu nehmen.

**Gleiche,
große Freude, wir kommen.**

Was ist das? Wieder diese Stimme. Warum freue ich mich?
Noch mit einem Lächeln blickt Michael auf die Spieler um sich, blickt auf die Zuschauer, bei denen sich nun langsam das Lächeln durch ein plötzliches Öffnen der Augen in Erschrecken wandelt. Und wie auf dem ganzen Planeten insgesamt kommt es hier in der Schwimmhalle zu den unterschiedlichsten Reaktionen. Einer der Schiedsrichter setzt sich auf den Stuhl neben dem Protokolltisch – ganz in Gedanken versunken. Mehre Spieler überlegen das Becken zu verlassen.

Auf der Tribüne beginnen die Zuschauer zu diskutieren. Natürlich gibt es die unterschiedlichsten Reaktionen auch außerhalb dieser Enklave. Durchweg sind es positive Emotionen, die die Menschen zeitversetzt mit der Drehung des Planeten empfinden. Anfangs.

Dann differenziert es sich, in den Köpfen der Individuen, in den Gremien, die die Köpfe der Gesellschaft bilden.

So richtig hatte es doch keiner geglaubt. Und noch immer, auch jetzt, ist da ein Rest Unglaube; Verdrängung in all seinen Formen ist ein permanenter Prozess.

In der Schwimmhalle haben sich die Gemüter beruhigt und entzünden sich erneut. Ursache ist die Forderung des Gegners, das Spiel abzubrechen. Beide Trainer und die Schiedsrichter diskutierten lautstark miteinander. Natürlich forderte das Heimpublikum einen regulären Abschluss des Spiels, den

Strafstoß, der bei Erfolg zum größten Triumph ihrer Mannschaft sorgen soll. Michael schwimmt, den Ball unter den Arm geklemmt, sich auf ihn stützend, immer noch vor dem Tor des Gegners.

Da wird die Diskussion beendet. Fast scheint es, als ob der Pfiff des Schiedsrichters und sein demonstratives Zeigen auf den 4m Punkt das ausschlaggebende Argument sei. Noch immer mit einer Protesthaltung geht der gegnerische Trainer zu seiner Mannschaft und schickt den Torwart in seinen schwimmenden 'Kasten'. Wie in einem tausendmal wiederholten Ritual stehen sich Michael und der Torwart gegenüber. Beide kennen die Situation und kennen sich. Das 'in die Augen blicken' und abschätzen, 'wohin wirft er – in welche Ecke des Tores springt er'. Tausendmal schon wiederholt. Doch diesmal ist es anders.

Michael hört es ganz deutlich:

Michael wirft immer oben in die linke Ecke. Was ist das? Hat er meine Gedanken gehört. Jetzt überlegt er, in die rechte Ecke zu werfen.

Michael rasen die Gedanken durch den Kopf:

Der spürt meine Überlegungen. Ist sich aber nicht sicher. Was soll ich machen, links, rechts? Links!

Als er den Pfiff des Schiedsrichters hört, führt er rasend schnell den Strafstoß aus – links oben. Der Torwart springt in die linke Ecke, doch der Ball rutscht ob der Wucht durch seine Hände in das Netz. Die Spieler beider Mannschaften und die Zuschauer leben ihre unterschiedlichen Gefühle aus.

Die Schiedsrichter wenden sich dem Protokolltisch zu. Einzig Michael und der Torwart stehen immer noch wie versteinert im Wasser, schauen sich an.

Konntest Du meine Gedanken lesen?

Ja. Und du?

Ja.

Immer noch unbemerkt für die sie umgebenden Personen

beenden beide die stille Kommunikation durch das Abwenden der Augen. Sie sprechen nicht darüber, nicht miteinander, noch mit einem anderen. Nach wenigen Sekunden wird das Spiel wieder angepfiffen und kurz darauf abgepfiffen. Michaels Mannschaft hat den Aufstieg in die höchste Spielklasse geschafft. Von der Ehrung und der Mannschaftsfeier bekommt er nur wenig mit. Seine Mannschaftskameraden führen seine Verschlossenheit an diesem Abend auf die Freude zurück. Am nächsten Morgen erwacht er mit pochenden Kopfschmerzen.

*

Gert Blume und Eva Grünert hatten sich beim Kellner ihres Lieblingsrestaurants gerade einen Kaffe bestellt als sie den Spruch der Galaktischen vernehmen. Und eigentlich kommt es für sie nicht unerwartet.

Nach der ersten emotionalen Reaktion blicken sie wie auf Verabredung auf die Gäste des Restaurants um deren Reaktion zu beobachten. Beide sind trotz ihrer Funktion bei der Regierung eben immer noch Journalisten. So sehen sie in die in Freude versunkenen Gesichter der anderen, können den Wechsel von Freude in Erschrecken beobachten. Kurz darauf setzt eine lebhafte Diskussion ein. Wie schon in den vergangenen sechs Monaten sind die Meinungen kontrovers. Auch hier im Restaurant. Zusammenbrüche gab es schon gar nicht mehr. Nach ein paar Minuten ist alles wie vorher.

Nur ein allen gemeinsames Thema beherrscht die Gespräche der Gäste. Fast ärgerlich wenden sich die beiden von ihren Beobachtungen ab und sich zu.

Wahnsinn, wie schnell die sich beruhigt haben.
Wir doch auch.

Erschrocken blicken beide sich an. „Ich habe doch gar nichts gesagt."

„Ich auch nicht". Lachend aber doch ein wenig unsicher

sagen beide wie aus einem Mund:
„Wir sind schon lange zusammen."
Bevor sie noch darüber reden können, wird das Erlebnis durch einen Ton aus dem Piepser, den beide in ihrer Tasche haben, unterbrochen. Sie brauchen gar nicht zurückrufen, wissen worum es geht. Gert legt einen zwanziger auf den Tisch sucht den Kellner mit den Augen, der den Kopf ihm zuwendet und verstehend antwortet. Die Journalisten verlassen eilig das Café, es gibt eine außerplanmäßige Pressekonferenz des Kanzlers und sie müssen sie vorbereiten. Das Pochen in ihrem Schädel ist zwar ungewohnt aber nicht wichtig.

*

Unzufrieden zieht General Koch seine Stirn in Falten.
Man müsste ihm sagen, wie lächerlich er mit dieser Geste aussieht.
Peter Brode leistet sich diesen Gedanken mitten in seinem Bericht über die Aktivitäten der einzelnen Mitglieder der AGG an den General. Nach innen lächelnd, *ob er überhaupt versteht, was ich ihm hier erzähle. Doch stopp, das ist ein alter Fuchs.*
„Brode, sie sind unkonzentriert. Sind sie überarbeitet oder gar überlastet?" Der General ist sich der Wirkung seiner Frage wohl bewusst.
Ich bin zwar älter als du, du junger Schnösel, aber in die Ecken, in die ich geschissen habe, musst du erst noch riechen.

Gleiche,
Große Freude, wir kommen.

Mitten im Satz unterbricht Brode. Beide, jeder für sich, lächeln für kurze Zeit. Sie schauen sich an und holen sich die Bestätigung für das Vernommene.
„Also doch." Koch scheint sich auf seinen überdimension-

ierten Schreibtischstuhl zu straffen. „Sie kommen wirklich."
„Haben sie daran gezweifelt?"
Der General antwortet mit einem Achselzucken.
„So richtig sicher war sich wohl kein Mensch, so richtig sicher wird sich noch keiner sein, ich nicht, sie nicht, kein Mensch auf dieser scheiß liberalen Erde. Selbst ich habe mich eben gefreut. Das kann nicht sein. Die Aliens haben uns schon fast im Griff. Lassen wir den Bericht für heute. Ich weiß auch gar nicht, ob das alles noch relevant ist. Der Völkerbund hat uns entmündigt. Denken sie noch an den Quatsch, den der Lehnert hier verbreitet hat. Wir sollen uns auf die Aliens freuen. Jetzt hab ich mich sogar gefreut. Furchtbar. Gehen sie Brode. Ich muss mit Fletscher reden. Der muss auf Lehnert achten. Peter Brode sah in den Augen des Generals schon das, was Koch dem Kommandanten der internationalen Raumstation über den Psychologen berichten wollte und billigte es stumm.

*

Petra lauschte verwundert der Stimme ihres Mannes, kurz hielt sie inne.
Gestern war er noch im großen Land – heute ist er schon im Osten.
Der Psychologe war für die zweite Welle zur Raumstation vorgesehen und die sollte nun vom östlichen Kontinent starten. Mitten im teuren Ferngespräch hielten beide inne und lauschten der Stimme, verspürten Freude. Nach einigen Sekunden:
„Hast Du das gehört?"
„Ja, sie kommen, sie freuen sich. – Ich freue mich darauf. Jetzt noch mehr. Und du?"
„Du fehlst mir. Jetzt noch mehr. Das ist alles wie in einem Kitschfilm, sogar meine Worte." Petra spürte die Wärme der Plaste des Telefonhörers an Ihrem Ohr und es war ihr nicht mal unangenehm. Die letzten Worte hat sie bewusst davon abgehal-

ten zu weinen.

„Weinst Du?" kam wie zur Bestätigung aus dem Hörer. „Was machen die Kinder? Erzähl mir von ihnen!" versucht Frank Lehnert seine Frau abzulenken.

Die Geschwister sitzen im Zimmer des Mädchens auf Susanns Bett, das die ersten Träume einer jungen Frau erfahren hatte. Carlo bewundert seine große Schwester. Natürlich stritten sie auch. Heute waren sie ganz ruhig. Eine Zeit hatten sie bei offener Tür des Zimmers dem Gespräch ihrer Eltern gelauscht. Die Stimme in ihrem Kopf hatte sie zwar überrascht, doch noch ungewöhnlicher war das stumme Gespräch danach. Eventuell zum ersten Mal blickten sich Susann und Carlo in die Augen.

Ich höre Deine Gedanken.

Ich höre dich auch, das ist komisch.

Jetzt weiß ich gar nicht was ich denken soll – kannst Du das hören?

Du bist dir unsicher, was du denken sollst? Hast du Angst, dass ich was errate?

„Hör auf damit!" beide wenden sich ab. Carlo läuft verwirrt in sein Zimmer. Susann lässt sich aus dem Lotussitz in ihr Bett fallen.

So was soll es geben. Bei Zwillingen. Aber zwischen Geschwistern? Aber ich mit Carlo? Wenn mein Bruder alles wüsste, was ich denke. Das halte ich nicht aus! Was interessiert mich, was er denkt. Was denkt er jetzt?

Angestrengt versucht sie den abgebrochenen gedanklichen Rapport wieder herzustellen. Als ein leichtes Pochen an ihren Schläfen einsetzt, zieht sie ihr Suchen erschrocken zurück.

Quatsch – das funktioniert zum Glück nicht.

Ihr Blick auf das Poster der Boygroup an der Zimmertür reißt sie aus diesen Gedanken.

*

Im Observatorium herrschte seit einem halben Jahr, seit der Entdeckung durch den Professor, eine andere Atmosphäre. Obwohl Bensch kaum noch Nacht für Nacht die Mitarbeiter in Trapp hielt, seine Vortragsreisen und Teilnahme an Konferenzen sollten seit diesem Zeitpunkt eigentlich ein Segen für ein paar zusätzliche Mußestunden während der Nachtschicht sein, arbeitete jeder angestrengt. Der Ruhm des Professors hatte auf ihre Forschungseinrichtung abgefärbt.

Bensch war wieder mal unterwegs und Tina saß an diesem Abend am Rechner, überprüfte das Programm für die kommende Nacht.

Ihre Gedanken schweifen immer wieder zu Michael ab.

Jetzt denke ich schon an seinen blöden Wasserball und hoffe, dass er gewinnt. Dann haben wir noch weniger Zeit. Aber, er wünscht es sich so.

In den abgeschirmten Räumen des Instituts ist die Stimme weit weniger intensiv als draußen auf der Straße oder auch in der Schwimmhalle. Das Gefühl der Freude durchströmt aber auch die Mitarbeiter des Observatoriums, auch Tina. Und jeder weiß, ohne Worte miteinander zu wechseln, die Galaktischen haben sich wieder angemeldet.

Ob Michael es auch gespürt hat? Ob das Spiel weitergeht? Was macht er jetzt?

Diese Gedanken und die Gespräche mit ihren Kollegen gehen jetzt hin und her. Tina weiß:

Es ist verrückt, die Welt wird jetzt wieder verrückt spielen. Ich brauche mir doch bloß meine Kollegen anzuschauen und ich denke an Michael und seinen Wasserball. Ach Michael – ist das jetzt wirklich Liebe?

Und plötzlich ist sie in der Schwimmhalle ihrer Stadt, sieht Michael ganz allein vor dem gegnerischen Tor dem Torwart gegenüber, hört die Gedanken des Sportlers und sieht den Ball im Tor.

Freude und Verwunderung.

Tina kneift die Augen zu.
Was war das eben? Habe ich Michael gesehen oder durch seine Augen geguckt? Er hat gewonnen. Wieso weiß ich das jetzt?
Nochmals kneift sie ihre Augen zu und schüttelt den Kopf.
Ob er auch so intensiv an mich denkt. Als ich damals in die Schwimmhalle gefahren bin, war das ja auch so. Ich wusste gar nicht, dass ich dahin fahre und es schien, als wartete er auf mich. Total verrückt.

Ihre linke Hand fuhr unbewusst über das Gesicht und legte die Haare nach hinten. Sie sah wieder das Error auf dem Monitor und nach kurzer Zeit beteiligte sie sich, noch etwas benommen, an den Gesprächen ihrer Kollegen. Immer wieder gingen ihre Gedanken zurück – zu ihrem eigenartigen Verhältnis mit ihrem Freund.

**

Hatten die Menschen in den letzten Monaten immer häufiger den Rat der 'Seelenklempner' gesucht, so setzte jetzt ein wahrer Ansturm auf die Praxen der Psychologen, Neurologen und psychologischen Berater aller Art ein. Dabei mussten diese sich insbesondere mit Stimmen in den Köpfen der Patienten befassen. Stimmen in den Köpfen wurden binnen kürzester Zeit zur Volkskrankheit Nummer eins. Die Menschen hörten Stimmen der Galaktischen, ihrer Nachbarn, das Gemurmel längst Verstorbener und anderer. Auch die Heiler waren selbst gegen dieses Phänomen nicht gefeit. Ja noch schlimmer, immer mehr Ärzte meinten, in den Gesprächen mit ihren Patienten auch deren Gedanken zu vernehmen. Doch die Zeit war nicht dazu, diese Erscheinung gründlich zu untersuchen. Die Außerirdischen würden gleich da sein.

***

Für die Planetenbewohner ganz unspektakulär, ohne einen Schweif brennenden Gases vor sich herschiebend, hielt das Raumschiff der Galaktischen, in der Umlaufbahn des Trabanten.

Fast ungeduldig und ohne die Abbildungen auf dem großen Monitor zu beachten, lassen die Galaktischen an der dem Planeten zugewandten Seite des Schiffes die Wand transparent werden. Ohne miteinander Verbindung aufzunehmen, spiegelt sich in den schwarzen Kreisen im Zentrum ihrer Sehorgane das Bild des blauen Planeten. Erst Momente später nehmen sie die Daten der Analyse des Schiffes wahr. Eines der Wesen hat seine Sehorgane mit einer undurchsichtigen Haut überzogen und steht unverwandt vor dem Panoramafenster, während die beiden anderen sich bereits abgewandt hatten.

Ich höre sie kaum. Viele Stimmen. Unverständlich, sehr leise, nicht an uns. Ob sie unsere Botschaft nicht erhalten haben? Ich gebe ihnen ständig unsere Position.

Etwas ratlos richten die Wesen ihre Botschaft, im Inhalt nur auf ihre Position beschränkt, an die Wesen des blauen Planeten. Sie vernehmen keine Antwort.

Für die Wesen in ihrer freudigen Ungeduld nach einer langen Zeitspanne – auf dem Planeten waren gerade Minuten vergangen – da nimmt das Schiff Verbindung mit seinen Insassen auf.

Die Wesen des Planeten antworten. Ich vermerke den permanenten Anstieg einer Vielzahl von elektromagnetischen und optischen Signale, die von allen Teilen dieser Welt ausgehen und eindeutig auf unsere Position gerichtet sind. Ich beginne mit der Übersetzung. Dies wird eine Zeit dauern.

Die Gleichen antworten mit technischen Mitteln. Antworten und Fragen, Spekulationen und Vergleiche mit den Sensoren des Schiffes laufen ohne Geräusche zwischen den Galaktischen. Emotionen wie Ratlosigkeit oder Enttäuschung waren nur zu Beginn zu verspüren. Eventuell blieb ein wenig

doch die Enttäuschung.
Die Gleichen sind nicht gleich.
Immer wieder wird das Schiff ungeduldig gedrängt – wohl wissend, das dieses Drängen für das halborganische Raumschiff nicht relevant ist. Da meldet sich das Schiff und die drei Wesen nehmen die Erklärung auf:
Die elektromagnetischen Wellen überziehen den ganzen Planeten. Sie sind zumeist ungerichtet und aber auch gerichtet. Es gibt Signale, die durch moduliertes Licht übertragen werden. Immer mehr Signale aus allen Teilen des Planeten werden in unterschiedlicher Stärke direkt auf unsere Position gerichtet. Der Inhalt – das kann ich schon jetzt bestimmen – ist sehr unterschiedlich. Freude, Furcht, Fragen, aber auch Ablehnung. Immer wieder Ablehnung. Die Wesen sind sich nicht einig. Die Übersetzung erfordert Zeit. Die Signale haben zwar gleiche Strukturen, aber es werden unterschiedliche Zeichen benutzt. Die elektromagnetischen Wellen werden auch zur Übertragung von Bildern genutzt.
Die Bilder sind gleich, die darunter modulierten Töne sind in ihrer Struktur unterschiedlich. Eine Verständigung mit diesen Signalen zwischen den Wesen des Planeten ist mir noch nicht verständlich. Aber in kurzer Zeit. Viele Satelliten umkreisen den Planeten. Die meisten dienen der Übertragung der elektromagnetischen Welle. Das größte Objekt sendet gerichtete Strahlen auf uns. Soweit kann ich schon sagen – es begrüßt uns. Ich arbeite an der Übersetzung der Signale.
Und nach einer Weile: *Hier die erste, noch ungesicherte Version:*
'Wir, die Wesen des Planeten, begrüßen die galaktischen Besucher. Wir erwarten euch auf der Position des Senders.'
Dieser Spruch ist so, wie eine Vielzahl der zur inneren Kommunikation benutzten Art, moduliert. Ich benutze diese jetzt als Muster für die Aufschlüsselung anderer modulierten Wellen.
Diese Welt wird von mehreren Netzen der Informationsübermittlung überzogen.

Jetzt kann ich die Informationen aus diesen Netzen abrufen.

Die Wesen in ihrem goldenen Raumschiff stehen, bei einem Bewohner des blauen Planeten würde man sagen, 'wie konsterniert' da.

Immer mehr Bilder erscheinen auf den Monitoren. Bilder, die einen chaotischen, wilden Planeten darstellen. Eine Unzahl von Spezies scheint einen immerwährenden Kampf um die Vorherrschaft des Planeten auszufechten. Schnell wird klar, dass die vorherrschende Spezies, den Wesen im Schiff äußerlich am ähnlichsten ist. Immer wieder scheint es, dass diese Spezies in sehr unterschiedlichen Etappen ihrer eigentlichen Entwicklung auf diesem Planeten nebeneinander lebt. Nicht nur unterschiedliche Fortbewegungsmittel und Gerätschaften im täglichen Leben wechselten ständig auf den Bildern, auch Mittel um den anderen zu entleiben, in ihrer Art und Effizient völlig verschieden, sind ständig zu sehen.

Sie senden sich Bilder aus ihrer eigenen Geschichte zu. Sie stellen die Abläufe nach.

Das Schiff:

Ihre gesamte Kommunikation beruht auf Modulation von erst akustischen, optischen und immer mehr elektromagnetischen Wellen. Für das letztere benötigen sie Gerätschaften zum Senden und Empfangen. Nur so können sie sich hören. Energie beziehen sie hauptsächlich aus dem Verbrennen von Materialien ihres Planeten, dabei beherrschen sie schon die Kernspaltung, die Gewinnung von Energie aus ihrem Stern. In jedem Bereich und jeder Region ihres Planeten ist das unterschiedlich. Sie sind untereinander gleich und nicht gleich.

Nicht gleich.

Immer noch regungslos nehmen die Wesen die Informationen auf.

Sind es doch keine Gleichen?

Permanent erfolgt der Vergleich zwischen der Spezies des blauen Planeten und der Eigenen.

Wie konnten sie sich entwickeln, wenn sie sich nicht hören können? Oder wie alt muss diese Spezies sein, um in ihrer Beschränktheit doch den Schritt in dem Planeten umgebenden Raum zu schaffen.
Sich selbst ständig die Errungenschaften des Geistes beraubend und auch geschaffene materielle Werte vernichtend ist ihr Weg ein unsäglich schwerer. Sie können sich nicht hören. Wie arm ist doch ein jeder von ihnen. Wie schwer muss es sein, derart beschränkt eine Gesellschaft zu bilden.
Unbewusst haben sich die drei Wesen an ihren Gliedmaßen vereint und schwelgen in der Freude ihrer geistigen Gemeinsamkeit. Und gleichzeitig reißt sie ein Gedanke aus dieser kurzen ekstatischen Emotion. Sie lassen sich den Gedankenschluss von der Auswertung des Schiffes bestätigen.

Die Information vom größten Satelliten war direkt an uns gerichtet? Sie haben uns erwartet? Ja. Dann müssen sie uns gehört haben – bei unserem Eintreten aus dem Hyperraum und als wir ihr Sonnensystem erreichten – müssen sie uns gehört haben. Sie haben uns gehört! – Ohne einen Empfänger dafür zu haben! Wir antworten auf ihre Nachricht – an den Satelliten mit ihrer Übertragungsform und für alle auf dem Planeten.

Nur Stunden nach dem Eintreffen senden die Wesen durch die Kraft ihrer Gehirne und den vom Schiff gebildeten Sendeorgane für elektromagnetische Wellen den nächsten Spruch an die internationale Raumstation und alle Planetenbewohner in der von der Station ausgesandten Sprache:

„Denkende Wesen des Planeten. Große Freude bei uns. Wir wünschen Kontakt mit allen von euch und werden Einladung zum Satelliten annehmen. Begegnung in einer Planetendrehung."

Wurde der Spruch über die Empfänger der Raumstation an die Mitglieder des Empfangskomitees sofort weitergegeben, so konnten die Planetenbewohner auf der entlegensten Insel des Planeten, deren Sprache so gar nicht kompatibel schien, die Botschaft an der Oszillationen ihrer Empfänger sehen, die Laute über die Widergabegeräte hören und die Übersetzung spüren.

***

Tina hat die Decke über die Beine und die Hüfte gezogen. In der Lotusposition auf dem Bett sitzend schaute sie Michael schelmisch, etwas unsicher, in die Augen.

Dieser liegt ohne Hose nur mit T-Shirt bekleidet neben ihr auf seinem, das Schlafzimmer beherrschenden, Bett und genießt sichtlich vergnügt das Frühstück.

„Warum bedeckst Du Dich? Ist dir etwa kalt? Ich fand es schöner, ohne Decke."

„Ach du! Du bekleckerst dich nur. Ich glaub´, ich muss mich anziehen." Und lachend zieht sie die Decke über die Brüste bis an den Hals. Als dabei die Zuckerdose kippt und ihren Inhalt auf das Laken streut, fallen beide in ein heftiges Lachen, was im Ergebnis zum weiteren Verstreuen von Teilen des Frühstücks im Bett führt. Beide können nicht mehr aufhören zu lachen. Es ist als ob ein Druck von den Liebenden fällt.

Tina hatte Michael gerade über ihre 'Erscheinung' bei seinem Wasserballspiel berichtet und Micheal konnte ihre Bilder bestätigen. Scherzhaft hatte Michael noch gesagt „Da kannst Du mich ja immer überwachen."

„Das wäre ja schrecklich."

Der Lachanfall hat die beklommende Stimmung gelöst. Und als Tina dann noch sagt: „Eben konnte ich deine Gedanken auch wieder lesen, die waren zwischen deinen Beine geschrieben und bewegten sich nach oben. Was denkst Du, warum ich mich bedeckt habe?", bricht erneut das herzhafte Lachen aus. Die Nachricht der Galaktischen beendet ihre ausgelassene Stimmung jäh. Zwar spüren sie die Freude der

Besucher, doch führte die endgültige Gewissheit des Kontakts zu Fragen und Unsicherheit. Ihr Frühstück ist zu Ende.

**

Gedrängt sitzen die ernannten Repräsentanten in den engen Räumen der Raumstation. Frank Lehnert war erst vor zwei Tagen, mit der zweiten Gruppe vom östlichen Kontinent gestartet, auf der Station angekommen. Vor zwei Wochen hatte es zwar eine Erdumrundung für alle Kandidaten gegeben und Frank hatte die fehlende Schwerkraft gut kompensiert, ja, sogar als angenehm empfunden. Doch jetzt hielt ihn nur die Spannung von einem Nervenzusammenbruch zurück. Gegessen hatte er seit dem Start des Zubringers nicht mehr. Hier und da ein Schluck, erst Wasser, dann Brühe, auf strikte Weisung des Stationsarztes. Als besonders bedrückend empfand er die Ausdünstungen seiner Mitstreiter.

Zum Glück ist Parfüm hier nicht erlaubt. Macht es die dauernde Nähe, dass ich die Gedanken der anderen ahne, ja fast lesen kann. Wenn ich mich auf einen konzentriere, glaube ich sogar, dessen Gedanken durch die Wände hören zu können.

Nicht alle Gedanken waren dabei den Galaktischen freundlich gesonnen.

Auf dem Monitor oben in der linke Ecke des Raumes ist seit Stunden das goldene Raumschiff der Besucher zu sehen. Die Bilder werden vom Weltraumteleskop aufgenommen und direkt an die Raumstation weitergeleitet. Mit Bewunderung schaut Frank so wie seine Kollegen auf das Ellipsoid und beobachtet die Ausbildung von Auswüchsen auf dessen Außenhaut.

Wie ein lebendes Wesen.

Diesen Gedanken hörte er in seinem Kopf hallen. Durch die geöffnete Tür schaut der Psychologe in den großen Raum, in dem, vor den Sende- und Empfangsanlagen, der größte Teil der

Besatzung und Kommissionsmitglieder verharrt. Eben hörte er die energische Stimme des Kommandanten Fletscher „Kontakt!" als er die Botschaft der Galaktischen vernahm. In diesem Augenblick ist es für ihn selbstverständlich, dass er dabei das Bild der Galaktischen sieht. Drei goldene Wesen, fast birnenförmig, mit kleinen Gliedmaßen am unteren Ende, die augenscheinlich der Fortbewegung dienen, und schmalen armähnlichen Gebilden an der Schulter. Mit diesen 'Armen' sind die Wesen miteinander verbunden.

Sie schauen mich direkt an. Am oberen Ende des Körpers, die drei Öffnungen müssen ihre Augen sein. Wie groß sind sie?

Diese Gedanken und andere Überlegungen schießen durch den Kopf Frank Lehnerts. Diese und ähnliche Überlegungen beschäftigen seine Kameraden auf der Raumstation, die Techniker und Wissenschaftler an den Empfängern auf der Erde, ja fast jedem Planetenbewohner. Einige können die Wesen klar und deutlich sehen, andere hören nur die Botschaft. Der Kontakt ist hergestellt.

Noch Momente danach herrscht Stille, dann übernimmt das fast alltägliche Leben wieder die Herrschaft. In den TV und Radiosendern beginnen die längst vorbereiteten Sondersendungen „Die Galaktischen sind da", bei allen Regierungen tagen die Sonderstäbe „Galaktische"

Der Regierungsstab in dem vor Wochen Frank Lehnert noch mit seinen Provokationen gegen den Strich gebürstet hatte, war wohl einer der ersten, der seine Arbeit in voller Stärke aufnahm. Bereits beim Sichtbarwerden des Schiffes waren die Mitglieder informiert worden. So hatte die Kommission den Beginn der Kommunikation mit den Galaktischen zusammen erlebt.

„Sie sind also gold, aber wie groß sie sind – sollte mir doch mal einer der Wissenschaftler sagen." hatte der Kanzler nachdem er energisch um Ruhe gebeten hatte, die Diskussion eröffnet.

Der angesprochene Professor Müller schien in den letzten Monaten um Jahre verjüngt. Auch jetzt blitzen seine Augen.

„Das Raumschiff ist nach unseren Berechnungen über 1.000m lang und 300m im Durchmesser an seiner breitesten Stelle. Einen Bezug, nach dem wir die Größe bestimmen können, habe ich nicht feststellen können. Und dies ist wahrscheinlich die größte Sensation: Nicht ihr Antrieb, nicht ihre Technik – sie können zu uns, zumindest zu den meisten von uns, wie ich hier feststellen konnte, auch ohne Sender sprechen. Das beweist der Funkspruch an die Empfangsanlagen und die Erscheinung in unseren Köpfen."

„Heißt das, alle Menschen, nicht nur wir, haben das gehört?" und durch ein Abwinken verzichtet General Koch auf die Antwort der fast ängstlich gestellten Frage.

„Sie sprechen immer zu allen. – Das geht nicht! – Das muss man den Aliens als erstes sagen!" meldet er sich kurz darauf wieder, noch ehe ein anderer sich äußern kann. Der spöttische Blick des Professors lässt ihn seine ohnmächtige Geste wiederholen.

An der Rückseite des Raumes öffnet sich die Tür und dem in der hinteren Reihe sitzenden Peter Brode wird ein Blatt Papier gereicht. „Herr Präsident, der Funkspruch war auf fast allen Empfängern der Erde zu hören, in einer Sprache, die der Botschaft der Raumstation an die Aliens entsprach." Und gleich darauf der Innenminister, nachdem er der Stimme in seinem Komlink gelauscht hatte, leise zu dem neben ihm an der Stirnseite des Konferenztisches sitzenden Kanzler

„Es kommt zu Unruhen, der Verkehr im ganzen Land droht zu kollabieren."

„Laut bitte!"

„Es kommt zu Unruhen im ganzen Lande. An den Flugplätzen geben Menschen ihr Tickets zurück. In einigen Betrieben ruht die Arbeit. Überall wird diskutiert."

„Meine Damen und Herren, sie hören den Innenminister. In

Sachen Galaktische muss jetzt sowieso der Völkerbund und seine Raumstation handeln. Wir müssen für Ruhe in unserem Land sorgen. Das ist jetzt oberste Prämisse für alle Mitglieder der AGG. In 15 Minuten erwarte ich die Berichte der Abteilungsleiter mit Vorschlägen für die Pressekonferenz, die um" – der Kanzler blickt auf die Uhr und dann in Richtung seiner Pressesprecher – „14.00 Uhr stattfindet, also in 60 Minuten." Und während er den Raum verlässt, bricht im großen Konferenzraum, wie ähnlich auf dem Planeten – da wo Menschen zusammen sind, ein wildes Spekulieren und Argumentieren aus.

Eva und Gerd sitzen allein in ihrem Pressesprecherraum.

„Ich halte eine große Pressekonferenz mit voller Besetzung zur Zeit für nicht möglich. Stell dir nur die Antworten von Professor Müller oder gar General Koch vor, sollten sie direkt gefragt werde. Ich stell mir das bildlich vor."

„Gerade als du das eben so sagtest, sah ich die beiden in der Totale und dann ihre Sprüche von eben."

„Ja genau, das habe ich gesehen. Hmm .." Skeptisch schaut Gerd Blume seine Kollegin an.

„Der Kanzler soll allein sprechen. Mit seiner Kanzelstimme, gut was – der Kanzler hat eine Kanzelstimme – und seinem freundlichen Lächeln, kann er die Gemüter am besten beruhigen. So wie eben in der Konferenz. Ich dachte schon Koch und Müller springen sich an den Hals."

„Ich weiß, du kannst den Koch nicht leiden."

„Ein Gockel."

„Lass uns das vorschlagen und dann die Kollegen informieren."

Nur 90 Minuten später, gleich zu Beginn der Ansprache des Kanzlers an die Menschen seines Landes, die auf allen Radio- und Fernsehsendern übertragen wurde, bekam der Kanzler einen Zettel gereicht. Er unterbrach seinen Vortrag und fast erleichtert:

„Von der Arbeitsgruppe Galaktische des Völkerbundes bekam ich eben die Nachricht, dass die Begegnung mit den Besuchern auf der internationalen Raumstation im weltweiten Computernetz für alle mitzuerleben sei – für alle Menschen auf den Planeten. In Echtzeit. Meine Damen und Herren, dies ist ein großer Augenblick für die Bewohner unseres Planeten. Auch für unser Land." ....

*

Diese Entscheidung war der AGG beim Völkerbund nicht leicht gefallen. Erst die eingehenden Meldungen über die planetenumspannende Art der Kommunikation der Galaktischen hatte die Repräsentanten der Länder in diesem Gremium zu diesem Schritt bewogen. Einerseits waren da die Forderungen nach sofortiger Information durch die verschiedensten Gruppierungen auf dem Planeten, oft verbunden mit der Forderung einer Botschaft an die Galaktischen, nur mit den Führern des Planeten – wer immer das auch sein sollte – und oder mit „Auserwählten" mit den Delegierten in der Raumstation zu sprechen.

Andererseits war da die Tatsache, dass nun zum wiederholten Male die Galaktischen so oder so von fast allen Menschen an irgendwelchen Empfängern zu vernehmen waren. – Ein Phänomen, dessen Erforschung auf Hochtouren lief. Zurzeit ließ sich die Globalität der Erscheinung der Galaktischen nicht begrenzen.

*

Anstatt zu handeln, schweben sie hier herum und diskutieren, diskutieren und diskutieren. Sie sind sich ihrer Lächerlichkeit nicht bewusst.

Zu gern hätte General Fletscher die Wissenschaftler zur Ordnung gerufen.

Doch das entzog sich seiner Kompetenz. Nur in einem Notfall hätte er seine nominelle Kommandantenfunktion administrativ durchsetzen können. So lauteten seine Befehle.

Er hatte die Weisung des Völkerbundes, nach eigenem Ermessen den Kontakt herzustellen, verstanden. Die Aliens hatten gezeigt, dass sie den Funkverkehr abhören konnten und alle Sprachen verstanden. Geheime Weisungen gab es also nicht mehr.

Als er sich das riesige Alienschiff neben der Raumstation vorstellte, kam ihm auch der unangenehme Gedanken an den Laser.

Da wird doch wohl keiner durchdrehen. Wenn da was losgeht, trifft es zuerst uns. Mich!

Auch seine Instruktionen, die er vor dem Abflug zur Station erhalten hatte, sahen solch einen Fall unter solchen Umständen nicht vor. Die vom Planeten eben erhaltene Weisung, die Begegnung direkt in das Netz einzuspeisen, hatte er nur mit einem zynischen Lächeln quittiert.

Anarchie.

Eine andere Lösung, musste er sich eingestehen, hatte er auch nicht.

„Die Galaktischen haben nicht gesagt, wie wir uns treffen, nur wann und wo. Ich schlage vor – wir überlassen ihnen die Initiative. Wir haben noch zwanzig Stunden."

Sichtbar unzufrieden beschloss damit Professor Indira Ginseh, der vom Völkerbund ernannte Leiter und Repräsentant des Völkerbundes, seine Ausführungen. Dr. Lehnert meldete sich zu Wort, wenn man das unter den Bedingungen der Schwerelosigkeit so bezeichnen kann.

„Dr. Lehnert, bitte!"

„Einen Teil unserer Delegation und der Besatzung musste ich ruhig stellen." Und mit Blick auf den Arzt. „Verzeihung, mussten wir ruhig stellen. Die Patienten leiden alle an den gleichen Symptomen. Ich würde es einen besonderen Tinitus nennen. – Stimmen hören. – Und wir alle spüren das mehr oder weniger." Er blickt sich um, sieht seine Kollegen sich an den Wänden festhaltend oder auch im Raum schwebend, lächelt kurz ob der Unwirklichkeit der Situation, muss sich neu konzentrieren und fährt fort:

„Alle besprochenen Szenarien sind Makulatur. Die vorher eingeteilten Gruppen existieren nicht mehr. Wir wissen gar nichts. Kommen sie zu uns?, gehen wir zu ihnen?, was ist mit möglichen Kontaminationen? – Sicher können sie sich schützen. Und wir? Schützen sie uns? Es sind drei Wesen. Ich schlage vor, dass wir nun drei von uns bestimmen. Diese werden in Raumanzüge gesteckt und warten in der großen Frachtschleuse auf die Galaktischen."

Mein Vorschlag. Das war nicht so einfach – sich zu konzentrieren. Ich sehe doch, alle haben Schwierigkeiten, ihre Sinne beieinander zu halten. Wie geht es Petra und den Kindern. Leiden alle auf dem Planeten unter dieser Krankheit? Was ist mit Piloten in den Flugzeugen und wie verhalten sich weltweit die Offiziere, Soldaten an den Raketen?

Die Nachrichten im Netz gaben darauf keine Antworten. Kaum kann Frank der konfus geführten Diskussion in der Raumstation folgen. Letztendlich wird sein Vorschlag angenommen. Die Bestimmung der Kandidaten verläuft wie bei einer Pabstwahl ohne vorherigen Kandidaten. So werden dann überraschend Professor Ginseh, Mary Welsch, die junge Theologin aus dem südlichen Kontinent und Frank Lehnert als Erstkontaktteam bestimmt.

Wieso ich. Ich spüre Angst bei so vielen. Der General wollte unbedingt – das haben die anderen wohl auch gemerkt. Gut so. Aber ich – wieso ich? Noch 10 Stunden.

Die Zeit bis zur Begegnung vergeht wie im Flug. Ständige Konsultation innerhalb der durch den „Tinitus" geschrumpften Gruppe und mit der Bodenstation des Völkerbundes lassen kaum Zeit zum Nachdenken, verhindern die Analyse des eigenen geistigen Zustandes. Immer mehr wird eine abwartende Haltung als die Taktik in der Begegnung mit den Galaktischen herausgearbeitet. Die drei Raumanzüge des Erstkontaktteams werden mit Sende – und Empfangsanlagen ausgestattet, die große Frachtschleuse nach bestem Wissen und Gewissen vorbereitet.

Eine Stunde vor dem verabredeten Rendezvous ist das Schiff der Galaktischen als heller Punkt zu erkennen, der schnell größer wird.

*

Sie sind unruhig, ich spüre Angst. Angst nicht nur vor uns.
Da passiert etwas mit ihnen, was sie nicht verstehen. Senden wir ihnen unsere Freude.

*

Frank bemerkt die Veränderung in seinen Emotionen und kann das auch bei der gesamten Besatzung beobachten. Viele seiner Kollegen, deren seelischer Zustand ihm Sorge bereitete, nehmen ihre Arbeit wieder auf. Die getroffenen Entscheidungen werden von ihnen anstandslos akzeptiert.

Da stehe ich nun kurz vor dem Ereignis meines Lebens und bin ganz ruhig. Gut 20 Jahre ist es her, als ich meine Dissertation über die Alienphobie schrieb. Deshalb bin ich jetzt hier – das Schicksal ist verrückt.

Der Psychologe lächelt, als er beobachtet, wie das riesige goldene Raumschiff sich neben die Raumstation legt. Der in der Frachtschleuse angebrachte Monitor zeigt am unteren linken Bildrand die Entfernung zum Schiff der Galaktischen, das in seiner ungeheuren Dimension den Bildschirm voll ausfüllt. Bei 50m kommt die Entfernungsanzeige zum Stehen.

Sollen wir rüberschweben? Das kann ich nicht. Kommen sie

rüber? Wie groß sind sie? Passen sie durch die Schleuse, oder sind es Zwerge?

Seine erste Frage wird durch das Wachsen eines „Rüssels" aus der sonst makellosen goldenen Oberfläche des Schiffes beantwortet, der sich zielstrebig auf die Raumstation zubewegt. Je länger dieser Rüssel wird, umso transparenter werden seine Wände.

**

Und diese Bilder waren zum gleichen Zeitpunkt im globalen Computernetz und auf den Fernsehgeräten zu sehen. Fast alle Sender hatten sich entschlossen, dieses Ereignis aus dem Netz zu übernehmen.

Zwischen Carlo und Susann auf der großen Couch sitzend, verfolgt Petra die Annäherung der Galaktischen. Die drei sagen kein Wort, halten sich bei den Händen.

Auch Carlo hat seine Hand nicht wie schon so oft in letzter Zeit weggezogen, als seine Mutter seine Nähe suchte.

„Vati hat keine Angst, er freut sich auf die Begegnung." sagt Petra zu sich und den Kindern.

„Woher weißt du das?"

„Ich kann seine Gedanken spüren. Ich kenne ihn."

Sprachlos sitzen die Mitglieder der AGG, ohne den Kanzler, der nun doch zur Sondersitzung des Völkerbundes am Morgen abgereist ist, vor der die Stirnwand abdeckenden Leinwand mit den Bildern dieses Jahrhundertereignisses. General Koch sucht immer noch nach Zeichen auf dem Alienschiff, die auf Waffen hinweisen. Einen Angriff fürchtet er, seltsamer Weise, nicht. Sein ehemaliger Assistent Brode denkt schon über seinen Kommentar nach der Begegnung nach. Für ihn ist es immer noch die Chance zum weiteren Aufstieg. Professor Müller ist im Ereignis gefangen. Manchmal zuckt ein leichtes Bedauern, ein Anflug von Neid, durch seinen Kopf, wenn er an seinen

geschätzten Kollegen Frank Lehnert denkt, der dort oben in der Raumstation steht. Den neuen Psychologen der AGG, Prof Roth, beherrscht der Neid auf seinen ehemaligen Schüler.
Den kennt bald die ganze Welt.
Eine andere, aber ähnliche, Atmosphäre, ähnliche Gedanken beherrschen die jungen Männer im Fernsehraum der Sportschule, in der zurzeit die Mannschaft Michaels zum Trainingslager weilt. Spöttische Zwischenrufe, die Unsicherheit überspielen und 'Coolnis' demonstrieren sollen, sind verstimmt. Auch auf den letzten Spruch 'Da wächst ein Rüssel aus dem Ding wie bei mir zwischen den Beinen, wenn ich Michaels Freundin sehe.' reagiert keiner. Michaels Gedanken gehen kurz zu Tina und er ahnt, sieht sie, ebenso wie er in einer Gruppe – im Observatorium – die Ereignisse verfolgend.

Schnell fokussieren sich Blick und seine Aufmerksamkeit wieder auf den Bildschirm und so sieht er, wie der 'Rüssel' – nur noch ein goldener Schimmer – der Galaktischen die internationale Raumstation berührt, sich an ihr 'festsaugt'.

„Kontakt" hört Frank eine Stimme über den Helmfunk seines Anzuges.
Der immer mit seinem 'Kontakt'.
Vor Minuten hatte er seinen Anzug geschlossen und die Luft war aus der Schleuse gepumpt worden. Am Monitor konnte er beobachten, wie sich in der Mitte des Verbindungsschachtes zwischen den beiden ungleichen Raumfahrzeugen eine ebenso transparente Grenzschicht gebildet hatte.
„Jetzt öffnet sich das Schiff der Galaktischen. Die Wesen schreiten in den Schacht."
Die Worte Ginsehs, auf die Erde übertragen und in seinem Anzug zu hören, kommentieren seine visuellen Eindrücke.
Sie warten auf uns, im Gang können wir atmen. Wir brauchen keinen Anzug.
Doch bevor er seinen Helm öffnet, kommt der Befehl aus

dem Schiff. „Der Anzug bleibt – unter allen Umständen. Wir öffnen jetzt die Schleuse."

Langsam öffnen sich die Tore und eine Atmosphäre füllt zischend die Schleuse. Im Kopf und wie zur Bestätigung durch ihre Kopfhörer hören die drei:

Im Gang ist eure Luft, Vorsicht – hier könnt ihr gehen.

Frank spürt die wachsende Schwerkraft, die ihn sanft auf den Boden der Schleuse zieht. Ohne sich weiter verständigen zu müssen, ohne auf einen Befehl zu achten, gehen die drei Menschen langsam in den Gang und auf die Wesen zu. Von Milliarden Planetenbewohnern auf dem Schirm beobachtet, fassen sie sich, vor der Trennwand stehend an den Händen. Vor der Schleuse der Raumstation und vor dem Schiff der Galaktischen entstehen transparente Trennwände, diese Wand zwischen den Vertretern beider intelligenter Spezies verschwindet im gleichen Augenblick. Für den Beobachter auf den Planeten und auf der Raumstation vergehen Minuten, in denen sie nur die reglos scheinenden Galaktischen und die ebenso erstarrten Menschen beobachten.

Die Abnahme der Helme – gegen alle Weisung – ist die einzige Bewegung die wahrnehmbar ist. Die Mikrophone übertragen keinen Ton, die Lautsprecher bleiben stumm und doch glaubt jeder eine Verständigung zwischen diesen sechs Wesen beobachten zu können.

**

Wir begrüßen die Vertreter des Planeten. Euch, die ihr euch Menschen nennt und uns als Galaktische bezeichnet. Lange hat unser Volk Gleiche im Universum gesucht. Uns beherrscht große Freude.

Wir begrüßen Euch – die Galaktischen, wie wir Euch nennen ... bei unseren Planeten.

Überrascht schaut Frank seine beiden Begleiter an. Doch

beide nicken ihm zustimmend zu. Auch sie mussten die Worte der Galaktischen verstanden und seine Gedanken als Antwort gebilligt haben.

Wundert Euch nicht, dass ihr uns hört und versteht. Wir haben das Leben auf eurem Planeten und eure Geschichte aus dem elektronischen Netz heraus studiert. Die Art eurer Kommunikation untereinander ist eine andere als bei uns. Wir verständigen uns allein über die Kraft der Gedanken. Doch wir konnten feststellen, ihr könnt uns hören und wir können euch hören.

Ich habe es geahnt.

Die Gedanken rasen durch Franks Kopf. Und er befragt seine Mitstreiter zum weiteren Vorgehen „Das glaubt uns keiner! Wir können diese Nachricht nicht für uns behalten. Alle müssen das erfahren." Beide stimmen ihm zu. Professor Ginseh muss bekennen, dass er nur wenig, fast gar nichts verstanden hat. Bei ihm war es das verstärkte Rauschen im Kopf. Die Galaktischen reagieren prompt.

Wollt ihr unsere Nachricht noch einmal akustisch haben?

Ja. Und Frank nickt zu diesem Gedanken. Er hört nun eine Stimme durch die Lautsprecher:

„Wir begrüßen die Vertreter des Planeten. Euch die, die ihr euch Menschen nennt und uns als Galaktische bezeichnet. Lange hat unser Volk Gleiche im Universum gesucht. Uns beherrscht große Freude."

Und kurz darauf nochmals „Wundert Euch nicht, dass ihr uns hört und versteht. Wir haben das Leben auf euren Planeten und eure Geschichte aus dem elektronischen Netz heraus studiert. Die Art eurer Kommunikation untereinander ist eine andere als bei uns. Wir verständigen uns allein über die Kraft der Gedanken. Doch wir konnten feststellen, ihr könnt uns hören und wir können euch hören."

Das war etwas anders, bemerkt Frank, *das Letzte fehlt.*

Nur wenige Minuten sind vergangen, doch Frank fühlt sich wie gerädert und den beiden anderen Menschen geht es genau

so.
Wir verstehen euren Wunsch nach einer Pause und schlagen euch vor, dass wir uns in drei Stunden eurer Zeit wieder hier treffen. Bitte vertraut uns, dass ihr nicht kontaminiert seid, – ihr nicht, wir nicht.

Noch immer überrascht, dass die Galaktischen seine Gedanken so selbstverständlich aufnehmen, geht er in die Schleuse zurück, in der er unangenehm durch die Schwerelosigkeit überrascht wird. Da die letzten Worte nur in seinen Gedanken erschienen, erscheint für die Beobachter auf dem Planeten und in der Raumstation, ja selbst für Ginseh, das Ende des ersten Gespräches sehr abrupt.

Die in die Schleuse eingedrungene Atmosphäre der Galaktischen war längst automatisch untersucht. Und gegen den Willen des Kommandanten wurden die drei nun überschwänglich in der Station empfangen. Ihre Berichte waren wieder sofort allen verfügbar. Noch während dieser Berichte gab es in der Exekutive des Völkerbundes erste Vorschläge, die Liveübertragung zu beenden.

Lokale und ländergebundene Sender mussten ihre Liveberichterstattungen unterbrechen, wertende Kommentare schienen wichtiger zu sein.

Doch das Computernetz lieferte die Informationen überall hin. Noch hat der Völkerbund General Fletscher nicht zum Kappen der Leitungen aufgefordert.

„Die Verständigung mit den Galaktischen muss nun in geordnete Bahnen gebracht werden. Im Grunde genommen, haben wir noch keine Informationen über sie. Die wichtigsten Fragen sind: Wo kommen sie her, und noch wichtiger, was wollen sie hier. Was ist der Zweck ihrer Reise?", ist das Fazit des auch unter Kopfschmerzen leidenden Professor Ginseh. Und weiter:

„Wollen sie uns an ihren wissenschaftlich – technischen Errungenschaften teilnehmen lassen? Was wollen sie dafür von uns?"

„Wer soll unser Parlamentär sein. Gehen sie nochmals Professor Ginseh?" versucht Frank Verantwortung von seinen Schultern zu nehmen, Kopfschmerzen plagen auch ihn. Seine beiden Begleiter müssen mit Medikamenten ihre Schmerzen bekämpfen.

„Wenn sie sich fit fühlen, würden wir bei unserer Kontaktgruppe bleiben. Dr. Lehnert, ihnen ist bedeutend besser gelungen, die Galaktischen zu verstehen, zu ihnen zu sprechen. Aber bitten sie die Galaktischen laut zu sprechen – für den ganzen Planeten."

Fast schon automatisch streifen die Drei ihre Weltraummontur über, registrieren das Eindringen der erdähnlichen und doch so fremden Atmosphäre in die Schleuse und stolpern ob der plötzlich einsetzenden Schwerkraft in den transparenten Verbindungsschacht.

Ich glaube ich könnte mit euch in dieser Form sprechen, doch ich werde meine Gedanken akustisch bekleiden – hoffentlich versteht ihr mich.

Frank glaubt ein Nicken beobachtet zu haben und spürt die Bestätigung der Fremden. So stellt er laut die abgesprochenen Fragen.

„Wir haben tausend Fragen an Euch und einige will ich gleich nennen:

- Wo kommt ihr her und wie seid ihr hergekommen?
- Wie lebt ihr zusammen und wie ist eure Entwicklung verlaufen?
- Und warum seid ihr hier, was erwartet ihr von uns?"

Hier stockt der Psychologe, er weiß, dass er sich doch nicht an den vorgegebenen Text gehalten hat, er hat die Fragen nach seinem Gusto formuliert. Die vorher auswendig gelernten

Fragen kamen ihm nicht über die Lippen.
Doch schon spürte er die Antwort – und hörte sie.
„Deine akustisch vorgetragenen Fragen sind ein Ausdruck der Gesamtheit aller euch beschäftigenden Fragen, die mit unserem Kommen euch auftaten. Wir vernehmen noch viele andere. Unser Schiff kann aus dem Netz eurer Computer noch viele andere Fragen entnehmen und extrapolieren. Unser Schiff ist selbst – ihr würdet es in eurer Sprache – eine lebende Künstliche Intelligenz – nennen. Es kann in eurer Sprache und mit uns sprechen. Entsprechend eurem Wunsch sendet das Schiff an eure Empfangsanlagen, an eure Computer und an euch nun die Antworten."

„Unsere Heimat ist die Galaxis .... Ich bin das erste Schiff das zwischen den Galaxien schwimmen kann. Die Reise dauerte in eurer Zeitrechnung 10 Jahre. Meine Herren schliefen in dieser Zeit. Schon in kurzer Zeit müssen wir den Rückweg antreten, um das Raumfenster zu nutzen. Wir kommen, um Gleiche meiner Herren zu finden. Wir haben sie in euch gefunden. Auf meinem Weg habe ich Informationen über das All gesammelt – jetzt sammeln wir Information über die erste intelligente Spezies – Gleiche – neben meinen Herren. Unsere Entwicklung, die Entwicklung meiner Herren, verlief anders als die eure. Wir kennen keinen Krieg – wie ihr die Gewalt zwischen euch nennt. Ich habe die Entwicklung meiner Herren mit der euren verglichen. Sie ist anders – über den Grund muss ich erst noch mit meinen Herren gemeinsam nachdenken. Die Spezies meiner Herren war zu Beginn ihrer Intelligenz die dominierende auf ihrem Planeten. Andere hörten auf sie. Die Spezies meiner Herren kann sich ohne Hilfsmittel verständigen. Ihr nennt es Telepathie und wohl nur wenige von euch haben diese Möglichkeit. Unsere Wissenschaft und Technik ist mit der euren schlecht zu vergleichen. Die Spezies meiner Herren ist sich ihrer selbst und ihrer Stellung auf dem

Heimatplaneten bewusst. Ich weiß, dass euch dies erschrecken wird, seht ihr doch in mir, meinem intergalaktischen Antrieb, meiner Fähigkeit der Beherrschung der Schwerkraft das Werk eines sehr alten Volkes. Doch denkt nach, meine Herren haben keine Geheimnisse, vernichten kein Wissen und keine Kultur durch Krieg. Die Entwicklung hat hier andere Gesetze als bei Euch.

Gern sind wir bereit, unsere Erkenntnisse der Wissenschaft mit euch zu teilen, haben wir doch euer Leben, eure Wissenschaft, eure Technik, eure Entwicklung bereits studiert. Ich entnahm alle Daten aus euren Computernetzen.

In 20 Stunden werden wir unsere Daten eurem Computernetz übermitteln. Vieles wird euch anfangs unverständlich erscheinen. Einfach übernehmen könnt ihr die Ergebnisse unserer Wissenschaften nicht – ich übermittle euch auch die Zwischenschritte unserer Forschung und der darauf basierenden Technik.

Auf Grund der daraus resultierenden großen Datenmenge wird diese auf dem Netz verteilt. Es wird einige Zeit brauchen dies zusammenzufügen. Ich sehe keine andere Möglichkeit diese Datenmenge euch zu übermitteln. Bereitet bitte euer Netz darauf vor. Überlastungen einzelner Computer am Netz können so vermieden werden. Bitte schaltet alle verfügbaren Computer ans Netz und nehmt alle dafür nicht verfügbaren vom Netz.

Die Übertragung dauert zwei Stunden. Danach werde ich zurück zum Hauptantrieb fliegen und meine Herren werden die Galaxis verlassen. Ein Startfenster zwingt uns dazu. Wir haben alle Informationen von euch – ihr habt alle Informationen bekommen."

Franks erste Reaktion ist Enttäuschung.

Sie bleiben nur noch einen Tag. Sie haben alle Informationen von uns. Alles über uns soll im Netz sein. Alles?

Und blitzschnell durchsucht er seine Erfahrungen mit dem

Netz.
Es ist alles drin! Unsere Geschichte, Musik, Literatur, Kunst, Wissenschaft und Technik, Religion und die unzähligen Dispute über jeden Teil des Lebens. Wirklich alles!
Und die Informationen die ihr unserem Netz über uns entnommen habt, diese Informationen über Euch gebt ihr an uns?
Fragend blickt er auf die noch immer fast regungslos stehenden Galaktischen und vernimmt:
Nicht in dieser Komplexität,...
Hier unterbricht der Psychologe die Gedanken der Wesen:
Bitte sendet diese Information über die Lautsprecher!
Und er und alle hören,
„Nicht in dieser Komplexität, aber auch nicht einfach als wesenlose Zusammenfassung. Wir haben unser Schiff aufgetan, das Datenpaket unserer Geschichte auch in ihrer Widersprüchlichkeit, mit unseren Irrtümern und die Gründe dafür zu gestalten. Die Wissenschaft und Technik steht dazu im Kontext und ist auch nur so in ihrer Entwicklung zu begreifen. Viele Anfragen zur Beherrschung der Schwerkraft und der Energiegewinnung werden ständig an uns gerichtet. Wenige über unsere individuellen Ausdrucksformen, das, was ihr Kunst nennt. Beides ist nicht absolut zu trennen. Beides muss daher studiert werden...."
Bevor wir in eine Pause treten: Vor unserem Abflug, werden wir uns noch einmal treffen. Noch einmal zu den jetzt auftretenden Phänomen der immer besser werdenden Verständigung zwischen uns Gleichen.
Wie bereits zu Beginn des ersten Gesprächs merkt Frank, dass alles, was er zuletzt gehört hat, nicht akustisch war. Doch diesmal lässt er es dabei bewenden. Die Schwerkraft erlaubt es ihm, sich schnell zu seinen beiden Kollegen umzusehen. Wieder nicken beide.
Ihr habt das auch gehört?
Ja, wir auch.

Antwortet ihm nur Mary Welsch.
Du kannst mich verstehen, Mary? sagt Frank ohne seine Lippen zu bewegen.
Ich höre was du denkst.
Beide blicken zu Ginseh und dann treffen sich wieder ihre Augen und sie wissen gemeinsam. *Er nicht.*
Als sich beiden den Galaktischen zuwenden, spüren sie:
Das Problem meinen wir. Ihr beide könnt unsere Gedanken vernehmen, wir vernehmen eure Gedanken. Wir hatten es zu Beginn unseres Gespräches endgültig festgestellt. Doch ihr könnt euch untereinander ebenso verständigen. Noch unvollkommen, doch wir beobachten das Wachsen dieser Fähigkeit hier bei euch. Nachrichten von eurem Planeten zeigen es, dass das nicht mit unserem unmittelbaren Kontakt verbunden ist.

Mary Welschs Gedanken gehen in ihre Heimat und den dort lebenden Ureinwohnern. Schon oft war es ihr vorgekommen, als ob sie sich nur mit den Gedanken verständigen. Das Leben in dieser Region des Planeten kam mit viel weniger gesprochenen Worten aus. Ihr Theologiestudium in der Hauptstadt hatte sie von ihrem Volk endgültig entfernt. Oft blickten die Vertreter der Ureinwohner des Inselkontinents auf ihre wortreich gestellten Fragen sie nur an, als ob die Antworten in den Augen zu lesen seien.
Ob das die Galaktischen meinen. Hat mein Volk diese Fähigkeiten, die ich jetzt habe? Die Galaktischen haben noch kein Wort zu Gott gesagt. es müssen doch unzählige Fragen per Funk über Gott auf sie einstürmen. Frank?
Ich höre dich und weiß von deinem Willen, sie zu Gott zu befragen. Du brauchst die Bestätigung von Ginseh. Und sprich laut. Bitte.
Mary wendet sich ihrem Delegationsleiter zu, der sich als ob er ihr Anliegen ahnt, sich ebenso ihr zuwendet.
„Professor Ginseh, ich will unsere Freunde, ich bezeichne sie

so, zu Gott befragen."

„Das Protokoll sieht diese Frage nicht vor, noch nicht. Doch das Protokoll existiert sowieso nicht mehr und die Galaktischen werden uns bald schon wieder verlassen. Ich hindere sie nicht. Hoffentlich führt das nicht zu einer Katastrophe."

Die junge Frau, deren dunkle Hautfarbe, ihre krausen Haare und ihre breite Nase ihre ethnische Herkunft nicht verbergen können, öffnet ihre breiten Lippen und stellt laut, für alle vernehmbar, die gefürchtete Frage:

„Glaubt ihr an einen Gott?"

Und ohne Verzögerung ertönt die Antwort in den Ohren der Astronauten und über die Lautsprecher der Empfänger auf den Planeten:

„Diese Frage haben wir nach unserer Datensammlung erwartet. Sie ist mit euren Worten schwer für uns zu beantworten. Die jetzt erfolgende kurze Antwort werdet ihr erst mit dem Studium der Entwicklung der Spezies meiner Herren verstehen. Du, die du dich Mary nennst und von anderen so gerufen wirst, hast in deinen Gedanken ein Bild von Gott, das sich von allen anderen Gottesbildern deiner Spezies unterscheidet. Jedes Individuum hat ein anderes Bild. Damit meinen wir nicht nur die verschiedenen Glaubensrichtungen und die Dogmen ihrer Institutionen, die zum Teil in die individuellen Bilder der Menschen eingehen. In eurer Geschichte, aber auch jetzt, wollen einzelne Individuen anderen ihr Gottesbild übermitteln. Das hat es in der Geschichte meiner Herren nicht gegeben. Es gab keine Personifizierung der Erhabenheit des Universums. Anfängliche Angst vor der Natur und die Unkenntnis ihrer Gesetzmäßigkeiten führten in der Geschichte meiner Herren nicht zu einem Begriff wie Gott oder Götter".

Ihr habt keinen Gott – ihr seid keine Gleichen!

Frank kann den Aufschrei der Theologin spüren, ohne dass sie ihre Lippen bewegt. Neben ihm, können nur die ihnen gegenüberstehenden Galaktischen diese Verzweiflung spüren, verstehen.

„Bitte studiert unsere Geschichte. Unsere Achtung vor dem Leben, eingebettet im – in Raum und Zeit unendlichen – Universum ist Teilen eurer Gottesverehrung ähnlich. Unser Denken ist anders. Lüge und Geheimnis, das Vorbehalten von Wissen ist uns seit dem wir uns bewusst sind nicht möglich."

Frank und Professor Ginseh gelingt es gerade noch die junge Theologin vor ihrem Zusammenbrechen aufzufangen. Mit einer entschuldigenden Geste seines linken Armes gegenüber den Fremden tragen sie Mary in die Schleuse der Raumstation. Die hier vorherrschende Schwerelosigkeit enthebt sie von der Last der bewusstlosen Mary.

***

Abermillionen Menschen hatten die Begegnung der sechs denkenden Wesen verfolgt. In ihren Köpfen herrschte Aufruhr.

Die überdimensionale Bildwand im großen Konferenzsaal des Gebäudes des Völkerbundes zeigte immer noch die durch die transparente Röhre verbundenen so unterschiedlichen Weltraumfahrzeuge. Die Delegierten schienen erstarrt.
   Nur das hektische Blinken kleiner Lämpchen zeigte, dass die Regierungen ihre Vertreter in diesem Gremium dringend zu sprechen wünschten.
   Erste Delegierte verließen den Saal in Richtung ihrer abhörsicheren Länderbüros. Andere begannen mit ihrem Nachbarn zu diskutieren oder griffen gleich hier, im Saal, unter ihrem Tisch zum Telefon.
   Dieses Treiben war Spiegelbild aller Aktivitäten der verschiedensten Gremien auf dem Planeten.

**

Michael und Tina hatten sich zur Übertragung der zweiten Begegnung in Tinas Wohnung getroffen. „Das werden die nicht zulassen, dass das ganze Wissen im Netz verfügbar ist." beginnt Michael die Stille, die auch hier herrscht, zu durchbrechen.

„Wie ich das verstanden habe, gibt es gar keine Chance dagegen. Die Galaktischen senden und alle empfangen. Ich stelle mir das wie ein Programm vor, das sich selbst immer weiter schreibt. Es nutzt vorhandene Speicherkapazität und geht, wenn diese belegt ist, zum nächsten Speicher. Das Netz in seiner millionenfachen Verknüpfung wird als ein Server genutzt – oder so ähnlich."

„Aber hast du nicht das letzte verstanden; das mit Lüge und Geheimnissen und woran sie glauben. Werden wir das je verstehen? Das sind so klare und einfache Gedanken, nicht für uns Menschen gedacht. Ihre Geschichte kann die größte Bedrohung für uns sein."

„Ach, mein kleiner Philosoph." bei diesen Worten fasste die junge Astronomin lächelnd in Michaels schwarzes Haar. „Für die Astronomie, das weiß ich jetzt schon, treten wir in ein nächstes Jahrhundert ein. Dabei werden wir Jahrzehnte brauchen, ihr Wissen zu sichten und zu verstehen. Sie kommen von einer anderen Galaxis."

Ärgerlich schiebt Michael die liebevolle Hand von seinem Kopf weg. „Du hast eben nur an deine Arbeit gedacht, dass du gebraucht wirst. Rede zu mir also nicht vom nächsten Jahrhundert Arbeit. Ich brauche dich auch."

Verwundert versteift sich die Haltung Tinas in ihrem Sessel. „Hast du schon wieder versucht, in meinen Kopf zu schauen. Diesmal irrst du dich aber. Ich will einfach nur teilhaben – an dem Großen, was jetzt kommt."

„Entschuldige" Michael hat seine Augen geschlossen „ich habe Angst – ich glaube noch nicht an das Große. Denk nur an die Kirche – was sagen die jetzt."

Michael greift zur Fernbedienung und versucht Nachrichten zu empfangen.

*

Schießt sie ab, die Bastarde. Keiner hat euch gerufen – keiner hat um eure Belehrungen gebeten. Wer hat euch erlaubt, bei uns rumzuspionieren. Das Netz ist Teufelswerk.

Die vom linken Seitenscheitel gezogenen Haare sind verrutscht und zeigen die Halbglatze des Generals. So sieht ihn sonst nur seine Frau im Bett. Zu einer Äußerung ist er nicht fähig. Und als Brode einen gehässigen Kommentar von sich gibt, kann er nur nicken.

Diese Wissenschaftler, wie ihre Augen leuchten. Wie Kinder vor dem Weihnachtsbaum. Die verstehen noch gar nichts.

Der Innenminister hat den Konferenzraum schon vor Minuten verlassen. Von der AGG erwartet er nichts mehr – wenigstens zurzeit nicht.

*

Im Observatorium herrscht Hochstimmung. Immer wieder wird Professor Bensch gratuliert, als ob er die Galaktischen zur Erde gelockt hat. Und wirklich, ein wenig fühlt Professor Bensch sich als Sieger. Vergessen ist die von ihm empfundene Demütigung, dass der Psychologe und nicht er als Vertreter seines Landes auf der Raumstation weilt.

Doch die 20 Kilo Übergewicht hatten seine Chance von vornherein vereitelt. Diese Begegnung mit den Galaktischen hatte seine Entdeckung, das Bensch-Phänomen, in den Rang eines geschichtlichen Ereignisses gehoben. Zwar war in der letzten Zeit das Interesse an Astronomen gesunken, doch sein Name tauchte in jeder so oft gesendeten Reminiszenz des

Ereignisses auf.
Sogar Tina hat ein Teil des Ruhmes geerntet.
Der Professor muss erst lächeln, wenn er an seine hübsche Assistentin denkt. Dann verdunkelt sich seine Miene schnell.
Mit diesem Wasserballer, Michael heißt er wohl, scheint es wohl was Ernstes zu sein. Er ist jung. Doch er ist ein Niemand.
Dabei waren seine erotischen Träume, in der er seine Assistentin auch als Gehilfin beim Ausleben seiner erotischen Träume erlebte, in letzter Zeit weniger geworden. Doch schon war die Traumsequenz wieder da:
Gebräunte eingeölte hellbraune Schenkel, auf denen meine Hände in das feste makellose Fleisch drückend nach oben zur Scham schieben. Meine Fingerspitzen vibrieren und Tina leise gurren lassen. Ich massiere ihre geschlossene Scham – spüre jedes einzelne Haar – verweile und drücke mit beiden Daumen die Seiten auseinander.
Kopfschütteln.
Immer wenn er und Tina zusammen arbeiteten, seine Gedanken dabei abschweiften und er Tina und sich im Liebesspiel verstrickt vorstellte, hatte sie komisch reagiert.
Als ob sie meine Gedanken lesen kann. Sabbere ich dann etwa?
Wieder über sich lächelnd und mit einem unmerklichen Schulterzucken wendet er sich der Diskussion mit seinen Kollegen des Observatoriums zu.

*

Ute dachte nur noch selten an Michael. Die letzten Wochen mit Windisch hatten sie voll in Anspruch genommen. Immer mehr war sie zu seiner Geliebten und Sekretärin geworden. Ihr Studium war lästige Nebensache. Mit dem Einschwenken der Aliens in die Mondumlaufbahn waren die Aktivitäten ihrer Antigalaktischen Bewegung schlagartig zum Erliegen gekommen. Selbst die Aktivisten verfolgten fast regungslos die Übertragungen.

Der ehemalige Philosophieprofessor tippt fast simultan, während seine Blicke immer noch auf die nun leere Verbindungsröhre zwischen den Raumfahrzeugen auf dem Bildschirm weilen, seine nächste Rede. Ein ortsansässiger TV-Sender hat schon vor Minuten telefonisch seine Stellungnahme angefordert.

„Siehst Du, Liebes, es kommt, wie ich schon immer vorausgesagt habe. Die Aliens werden alle Werte unseres Lebens vernichten. Die Erde wird den Schock nicht verkraften. Wen interessiert noch die Antike, die Werte unseres Abendlandes, wenn die Aliens zwischen den Galaxien kurven können. Sieht denn keiner, dass sie uns angreifen und das ohne jede Waffe? Die Netze müssen abgeschaltet werden. Nichts darf mehr in unsere Köpfe dringen."

Eine für einen Philosophen schon eigenartige Meinung.

Diese, in letzter Zeit immer wiederkehrenden Gedanken kann sich Ute nicht erwehren, wird aber durch ihre fast blinde Verwunderung für diesen älteren Mann verdrängt.

*

Irgendwie unwirklich. Eben noch soll Frank dort in der Röhre gestanden haben. Er hatte einfach den Helm abgenommen. Wird es jetzt eine jahrelange Quarantäne geben? Er soll nach Hause kommen. Was bin ich nur für eine Gans – mein Mann, die ganze Welt erlebt das größte Abenteuer und ich will, dass er nach Hause, in mein Bett, kommt. Ich muss mich festhalten.

Susann und Carlo sehen die Träne, die über Petras Wange rollt.

„Mutti, warum weinst Du?" Die Frage ihres Sohnes wird durch ein Knuffen seiner Schwester in die Seite unterbrochen. „Vati ist wohl jetzt der berühmteste Mann der Welt. Meine Freundinnen werden ganz grün vor Neid sein. Ich muss sie gleich anrufen." Doch der Blick auf die Mutter lässt auch sie verstummen.

Mutti denkt immer nur, dass Vati nach Hause kommen soll. Ich vermisse ihn ja auch. Es muss toll sein für Vati. Wie oft hat er uns erzählt, warum die Menschen immer solche Angst vor Fremden haben. Bestimmt habe ich deshalb keine Angst.
Carlo, lass Mama einfach in Ruhe. Wir schmiegen uns ganz dicht an Mama.
Ist gut.
An ihr stummes Gespräch haben sich beide schnell gewöhnt.

**

Die Bildwand im Kongresssaal des Völkerbundes zeigt nun schon seit Stunden die leere Verbindungsröhre, aufgenommen durch die Außenkameras der internationalen Raumstation. Die Sitze der Delegierten werden langsam von ihren Besitzern eingenommen. Noch immer diskutieren einige von ihnen heftig in kleinen Gruppen, die Glocke des Vorsitzenden überhörend. Erst als er seine Stimme mahnend erhob, nahmen auch die letzten ihre Plätze ein.

„Meine Damen und Herren, werte Delegierte!" beginnt er seine improvisierte Rede. „Unzählige Anrufe der verschiedenen Länderchefs, Vertreter der großen Kirchen, Organisationen und andere trafen in den letzten Stunden bei mir ein. Nur wenige konnte ich persönlich annehmen. Auf meinem Display sehe ich, dass fast jeder von ihnen jetzt hier sprechen will. Ich bitte um Ruhe und Disziplin. Bitte verzichten sie auf Zwischenrufe." – weist er einige Delegierte zurecht – „Wir müssen versuchen, die wichtigsten Probleme zuerst zu klären. Ich fasse den Vorschlag des Sekretariats jetzt zusammen. Erstens: Die restlichen Stunden der Begegnung werden weiter live übertragen."

Zwischenrufe, ja Schreie, scheinen ihn unterbrechen zu

wollen.

„Bitte! Zweitens: Dankbar übernehmen wir die Informationen über und von den Galaktischen. – Bitte! Ruhe bitte! – Natürlich haben wir geprüft, ob diese Datenmenge unsere Netze, die Computer, die überall unser Leben vor allem sichern, dadurch überlastet werden, und wie wir sie schützen können und müssen. Jeder Verantwortliche sollte das für die Rechner in seiner Verantwortung nochmals tun – sie eventuell abschalten."

Seine Glocke versuchte mit ihrem hellen Klang die Unruhe im Saal zu glätten.

„Bitte hören sie weiter zu! Die Wissenschaftler – es gab in der letzten Stunde weltweite Konsultationen – schätzen ein, dass die zu erwartende riesige Datenmenge in Form eines sich selbst organisierenden Programms erscheint, also nicht sofort alle Server, ich sage es mal leicht verständlich 'verstopft'. Und jeder Rechner wird darauf zurückgreifen können."

Lautes Gemurmel und Zwischenrufe ließen ihn erneut stocken. Sein kleiner Holzhammer, dem Hammer in den Gerichten gleich, schlug mehrmals auf die kleine Ebenholzplatte auf seinem Tisch. Das aufgeschaltete Mikrofon überträgt den Ton mehrfach verstärkt. Das Läuten der Glocke hatte den Lärm nicht eindämmen können.

„Bitte, meine Damen und Herren. Wir brauchen jetzt Ruhe. Selbstverständlich ergeben sich Fragen, die die Sicherheit unserer Welt betreffen. Ich stelle hier die wichtigste, die wichtigste Frage für die Sicherheit. Was ist, wenn in den Daten Pläne für Waffen enthalten sind, mit denen Extremisten die Welt bedrohen können?"

Der Vorsitzende hatte genau den Nerv der Delegierten getroffen.

Erst nach 12 Minuten konnte die Sitzung fortgeführt werden.

„Nochmals, meine Damen und Herren, wir haben uns für

das Wissen der Galaktischen entschieden. Deshalb haben wir sie per Funk gebeten, Waffenpläne aus dem pool zu nehmen."
Und wieder schwoll der Redeschwall im höchsten Auditorium des Planeten dermaßen an, dass eine planmäßige Weiterführung unmöglich gemacht wurde. Die weltweite Übertragung des Tumults beruhigte die Gemüter auf dem Planeten nicht. Und der Zeitpunkt der Übertragung und des Abschieds rückte unerbittlich näher.

*

Auf der Raumstation des Planeten liefen bereits die Vorbereitungen dafür. Und eben kam die Meldung vom Planeten, die Galaktischen zu bitten, das Treffen vor der Datenübertragung durchzuführen. Fast simultan erfolgte die Antwort der Galaktischen, die dieser Bitte entsprachen.

*

Frank Lehnert, Professor Ginseh und der Raumschiffkommandant General Fletscher halfen sich gegenseitig beim Anlegen der Anzüge. Mary Welschs Gemüts- und Gesundheitszustand ließen trotz ihrer gegenteiligen heftigen Beteuerungen einen weiteren Einsatz nicht zu.

Das wird also die letzte Begegnung sein. – Ich will nach Hause. – *Das ist nun mein größtes Abenteuer. Ein Menschheitstraum. Und ich will nach Hause. Das wird mir nie einer glauben – ich glaub's ja selber nicht. Petra wird mir eventuell glauben.*

Franks Blick geht zu Fletscher.

Hoffentlich macht der keinen Blödsinn. Der hasst die Galaktischen – ich spüre es, ja, ich höre es. Aber einen konkreten Plan, ihnen was anzutun, hat er nicht. Ich soll mit ihnen reden. Der Professor hält sich weise zurück. Der ist weise. Seine Gedanken sind ruhig, ausgeglichen. Er denkt nicht mal, dass er mir die Verantwortung aufgeladen hat.

*

Der Beginn der Begegnung ist für Frank und Professor Ginseh schon fast ein gewohntes Prozedere.

„Glauben sie mir und unseren Freunden ruhig, sie können ihren Helm abnehmen" sagt Frank zu Fletscher gewandt, als er dessen Misstrauen unter dem Pokerface wahrnimmt.

Und wieder nimmt Frank das merkwürdige Gemisch von Gedankenübertragung und den Tönen aus den Lautsprechern wahr.

„Menschen, Gleiche, wir haben in der vergangenen Zeit die unterschiedlichen Reaktionen der Menschen auf eurem Planeten verfolgt. Wir haben sie so, nach dem wir eure Geschichte studiert haben, erwartet. Bei vielen Menschen gibt es Angst, dass auf eurem Planeten nun mit unserem Wissen neue, unheimliche Geräte zur Zerstörung und zum Töten gebaut werden. Das wird so nicht möglich sein. Wir können keine Baupläne jegwelcher Art übermitteln, basiert doch unsere Technik auf einer unterschiedlichen Geschichte, einer unterschiedlichen Kultur. Energiegewinnung aus Kernfusion, ja sie ist möglich, und die Beherrschung der Schwerkraft, werden für euch bald möglich sein, doch nicht sofort."

Gleich schossen Frank die Gedanken zur Reaktion auf diese 'Offenbarungen' durch den Kopf.

Wie werden die Regierungen, die mit Öl ihren Reichtum finanzierten, wie wird die weltumspannende Börse diese Nachrichten verkraften? Nach dem wir euch studiert haben, sind wir uns des Risikos bewusst. – vernimmt Frank und er merkt, dass dies nicht über die Lautsprecher gegangenen ist.

„Es werden Jahre, Jahrzehnte Eurer Zeit vergehen, bis die Menschen eures Planeten die Technologien beherrschen." – war wieder in seinem Kopf und durch die Lautsprecher zu hören.

Endlich hatte Professor Ginseh die offizielle Führung der Gruppe übernommen; übermittelte die Grüße und den Dank der gesamten Menschheit und das gesamte vorgegebene Protokoll. Frank konnte sich darauf nicht konzentrieren, die Galaktischen 'sprachen' gleichzeitig mit ihm.

Du beherrschst unsere Form der Kommunikation und auf eurem Planeten werden es immer mehr. Das stellt eine große Gefahr für eure Kultur dar. Wir wissen jetzt, dass wir dieses ausgelöst haben und sind sehr bestürzt. Es war nicht vorauszusehen und wir konnten es nicht verhindern; wir kennen die Ursachen nicht. Du, der du dich mit dem Denken beschäftigst, wirst die Ursachen erforschen und die Auswirkungen spüren. So verlassen wir euch im Hochgefühl nicht allein zu sein und voller Angst, euch geschadet zu haben.

Frank kann nur nicken, was auf den Monitoren der Welt als unmotiviert wahrgenommen wird. Die Gedanken schießen Frank durch den Kopf.

Was würde das für eine Zukunft werden? Würde dieses Phänomen nur auf wenige beschränkt bleiben? Wären das die oft beschriebenen und gefürchteten Mutanten? Oder würde die Fähigkeit, Gedanken zu lesen auf alle Menschen übergehen?

Dies sind auch unsere Fragen. Vernimmt er wieder die Galaktischen in seinem Kopf.

So vergeht das letzte Treffen mit den Galaktischen wie im Traum für Frank. Und als die Galaktischen mitteilen, die Übertragung der Daten sei abgeschlossen und alle Computer, Server und Netze auf dem Planten funktionierten noch, atmete die menschliche Welt auf. Nur der Psychologe, der schon an das Verhältnis zu seiner Frau Petra und seinen Kinder Susann und Carlo, wenn er denn deren Gedanken lesen könnte, denkt, kann in die aufkommende Euphorie nicht einstimmen.

Die Welt atmet auf, als der 'Rüssel' zwischen beiden Raumschiffen verschwindet. Das Raumschiff der Fremden schwenkt aus dem Planetenorbit, koppelt nach zwei Tagen am Rande des Sonnensystems an seine intergalaktische Antriebseinheit und entfliegt nach einer Woche wie eine umgekehrte Sternschnuppe aus den Augen der Menschheit.

Da alles, jeder Moment der Begegnung auf den Planeten übertragen wurde, war der Bericht der Delegierten von der Raumstation nur kurz. Die Medien hatten die Interviews mit der Dreiergruppe hoch und runter gespielt. So konnte Frank Lehnert die 'Sternschnuppe' bereits am Fernseher in seiner Wohnung mitverfolgen.

Nachdenklich, mehr noch als sonst, ist er geworden.

Teil II – Laute Gedanken

Petra schläft noch. Sie liebt mich immer noch, trotzdem. Ich werde nie wieder wie früher sein. Ständig muss ich mich zwingen, nicht in den Gedanken anderer wie in einem Buch zu blättern. Petra denkt, ich bin ihr fremd geworden. In sechs Wochen!
  Aber vielleicht hat sie ja Recht. Ich muss mit ihr reden, meine Gedanken ihr mitteilen. Heute Morgen ist Zeit dazu. Die Kinder sind bei ihrer Tante. Sie haben sich völlig verändert, sind viel reifer geworden. Dabei war ich doch nur sechs Wochen weg.

Hin und her wirft sich der Psychologe in seinem Teil des Ehebettes. Ähnlich wie vor gut einem halben Jahr, aber nur ähnlich. Seine Frau erwacht. Frank spürt, wie Gedanken sich zu formen beginnen. In den Schlaf konnte er nicht gucken.

Noch nicht?

„Du willst mit mir reden?" und in seine überraschten, großen Augen lächelnd, fährt Petra noch halb schlafend fort „Ich merke das schon seit Tagen. Was ist los?"

Und halb fragend, halb feststellend: „Die Galaktischen sind immer noch in deinem Kopf." Frank setzt sich auf und schaut auf das Spiel der Sonnenstrahlen an der Schlafzimmerdecke.

„Die Galaktischen haben mich verändert. Andere auch. – Ich kann Gedanken lesen."

Und ohne das befürchtete Erschrecken seiner Frau zu spüren hört er: „Ich habe so etwas gedacht – nein, befürchtet. Ich habe gesehen, wie du mit den Galaktischen gesprochen hast – ohne deinen Mund zu bewegen. Und ich habe die Galaktischen durch deine Augen vor mir gesehen. Du hast Angst, dass du meine Gedanken lesen kannst. Das ist mir in den letzten Tagen klar geworden."

„Du kannst es auch?"

„Nein. Aber ich kenne dich nun ein Viertel Jahrhundert – dein Gesicht sagt mir, was du denkst, und ich spüre jetzt deine Emotionen klarer."

Hörst du mich?

Frank versucht, fast verzweifelt stummen Kontakt mit seiner Frau aufzunehmen und er spürt ihre Bemühungen zu 'hören'.

„Du hast eben versucht, mit mir stumm zu sprechen. Stimmt's? Ich hab es gesehen, aber nichts gehört. Ist es schlimm für dich? Für mich nicht, wirklich nicht."

Frank kann die Übereinstimmung der Worte und der Gedanken seiner Frau spüren. Aber er hört da auch Angst und ein wenig Bedauern.

„Ich liebe dich."

Frank legt seine linke Hand auf ihren Arm und ist sich der Lust seiner Frau gewiss. Dies ist eine ganz neue Erfahrung für sein Libido. Ohne Fragen zu müssen, heute am Sonntagmorgen, sich ihres gemeinsamen Begehrens bewusst, schiebt er die Bettdecke beiseite und das Nachthemd seiner Frau hoch bis über ihre Brüste. Wie in Ekstase, durch die Gedanken seiner Frau bestätigt und aufgestachelt, dreht er sie mit einer leichten Bewegung in die Bauchlage. Als sie in eine leichte Hocke geht und dabei ihre Beine auseinander schiebt, dringt er ohne weiteres Vorspiel in sie ein. Heftige Stöße seiner Hüfte gegen die beiden Hälften des Hinterns seiner Frau machen ein klatschendes Geräusch. Immer wieder geht sein Blick auf den wie verkrampft wirkenden Anus. Und fast ohne es zu wollen, fast unbewusst, aber doch schon schuldbewusst, davor hatte er sich gefürchtet, versucht er in die Gedanken seiner Frau zu lauschen. Die Reflexion über seine Tat formt sich nicht zu einem Gedanken, kann Frank doch keine formulierten Sätze dem Bewusstsein seiner Frau entnehmen. Ihre Emotionen in der vororgastischen Phase, die immer schneller, Wehen gleich, dem Höhepunkt entgegenströmen, verstärken seine Lust derart, dass schon nach kurzer Zeit, gegen seinen Willen, sein Samen sich in den Schoß seiner Frau ergießt.

War ich zu früh?

Erst nach dem letzten Buchstaben seiner Frage, nach dem Echo in seinem Kopf, bemerkt er, dass er die Frage nicht laut gestellt hat. Und er stellt sie auch nicht laut.

Was soll das.

Umständlich, der Liebesakt war nicht geplant, versuchen beide ihr Bett zu verlassen, ohne auf dem Laken Flecken zu hinterlassen, die ein weiteres Verweilen in ihrer Schlafstatt unmöglich machen würden. Es gelingt natürlich trotz fast akrobatischer Einlagen nicht vollends. Trotzdem, nach einem kurzen Säubern mit dem Kleenex aus dem Nachtschrank, liegt Petra wieder nah an ihren Mann gekuschelt.

„Hast du versucht, meine Gedanken zu lesen? Was habe ich gedacht?"

„Ach wo, was denkst du denn. Ich lauere doch nicht ständig in deinem Kopf." Und so wird der Sonntagmorgen für Frank, der lang herbeigesehnte.

Morgen öffne ich meine Praxis wieder.

*

„Es war grandios, 175 Euronen habe ich gestern beim Skat gewonnen."

Michael hat Tina an die Hand genommen. Fast als hätte er Angst sie im Gedränge des Kaufhauses zu verlieren.

„Die Jungs wollten nicht mehr mit mir spielen." berichtet er voller Stolz von seinem gestrigen Abend mit der Mannschaft. Eigentlich will er seine Freundin nur ein wenig aufrichten. Mehr als er leidet sie unter der wachsenden Fähigkeit anderer Menschen Gedanken zu lesen. Verdrängt es immer mehr. Als sie dann endlich einen Platz im Café im großen Atrium des

Kaufhauses gefunden haben, ein großer Ficusbusch sie von der rastlosen Menge abgrenzt, antwortet die junge Astronomin.

„Ich beneide dich, wie du mit dieser Krankheit umgehst."

"Es ist keine Krankheit, es ist eine Gabe!"

„Glaubst du? – Ja, du glaubst das," und als sich an einem sehr langen Hals ein Kopf einer alten Frau um den Ficus schiebt, beide mit fragenden Augen ansieht:

Ich glaube das nicht. Frag doch die Oma.

Ohne Vorwarnung dreht sich Michael zu der Frau hinterm Ficus und sagt laut „Ich kann ihre Gedanken lesen."

Mit einem „Unverschämt" wendet diese sich ab.

Hör auf. Das ist kein Spaß. Mir geht es nicht gut. Schon wenn ich ins Observatorium komme, wenn ich durch die Tür trete, höre ich die geilen Gedanken der männlichen Kollegen und nicht nur der männlichen. Ich achte auf jeden meiner Schritte, wie ich mich hinsetze, wie ich mit einem spreche. Und nicht nur das, ich lausche, ob du auch so bist.

Das hast du doch vorher auch gewusst. Der Mensch ist auch nur ein Tier.

Ja, aber soviel Fassade. Alles nur Fassade. Keiner sagt, was er denkt. Immer wird gelogen. Ich weiß gar nicht mehr, wie ich mit den Menschen auskommen soll.

Nun aber mal langsam Mädchen. Mit mir kommst du auch aus. Manchmal willst du mich auch belügen, nimmst es zurück, weil du weißt, du kannst mich nicht belügen. Ich glaube, das hat bei uns beiden eine Weile gedauert. Irgendwo in einem Institut wurde mal herausgefunden, der Mensch lügt durchschnittlich 18 x am Tag. Bestimmt meinen die damit gesprochene Sätze. Aber was ist das, wenn dich einer freundlich anlächelt und, um bei deinen Problemen zu bleiben, dich eigentlich mal eben kurz vergewaltigen will. Und, jetzt mal Spaß beiseite, wie viele Kinder sind schon in Gedanken umgebracht worden, nur weil sie ein bisschen zu laut waren. Das Kaufhaus wäre leer. Ich weiß nicht, ob wir hier sitzen würden – fehlend als Opfer oder als Täter.

Ja, aber die Menschen sind doch keine Tiere.
Nein, ich weiß ja auch nicht.
Als die Kellnerin endlich den Weg zu ihren beiden jungen Gästen gefunden hat und nach ihrer Bestellung fragt, sagt Michael zu ihr: „Danke, eigentlich wollen sie uns sowieso nicht bedienen, wir gehen wieder."
Hast du in ihr gelauscht?
Nein es stand in ihrem Gesicht geschrieben.
Beide verlassen ärgerlich und in Gedanken versunken das Kaufhaus. Ihre Unsicherheit ist nicht kleiner geworden – schon gar nicht, als die alte Frau hinter dem Ficus ihnen hinterherspricht: „Ich kann sie verstehen."
Erst später in ihrem Auto in der Tiefgarage sitzend fragt Michael seine Freundin „Was meinte sie damit?"

**

„Tja, meine Herren," fast hämisch beginnt Professor Müller seine Rede vor der AGG, die sich jetzt mit den Auswirkungen des Besuchs der Galaktischen befasst, „da haben sich wohl einige von uns, ich gebe zu, auch ich, zu früh gefreut. So einfach kommen wir an das Wissen unserer birnenförmigen Freunde wohl doch nicht heran. Es wird Jahre dauern, bis wir ihren wissenschaftlich-technischen Vorsprung verstanden haben, ja nutzen können. Aber eine gute Nachricht habe ich, wieder für einige von uns, das geht allen Wissenschaftlern auf dem Planeten so. Wir haben eine neue Dimension der Zusammenarbeit, länderübergreifend, erreicht. Das verlangt die Datenmenge und die Art ihrer Verpackung. Jede neue Entschlüsselung, jede neue Angleichung findet ihren Weg selbstständig ins weltweite Netz. Wir, wie bestimmt jeder andere, haben versucht das zu verhindern. Da es nicht klappt, versucht es keiner mehr. Um ihnen, meine Damen und Herren ein Beispiel zu geben, mein Institut, Verzeihung, das Institut, indem ich arbeite, wenn ich nicht hier vor ihnen berichten muss, befasst sich mit, wie sie ja bestimmt wissen, der Kernfusion und die Galaktischen sagen folgendes dazu ..."

Die meisten der gut 50 Mitglieder der AGG hören dem Professor gespannt zu. Die Zahl der Arbeitsgruppenmitglieder hatte sich nach dem 'Besuch' fast verdoppelt – die Bedeutung der Arbeitsgruppe war proportional geschrumpft. Der Kanzler kam nicht mehr, Minister schickten Staatssekretäre.

Frank verfolgt die Ausführungen Müllers nur halb.

Es ist erstaunlich, wie der Professor hier so reden kann und innerlich solch eine Verachtung für uns, für die meisten von uns, empfindet. Ich hab hier eigentlich nichts mehr zu suchen. Meine Patienten warten auf mich. Außerdem ist ja jetzt der „olle" Roth in der Arbeitsgruppe. Der hat mich richtig blöde angeguckt. Neidisch auf meinen Weltraumeinsatz. Er denkt, wenn er nicht krank gewesen wäre, hätte ihm mein Platz zugestanden. Mann, der ist doch viel zu alt. Älter als ich. Und eigentlich muss ich noch an meinem Manuskript schreiben. Hätte ich dem Verlag doch nicht zugesagt. Scheiß Geld! Und der Verlagsdirektor sagte – Information für die Leser – und dachte: Auflagenhöhe und Geldverdienen. Da hätte ich gar nicht lauschen müssen, ich wusste es eh.

Ungern dachte Frank Lehnert an seine Einladung in das weltgrößte Verlagshaus zurück. Dabei wurde er doch hofiert – von vorn bis hinten. Ja, er war der Held, der die Galaktischen kannte. Und dann kamen zum Vertragsabschluss auch noch die Kamerateams.

Wenn die wüssten, dass ich ihre Gedanken lesen kann. Wären sie dann noch so freundlich? Oder wäre ich dann der 'Mutant'. Dabei spüre ich, es gibt viele so wie mich, anders, aber so ähnlich wie ich. Hier auch?

Frank schaut sich im Saal um – fragt jeden der Reihe nach und kann nur passive Gedanken wahrnehmen. Hier muss er innerlich lächeln. Doch da schreckt er zurück.

Seine Augen bleiben an einem roten Punkt hängen.

Eva Grünert, die Pressesprecherin, schiebt ihre Haarpacht mit dem linken Arm und der Hand über die rechte Schulter und lächelt ihn wissend an.
Als ob ihre hellen Augen sprechen
He, sie also auch. Herr kosmischer Held.
Ich bin kein Held! Seit wann können sie das? Kennen sie noch andere?
Langsam, langsam, ich habe die gleichen Fragen an sie. Treffen wir uns nach der Sitzung in der Kantine. Lassen sie uns reden.
O.k., nach der Beratung.
Nur Peter Brode hatte den intensiven Blickkontakt der beiden beobachtet. Als er innerlich bedauerte kein „kosmischer Held" zu sein *dieser langweilige Psychologe und diese Grünert – das wäre die Frau für mich, was könnte ich mit dieser Frau alles anstellen* – als er diesen Satz bildlich in seinem Kopf verlängerte, empfand er einen kurzen Schmerz in seinen Kopf und er sah in funkelnde helle Augen. Schnell konzentrierte er sich wieder auf seine Aufgabe, den Worten des Professors zu folgen und die Reaktionen der Arbeitsgruppenmitglieder zu notieren. General Koch und seine wirklichen Herren erwarteten noch heute Bericht.

**

Die Sonne, die von fehlenden Gardinen und Vorhängen ungehindert durch das die gesamte Wand ausfüllende Fenster fällt, teilt den Raum in zwei Hälften. Eine moderne Klimaanlage und die unsichtbare Beschichtung der Fenster verhindern eine Belästigung der um den großen runden Tisch sitzenden Männer in ihrer schwarzen Kleidung. Das große schwarze Holzkreuz und der vom Architekten des Gebäudes wohl geplante freie Blick durch das Fenster auf den Dom der Stadt tragen trotz der Sonne zu einer dunklen Atmosphäre bei.
Die Chefs der Kirchenprovinzen tagen nun schon seit

Stunden. Die Zeit ist durch die Berichte der einzelnen Kirchenväter schnell verstrichen. Doch immer wieder ist da das Fazit, der seit dem Besuch der Aliens verstärkte Austritt der Gläubigen aus ihrer Kirche. „Wenn das in diesem Tempo so weitergeht, und ich sehe keine Umkehrung der Tendenz, es wird eher schlimmer, kann ich ihnen genau sagen, wann wir hier wieder zusammensitzen, und es gibt keine Mitglieder mehr. Wir müssen offensiv werden – doch das sagte ich schon, seit dem die Aliens sich angemeldet hatten." begann der Bischof der östlichen Provinz die Aussprache.

„Ein Viertel unserer Mitglieder haben wir verloren. Der heilige Vater zieht sich immer mehr zurück. Ja, immer öfter verlässt er ohne Grund unsere Beratungen – schlägt die Hände vor den Kopf und geht. Und dieses Verhalten scheint Schule zu machen. Denkt nur an Kardinal Hanke, wie er hier vor zwei Wochen unsere Beratung verlassen hat."

„Ja, wir haben seit dem noch kein Wort von ihm gehört. Krank soll er sein. Doch aus seinen Kreisen habe ich gehört, er rennt unruhig, ja verstört in seinem Amtssitz umher, und er hat sich beim Psychiater angemeldet."

„Beim Psychiater?"

„Ja, eben bei diesem Dr. Lehnert, der die Aliens getroffen hat."

„Ist Lehnert ein Mitglied unserer Kirche?"

„Er bezahlt Kirchensteuer, hat sich vor 22 Jahren kirchlich trauen lassen, mehr aber auch nicht."

„Wir sollten mit diesem Dr. Lehnert mal reden. Wenn alle einverstanden sind, werde ich ihn zu unserer nächsten Beratung mal einladen."

Die Sonne hatte den Raum verlassen, ein Turm des Doms strahlte wie eine Lampe am Vorabend, da beendeten die gesetzten Herren ihre Beratung. Ihre Sekretäre, die zum Ende des Gesprächs in den Raum getreten waren, formulierten im Gedanken schon den Brief an die höchste Kirchenleitung. Der richtige Ärger stand aber noch bevor.

**

Die Beratung der AGG hatte doch etwas länger gedauert. Frank Lehnert hatte am Ende seines Berichtes um Abberufung gebeten und vorgeschlagen, Professor Rohm als vollwertiges Mitglied und seinen Nachfolger zu berufen. Eigentlich wollte er diesem Professor damit eins auswischen, hatte der ihm doch vor zwölf Jahren in der Verteidigung seiner Doktorarbeit, obwohl er sein Mentor war, die gute Zensur verdorben.
Alles vergessen, fast.

Die Kantine im Kanzleramt war viel zu hell, viel zu durchsichtig für das 'Date' zwischen dem Psychologen und der Journalistin. Sie brauchten keine Worte als sie vor der fast leeren Kantine standen, um sich umzudrehen und in die Altstadt zu gehen. Da es noch früher Abend war, hatten sie keine Probleme einen Ecktisch in einem Café zu bekommen. Hätte sie ein Fremder beobachtet, so wäre er schnell auf das Urteil verfallen, ein Liebespaar vor sich zu sehen, das sich nicht traut an den Händen zu halten. Doch da der Altersunterschied von 15 Jahren nicht zu übersehen war, sah das nicht unnormal aus. Frank hatte sich ob des ganzen Medienrummels und des lästigen Wiedererkennungseffekts einen Bart wachsen lassen, dessen weiße Spitzen ihn noch älter erscheinen ließen.
Wenige Sätze wechseln sich mit längeren Phasen des stummen Gespräches ab. Und jeder Satz, der auf ihre gemeinsame Gabe hinweist, bleibt stumm.

Anfangs fand ich das Ganze sogar lustig und ich dachte Gert, sie kennen ihn doch, geht es auch so. Doch wir sprechen kaum noch miteinander. Er ist jetzt der offizielle Regierungssprecher und ich nur die von der AGG. Ich bin ziemlich allein.

Meine Frau hat es gespürt, nein, sie hat die Gabe nicht. Ich habe es ihr dann gesagt.

„Wie hat sie reagiert?"

„Eigentlich ganz ruhig, sie hat so etwas ja geahnt."

Sie hat am Fernseher gesehen, wie ich mit den Galaktischen gesprochen habe. Ich dachte erst, die haben mich irgendwie infiziert. Meine Kollegin da oben hatte es schwer getroffen, als sie in den Köpfen der Galaktischen nach Gott fragte.

„Ich weiß noch nicht einmal, wie es ihr jetzt geht. Eigentlich habe ich Angst zu fragen."

Doch wenn bei Ihnen die Gabe, oder Krankheit, oder wie wir uns Mutanten auch nennen sollen, aufgetreten ist, kann es nicht an meinem 'Kontakt' liegen. Es verwirrt mich.

Macht es ihre Arbeit als Psychiater nicht viel einfacher? Das muss es doch sein. Der Patient kommt rein, sie blicken ihm in die Augen und sagen ihm was ihm fehlt?

Am Montag öffne ich meine Praxis seit fast einem dreiviertel Jahr. Zwei Tage nur Neuaufnahmen. Ich weiß es nicht. Ihre Frage, ihre Vorstellung sind berechtigt. Ich weiß es nicht.

Beide finden schnell heraus, dass auch Gedanken schweigen können. Der Übergang zum Du vollzieht sich ohne jede Floskel.

Du liebst deine Frau.

Ja. Du liebst Gerd nicht mehr.

Nein, es war wohl mehr eine berufsmäßige Liebe. Ja, manchmal schlafen wir noch miteinander. Es ist immer noch schön. Lass unser Gespräch heute hier beenden – jetzt denkst du wie fast alle Männer, nur vorsichtiger.

Frank muss lächeln, innen und außen. "Das scheint normal zu sein."

Auch du hast eben überlegt, dass Gert heute nicht da ist und ich bei dir übernachten könnte. Es ist verrückt, wenn man sich nicht verstecken kann. Eigentlich will ich mich gar nicht verstecken. Nie mehr lügen?"

„Wir müssen, jeder für sich, darüber nachdenken. Hier hast

du meine Karte – rufe mich an, wenn du zu einem Ergebnis gekommen bist." Und während Eva nach dem Kellner ruft, erzählt Frank stolz von seinen Kindern.

**

„Vati ist heute Abend wieder nicht zu Hause."
„Sein Bart ist schrecklich." fällt Carlo in die Klagerede über ihren Vater ein.

Seit der Entdeckung ihrer Gedanken hat sich das tägliche Gezänk zwischen den Geschwistern fast gelegt. Ihr Lieblingsplatz ist jetzt das Bett Susanns, auf dem sie sich – im Schneidersitz gegenüber – täglich ihre Erlebnisse im Gespräch anvertrauen. Nur selten versuchen sie ihre neuen Fähigkeiten aneinander auszuprobieren. Nein andere, vornehmlich Klassenkameraden, Lehrer, werden 'belauscht' und die Ergebnisse dann dem Geschwister am Nachmittag mitgeteilt. Gerade der 13-jährige Carlo reifte in dieser Zeit täglich. Versteifte sich sein Glied bei den Berichten über die 'schmutzigen' Gedanken der Mitschüler und Lehrer seiner Schwester, so spielte sie mit seinen Emotionen. Verbergen konnte er seine Phantasien nicht. Als sie dann an einem Nachmittag mitten in ihrem ausführlichen Bericht auch noch sein Glied berührte und sagte, „Ich bin nicht Deine Freundin, ich bin Deine Schwester. Du wirst schon irgendwann eine Freundin finden.", war der Bann gebrochen. Seine inzestuösen Phantasien waren weniger wild. Seine Schwester war sofort wieder seine Schwester. Mit der Verbesserung ihrer Fähigkeiten andere zu belauschen wuchs auch ihre Fertigkeit 'zu mauern'. Als am späten Abend ihr Vater nach Hause kam, schliefen beide tief und fest.

Frank schloss leise die Haustür auf. Kein klapperndes Schlüsselbund störte. Schon lange hatte er dafür gesorgt, dass alle seine Schlösser, in seinem Haus und in seiner Praxis nur durch einen Schlüssel zu betätigen waren. Ein großes

Schlüsselbund, für manche Männer einen unbewussten Statussymbol eines Burgherrn oder auch nur einer Beule in der Hose, war ihm einfach lästig

Natürlich schlief seine Frau Petra schon. Ein Blick in den Kühlschrank ließ ihn nur die Achsel zucken. Hunger hatte er sowieso nicht. Frank nahm sich eine angefangene Flasche Rotwein aus dem Flaschenfach.

Viel zu kalt, würde Petra sagen.

Ohne sich groß umzuziehen, der lästige Schlips – ein Zugeständnis an die gewollte Uniformiertheit der Mitglieder einer Regierungskommission, *Professor Müller trug heute wie immer seine Fliege – ob mir so etwas stehen würde?* – war längst auf dem Tisch gelandet, setzte sich der Psychologe in den Lieblingssessel seiner Frau. Im Café hatte er sich eine Zigarre gekauft, die er sich genüsslich ansteckte.

Der Qualm wird wohl bis morgen weg sein. Das macht mich fertig, wenn Petra und die Kinder wieder rumnörgeln. Noch dazu haben sie ja Recht. Eva raucht. Es hat mich nicht gestört.

Endlich bin ich den Scheiß los. Nie wieder Kommissionen!

Frank schließt die Augen, nachdem er seine Beine auf einen Hocker gelegt, einen tiefen Zug aus der Zigarre genommen *eh, das ist eine Zigarre, nicht so tief* und einen großen Schluck Rotwein *eh, der ist wirklich zu kalt* getrunken hat.

Eigentlich müsste ich schlafen. Am Montag, morgen geht es wieder richtig los. Nun wurden meine Patienten nochmals vertröstet. Zum Glück sind es Neuaufnahmen. Ich muss die Kollegen anrufen, was meine alten Patienten machen.

Kann ich meinen Beruf überhaupt noch ausüben? Was passiert am Montag, schon morgen, wenn ich eine Borderlinerin vor mir habe und ich sehe, wie sie von ihrem Vater, Onkel, Bruder oder wem auch immer vergewaltigt wurde. Sehe ich das, was sie selber nicht mehr weiß, Was sie verdrängt? Welche Bilder muss ich, kann ich ertragen. Es ist doch was anderes, wenn mir eine Frau erzählt, sie wurde geschlagen, oder ich sehe das. Wenn sie es erzählt, so hatte ich früher nur vorgestellte Bilder. Jetzt soll ich das „live" erleben! Ob ich das durchhalte?

Die Zigarre zwingt den Psychologen zum Unterbrechen seiner Gedanken.

Oder ich sehe, dass das nicht stimmt. Natürlich habe ich früher bei den Berichten meiner Patienten auch Bilder gesehen, mir ausgemalt, im wahrsten Sinne des Wortes. Es waren meine Bilder. Wie tief kann ich gehen. Komme ich über die eingebildeten, also selbst gestalteten Bilder der Patienten, zu den 'Leinwänden' im Unterbewusstsein? Will ich das? Und wenn einer sich mir ganz öffnet? Oder eine? Wohin blicke ich da? Himmel oder Hölle?

Solche und ähnliche Gedanken schossen dem Psychologen durch den Kopf. So bereitet er sich auf seine kommenden Aufgaben vor. So hat er schon früher seine unmittelbaren Prüfungsvorbereitungen bewerkstelligt. Mit Erfolg. Er hätte wetten können, dass er nicht geschlafen hat. Doch als er aufschreckte, merkt er, dass er mit der weichen grünen Kamindecke zugedeckt, der Zigarrenstummel entsorgt und das Terrassenfenster angeklappt ist. Lächelnd streift er seinen blöden Anzug ab, lässt ihn auf dem Boden liegen, er will ja leise sein, geht ins Schlafzimmer und legt sich neben seine natürlich schlafende Frau. Ein Blick auf das Display des Schlafzimmerfernsehapperates sagt ihm, die Nacht ist gleich zu Ende. Und er ist müde, schläft jetzt schnell ein. Als er erwacht, erinnert er sich kurz an die Traumsequenz *händehaltend mit Eva*.

Es stört ihn erst nicht, später, doch das Bild kann er so schnell nicht loswerden. Und er versucht eine gedankliche Verbindung zu der rothaarigen 30jährigen herzustellen. Es gelingt ihm nicht.

So weit zu den Grenzen meiner Gabe.

Seit Tagen, fast seit Wochen, fühlt Peter Brode, der wissenschaftliche Berater General Kochs, sich nicht wohl. Seine Gedanken spielen 'Karussell' mit ihm. Gerade gestern in der *hoffentlich wohl letzten,* – diese Quatschköpfe, Eierköppe, – Sitzung der AGG war es besonders schlimm. Alle redeten auf ihn ein. Stumm. Fast konnte er die Gedanken der anderen lesen. Und irgendwem ging es ähnlich. Er hatte klare, gerichtete Gedanken gespürt. Von wem konnte er nicht sagen.
Ich werde es noch herausbekommen.
Am Abend dann, hatte er die Verabredung mit der jungen Sekretärin des Professor Müller absagen müssen. Zu groß war der Druck in seinem Kopf. Und entgegen seiner inneren Überzeugung hatte er seinen Kopf für Jonny Worker geöffnet, der sollte mal auskehren. Der Kater am Montagmorgen war ertragbar. Und langsam ordneten sich seine Gedanken.
Wenn ich Gedanken lesen kann, muss ich das nutzen. Jetzt, denn das kann ja wieder vorbeigehen. Ich muss es üben. Es darf keiner wissen – die sperren mich sonst weg. Wenn ich schon in der Sitzung andere gespürt habe, muss es doch überall dieses Phänomen geben.
Schnell hat er seinen Computer angestellt und lässt im Netz nach 'Gedankenlesen' suchen. Eine riesen Anzahl von Links werden ihm angeboten. Wissenschaftliche Abhandlungen, *esoterischer Mist*, persönliche Erfahrungsberichte füllen die von ihm aufgerufen Seiten. Peter Brode lässt die Beiträge nach dem Datum ihrer „Insnetzstellung" ordnen. Das Ergebnis überrascht ihn gar nicht. Die Anzahl wächst fast expotentiell seit einem halben Jahr.
Was passiert hier? Das muss ich melden.
Doch nicht nur dem jungen karrieresüchtigen Mann ist dies aufgefallen.
Viel ausgeklügeltere Programme als das des jungen Mannes,

professionelle – angewandt von Hochschulen, Geheimdiensten aller Couleur und von den Print- und TV-Medien sind den Gedankenlesern bereits auf der Spur.

**

Der dicke Chefredakteur der marktführenden Illustrierten liegt mit seinem Oberkörper fast auf dem Tisch, als er den auch durch TV-Werbespots bekannten Spruch, „Fakten, Fakten, Fakten und die Hintergründe nicht vergessen", zum Beginn der Redaktionssitzung seinen Mitarbeitern entgegenbellt.

„Was haben wir? Überall gibt es Berichte über Gedankenleserei. Sind das nur Nachahmer unserer gelben Freunde aus dem All, oder gibt es jetzt wirkliche Mutanten. Wir selbst müssen Leute testen, die von sich behaupten, Gedanken lesen zu können und das Ergebnis unseren Lesern präsentieren. Dazu brauchen wir einen Bericht, der Gedankenleser aus der Geschichte beleuchtet. Und was die Wissenschaftler, die Psychologen dazu sagen. Dazu nehmen wir nicht irgendeinen, sondern den Weltraumpsychologen Dr. Lehnert. Kommt mir nicht damit, dass er keine Interviews mehr gibt – er ist unserem Verlag verpflichtet. Nun sollten mal endlich Vorschläge von Euch kommen und zwar solche, die eurem hohen Gehalt entsprechen."

Zum Abschluss seines Vortrages lässt er seine flache Hand auf den Tisch knallen und innerlich vergnügt lehnt er sich zurück.

Ist schon gut, wenn man mal kurz in die Gedanken anderer schauen kann. Ich bin ihnen mit ihren Vorschlägen einfach zuvorgekommen.

**

Für General Fletscher ist das eine völlig neue Situation. Er, ein General, soll 'Fast'-Zivilisten Rede und Antwort stehen. Gestern hatte er mitten in einer Besprechung mit seinen Offizieren die Einladung vom militärischen Geheimdienst erhalten – mit einer Unterschrift seines Vorgesetzten. Und nun sitzt er hier mit vier Zivilisten, von denen nur zwei 'seinem' Geheimdienst angehören. Die anderen zwei wurden als Dr. Young und Dr. Miller vorgestellt. Der Raum im Kellergeschoss des Hochhauses ist durch indirektes Licht hell und die Klimaanlage lautlos.

Gar nicht wie in einem Agentenfilm.

General Fletscher kennt den Raum. Hier hatte der Geheimdienst mit ihm seine Mission auf der Raumstation vorbereitet und dann nach seiner Rückkehr ausgewertet.

Was wollen sie jetzt von mir, nachdem sich die Wogen um die Galaktischen glätten. Eigentlich ist doch alles gesagt, alles gedacht.

„General" beginnt der mit Dr. Young bezeichnete Mann das Gespräch „seit dem die Aliens uns verlassen haben, zeichnet sich ein Phänomen ab, bei dessen Aufklärung wir uns durch ihre Hilfe Fortschritte versprechen."

Mit einem Zucken mit den Augenbrauen in Richtung Dr. Yuong fordert Fletscher diesen zum Weiterreden auf.

„Vieles deutet darauf hin, dass uns die Gelben neben ihrem Wissen, an dessen Decodierung wir noch Jahrzehnte knabbern werden, ein anderes Erbe hinterlassen haben. Eventuell ist es eine Seuche. Eine Seuche des Gehirns."

Dr. Miller übernimmt den Faden, wendet sich direkt an Fletscher, ja er kommt mit seinem Gesicht, wie bei einem Verhör Flechter ganz nah und platzt mit der Frage heraus:

„Können sie Gedanken lesen?"

„Was soll das? Warum bin ich hier? Wie kann ich ihnen helfen? Natürlich kann ich keine Gedanken lesen. Bitte meine Herren, meine Zeit ist begrenzt."

„Entschuldigen sie General, die etwas direkte Art meines

Kollegen," schaltet sich Dr. Young wieder in das Gespräch, „aber es geht um ein Problem höchster Sicherheitsstufe. Seit Monaten laufen bei uns verstärkt Berichte über und von Menschen ein, die Gedanken lesen wollen. Wir haben das geprüft. Natürlich sind Nachäffer der Aliens dabei. Andere, Tests haben das eindeutig bewiesen, haben die Fähigkeit. Und alle behaupten, diese „Gabe" begann mit der ersten Botschaft – wir alle haben sie gespürt. Seit dem die Aliens da waren, ist das verstärkt worden – die Anzahl der Telepathen und ihre Qualität. General, sie hatten direkt Kontakt mit ihnen. Haben sie was gespürt? Und jetzt? Wir brauchen sie als zuverlässige Quelle."

General Fletscher nimmt sich Zeit für die Antwort *ich nicht, mit mir nicht, ich gehe nicht ins Gehege des Zoos der Wissenschaftler.*

„Meine Herren, auf dieses Phänomen habe ich bereits in meinem ersten Bericht hingewiesen. Fast alle Mitglieder der Delegation hatten vor der Begegnung diese Stimmen im Kopf. Alle bekamen vom Arzt und von dem Psychofritzen Medikamente. Auch ich. Sie müssen lesen. Die Priesterin, wie hieß sie noch, ach ja, Mary Welsch, hat es hart getroffen. Ich habe es gesehen, wie sie wieder in die Station kam. Völlig runter faselte sie etwas von Gott. Dabei hatten die Aliens darauf ja keine klare Antwort gegeben. Und ich habe mir schon mehrmals die Aufzeichnungen der Begegnung angeschaut. Ich stand da ein wenig daneben. Gucken sie sich den ausländischen Psychofritzen an. Der unterhielt sich mit den Aliens und keiner konnte das hören. Ging mir ganz schön auf den Sack damals. Ich spürte was, ja; Kopfschmerzen hatte ich auch eine Woche lang und jedes Blitzen der verdammten Reporter mit ihren Fotoapparaten traf direkt meinen Mandelkern. Aber Gedanken kann ich bis heute nicht lesen. Fragen sie meine Frau, die beschimpft mich genauso als unsensiblen Klotz wie früher. Meine Herren, lesen sie meinen Bericht, mehr kann ich dazu nicht sagen. Und wenn sie in meiner Truppe einen Gedankenleser finden, so sagen sie mir Bescheid, ich lasse ihn köpfen und schicke seinen Kopf an die Neuropathologie ihrer Wahl."

Kaum hat der General den Raum verlassen, wird eine junge Frau aus dem Nebenraum geholt.
„Und?" fragt Dr. Young in ihrer Richtung.
„Ich bin mir nicht sicher. Als er hereinkam hat er versucht, ihre Gedanken zu erfassen, mehr passiv. Aber das tut wohl jeder in solch einer Situation. Und als Dr. Miller die Frage stellte, waren seine Gedanken für mich nicht mehr zu lesen. Einfach zu. Ich kann ihnen nicht mehr sagen."
Erst als Fletscher das Gebäude verließ und sich in seinen Wagen setzte, dem Fahrer „nach Hause" sagte, erlaubte er sich inhaltliche Gedanken.
Einer von denen wollte Gedanken ausspionieren. Young nicht, Miller eventuell, aber dann die tollpatschige Frage von ihm. Vielleicht war ich zu schroff, hätte mehr Interesse zeigen sollen. Ach was, mich kriegen die nicht. Und so richtig kann ich auch keine Gedanken lesen.
Ob einer lügt, das merke ich und das reicht mir.

***

Der junge Geistliche war sichtlich aufgeregt. Es war seine erste Messe, die er vor seiner neuen Gemeinde zelebrieren wollte. Sein Vorgänger hatte sich von den Klippen der dem Dorf naheglegenen Ozeanküste gestürzt. Und das nachdem er fast 20 Jahre die kleine Gemeinde still und zur Zufriedenheit der Provinzoberen geführt hatte. Die Ermittlungen der Kriminalpolizei und des klerikalen Geheimdienstes hatten keine Anhaltspunkte für seine Tat gefunden. Was sollte es hier in dem kleinen Fischerdorf am Rande der Welt auch für

Gründe für solch eine Tat geben. Die Bewohner, Fischer und ihre Familien, die Jungen hatten das Dorf längst verlassen, waren einfach und friedlich. Sie gingen tagsüber ihrer Verrichtung nach, abends saßen sie in der einzigen Schenke zusammen. TV hatten sie alle, es war nicht wichtig.

Doch schon beim Betreten des großen Kirchenraumes bemerkt Don Pietro die gespannte freundliche Aufmerksamkeit seiner neuen Herde. Natürlich, es ist seine erste Messe vor seiner Gemeinde und so bleibt seine Verwunderung in Grenzen. Seine Predigt hatte er intensiv vorbereitet, wollte er doch die Gläubigen gleich beim ersten Mal für sich einnehmen. Die Worte kamen ihm flüssig von den Lippen und er dachte, was er sagt. Nur in den rhetorischen Pausen hört er immer wieder die Frage in seinem Kopf.

Glaubst du was du sagst?

Verwundert schaut er auf die Gemeinde, doch keiner der Besucher bewegte seine Lippen. Sie blickten nur freundlich gespannt auf ihn. Die Frage, die da ständig in seinem Kopf hallt, hatte er sich schon öfter für sich selbst gestellt und immer wieder mit dem Satz *Ich glaube an Gott!* beantwortet. Nun da immer wieder diese Frage in seinem Kopf auftaucht, beantwortet er sie mit dem für sich gelernten Satz: *Ich glaube an Gott!* In seinem Vortrag stockt er dabei kaum.

Er bringt ihn, zwar unter kleinen Schweißausbrüchen, sicher zu Ende. Nach der Messe kam der Bürgermeister zu ihm, schlug ihm jovial auf die Schulter und sagte:

„Ich glaube wir können mit ihnen zufrieden sein. Ihr Vorgänger glaubte nicht an Gott." drehte sich rum und verließ als letzter einer leise schwätzenden Gemeinde die Kirche.

Don Pietro musste sich setzen. Nicht sein Vortrag wurde von der Gemeinde bewertet, sondern sein Glaube. Sein Vorgänger, der Selbstmörder, hatte nicht an Gott geglaubt. Am Abend noch, rief er in der Leitung der Kirchenprovinz an und meldete sein Erlebnis. Der Sekretär des Bischofs wunderte sich nicht über seinen Bericht. Und Pietro konnte noch im Hintergrund des Büros am anderen Ende der Telefonleitung hören, dass seinen Bericht der Bischof persönlich haben wolle. In der höchsten Ebene der Leitung dieser Kirche gingen täglich ähnliche Berichte ein.

Das betraf alle Religionen des Planeten.

Ein Treffen aller höchsten Würdenträger der größten weltumspannenden Religionen war in Vorbereitung. So wie damals bei Ankündigung des Besuchs der Aliens.

***

Immer öfter muss Ute an ihren ehemaligen Freund Michael denken. Eigentlich waren sie damals ein gutes Paar.

Habe ich ihn doch geliebt? Liebe ich ihn?

Sie sah ihn jetzt öfter in Begleitung dieser Tina Roberts und es gab ihr jedes Mal einen Stich ins Herz. Gerade als sie in ihr kleines Auto einstieg sah sie wieder die Szene, als sie Michael von der Schwimmhalle abholte und er seine schwarze Mähne wie ein Hund im Auto schüttelte. Ute musste unbewusst lächeln.

Habe ich ihn verlassen, oder er mich?

Und sie erinnert sich an die Versammlung in der Uni, damals bevor die Aliens, nein die Galaktischen − sie verbessert sich selbst − sich angemeldet hatten.

Michael wollte nicht hin. Und dann war er weg und ich war bei Professor Windisch. Das Schwein. Erst war er mit voller Wucht gegen die Galaktischen, wollte den Widerstand organisieren, jetzt ist er weg von der Uni und leitet irgendeine Arbeitsgruppe zur Auswertung der Daten dieser Aliens. „Ich muss das Angebot annehmen, um Schlimmeres zu verhindern, das verstehst du doch." Und weg war er. Meine Kommilitonen schauen mich immer so mitleidig an. Scheiße. Ich möchte gar nicht wissen, was die denken. Und diese Vorlesung ist auch langweilig.

Fast unbewusst nahm sie den Weg heraus aus der Uni, hin zum Café, indem sich die Jungs aus Michaels Mannschaft öfter trafen.

Beim Eintreten erfasst Ute schnell den gesamten Raum.

Sportlercafe – das ich nicht lache, hier wird mehr geraucht, als in jedem anderen Café der Stadt.

Und hinten am Stammtisch saß auch Michael mit einem Kumpel.

Ohne die blonde Tina, was für ein Wunder. Ob ich zu ihm gehe? Oder lieber nicht.

In diesem Augenblick schaut Michael plötzlich aus seinem Gespräch auf und winkt Ute freundlich zu.

„Hier ist noch Platz" – das ganze Café ist leer – „komm doch zu uns."

Und Ute: *wie liegen meine Haare, ist der Pickel immer noch so groß, ich hätte mich zurechtmachen müssen* steuert mit hoch erhobenem Kopf auf den für das kleine Café viel zu großen Tisch zu.

„He, du siehst gut aus." beantwortet Michael ihre heimliche Frage *meint er es ehrlich, oder ätzt er mal wieder in seiner unnachahmlichen Art.*

„Ich meine es ehrlich, wie geht es dir? Windisch ist weg, sei froh. Ich habe ihm nie getraut. Weißt du noch damals?"

Michaels Kumpel hatte den Tisch verlassen. Ute hatte das nur nebenbei bemerkt, ihre Augen ruhen auf Michael. Anstatt ihm zu antworten, blickt sie dem jungen Mann tief in die Augen.

Was habe ich nur gemacht. Es war so schön mit ihm. Und er kann meine Gedanken lesen. Schon immer wusste er, was mich bewegt. Er hat überhaupt nicht auf den Pickel geguckt. Selbst das Ätzen war interessant. Was habe ich nur an dem alten Mann gefunden?

Für Michael sind Utes Gedanken ein offenes Buch. Er sieht ihre Erinnerungen an gemeinsame schöne Stunden und den

Vergleich zu den versteckten Demütigungen durch den Philosophieprofessor. Fast ist er soweit, Ute in den Arm zu schließen, fasst ist er soweit, Tina zu betrügen. Doch der Gedanke an die fast schwarzen Brustwarzen Utes, ihres üppig ausfallenden Schambehaarung führte unweigerlich zum Bild der hellen, fast hautfarbenen Brustwarzen und dem spärlichen Schamhaars Tinas – was ihn in Gedanken zu Tina brachte. Dies alles vollzog sich in einem kurzen Moment beiderseitigen Schweigens.

„Ich bin jetzt fest mit der Astronomin zusammen, du kennst doch Tina Roberts." bricht Michael die durch die leise Musik aus den Lautsprechern geschwängerte Stille.

„Natürlich kenne ich sie, die Assistentin des hochgejubelten Entdeckers der Aliens. Wer kennt sie nicht – da wirst du auch noch berühmt."

„Sei nicht so. Du hast mich damals verlassen. Ich will, dass wir Freunde bleiben – oder wieder werden." *So einfach ist das also. – Freunde.*

„Ute, du kennst mich. Ich mache es mir nicht einfach. In den zwei Jahren, in denen wir zusammen waren, habe ich dich nicht einmal betrogen. Meine Kumpels fanden das sehr ungewöhnlich." Kurz wird er sich der Lüge bewusst.

Außer der Quicki mit Tina. Gut das Ute meine Gedanken nicht lesen kann. Das hätte sie jetzt verletzt. Gut das ich lügen kann. Gut für mich und gut für Ute.

In diesem Augenblick tritt Michaels Mannschaftskamerad Roger wieder an den Tisch.

„Ute das ist Roger, Roger das ist Ute. Ach Quatsch ihr kennt euch ja."

Die drei scherzen noch eine Weile. Ute und Michael versuchen, ihre Beziehung hinten an zu stellen. Nur Michael schallt sich einen Narren.

Verdammt ich muss aufpassen und nicht auf die Gedanken der anderen antworten. Da kann ich ja gleich jedem sagen

'Entschuldige ich kann deine Gedanken lesen.' Ich wäre bald allein, oder nur noch mit Tina. Doch die ist auch schon komisch geworden. Zeit hat sie schon gar nicht mehr.

**

Michaels Freundin sitzt konzentriert hinter ihrem Rechner. Die neuesten Decodierungen astronomischer Daten der Galaktischen liefen über das Netz. Einiges über die Natur der Schwarzen Löcher verstand sie nicht. Sie bemerkt eine starke Unsicherheit hinter sich.

Professor Bensch steht hinter mir. Auch er hat Schwierigkeiten, ja er versteht genau so wenig wie ich.

Tina dreht sich in ihrem Schreibtischstuhl langsam um, schaut in die Augen ihres Mentors.

„Tja, genau wie ich es mir gedacht habe. Da werden meine Kollegen dran zu knabbern haben." lügt er ihr dreist ins Gesicht.

Ich merke, dass er lügt. Wie schön wäre es seine Gedanken zu lesen. Wäre es das? Soll ich? Michael geht so locker damit um. Das könnte ich nicht. Und wenn ich müsste?. Er meint ja, bei ihm hat es auch so angefangen. Dann kamen die Gedanken der anderen immer mehr in seinen Kopf. Jetzt braucht er sich gar nicht mehr anzustrengen, um die Gedanken zu lesen. Kann ich mich ewig dagegen abschotten.

„Geht es ihnen nicht gut, Tina? Sie waren abwesend."

„Nein, nein, ich mach´ schon weiter." Tina wendet ihre Aufmerksamkeit wieder dem Monitor und den Daten zu.

**

Frank Lehnert, der Psychologe, der auf Grund seiner längst vergessen geglaubten Doktorarbeit zur Alienphobie in das größte Abenteuer seines Lebens gestolpert war, sitzt gelöst in seinem Sessel in seiner Praxis. Nach fast einem Jahr öffnet er seine Praxis wieder. Sein Behandlungszimmer, der große Raum im Dachgeschoss, dessen Wände schräg bis in den First reichen, entspricht so gar nicht den üblichen Vorstellungen über ein Sprechzimmer eines Psychologen. Fast in der Mitte des Raumes sind die zwei Sessel und die kleine Sitzcouch platziert. Da er nur selten psychoanalytisch arbeitet, hatte er den Liegesessel unsichtbar hinter einen Paravan platziert.

Die großen, schrägen und daher gardinenlosen Fenster, lassen den Raum offen, hell und leicht erscheinen. Das Problem mit der hereinflutenden Sonne regeln sich automatisch verstellende Jalousien und eine völlig geräuschlose Klimaanlage. Seinen kleinen Schreibtisch mit dem unentbehrlichen Laptop, bescheiden in einer Ecke, stören weder ihn noch seine Patienten. Natürlich gedeihen hier, auch Dank der Pflege durch seine Assistentin, die Grünpflanzen. Auf dem kleinen Tisch zwischen den Sesseln stehen stets, eine gewollte Verbindung zu seiner Frau, ein kleiner Strauß weißer Tulpen. An den beiden geraden Wänden hängen Orginalgrafiken.

Nur kein Miro.

Die Farbe im Raum erlebt man durch die großen Pflanzen als grün.

Im Vorzimmer warten die ersten zwei Patienten. Heute werden nur Neuaufnahmen durchgeführt. So hat er für jeden Patienten nur eine halbe Stunde geplant. Und das drei Tage lang. Einige werden bei ihm bleiben, einige wird er zu einem befreundeten Neurologen schicken, andere einfach nur empfehlen, sich bei einem anders arbeitenden Kollegen vorzustellen. Seine Assistentin, Frau Schubert, hat bereits eine Vorauswahl getroffen.

Frau Schubert ist die Seele seiner Praxis. Nach 6 Semestern Psychologie hatte sie vor Jahren ihren Professor geheiratet, ein Kind bekommen und war eben zu Hause geblieben. Nach 12 Jahren glücklicher Ehe war ihr Mann gestorben und der Sohn fast erwachsen. Die Lebensversicherung und die Rente ihres Mannes sicherten ihr ein komfortables Auskommen, ein ausgefülltes Leben jedoch nicht. So hatte sie vor sieben Jahren die Stelle bei Ihrem ehemaligen Kommilitonen angenommen und war seitdem aus der Praxis nicht wegzudenken. Unauffällig für die Patienten und der Ärztekammer übernahm sie schon bei der Terminabsprache einen Teil der Anamnese, 'sortierte' schon vor.

Dr. Lehnert hat auf seinem Laptop schon die wichtigsten Daten seiner ersten Patientin gelesen, als sie den Raum betritt. Groß gewachsen, gepflegt gekleidet, *sie war extra zum Friseur,* tritt sie ihm selbstbewusst entgegen, streckt ihm die Hand aus.
Ihr Händedruck ist etwas zu fest. Sie hat geweint, danach ihre Augen wieder geschminkt – will sich zwingen.
Frank lässt ihr die Wahl ihrer Sitzgelegenheit offen. Da er an seinem Lieblingssessel steht, setzt sie sich ihm gegenüber. Der kleine Couchtisch zwischen ihnen schafft eine für die erste Sitzung akzeptable Entfernung. Nach einer kurzen Pause eröffnet der Psychologe das Gespräch mit der Formel
„Wie geht es ihnen heute, Frau Urbaniak?"
Seine Patientin beginnt zu erzählen. Erst stockend, dann flüssiger. Sie berichtet von ihrer Angst, die sie schon immer hatte, die jetzt stärker geworden ist, ja ihren Alltag beherrscht. Er erfährt von ihrer Odyssee bei verschiedenen Ärzten, weiß aus der Anamnese durch Frau Schubert von den Medikamenten. Ohne dass er viele Fragen stellen muss, hat sich zwischen dem ärztlichen Psychologen und Patientin nach kurzer Zeit ein Rapport hergestellt und Termine für eine Behandlung werden durch Frau Schubert dann im Anschluss an das Gespräch vereinbart.
Der nächste Patient, ein ehemaliger Offizier, dessen pedantische Art sich in den letzten Jahren zum Zwang gesteigert hat, wurde von seiner Frau gezwungen, um einen Termin bei Dr. Lehnert anzuhalten. Im Unterschied zur ersten Patientin hört

Frank in seine Gedanken. Er findet bestätigt, was er von der Theorie her wusste, der Mann ist voller Ängste, die ihn lähmen und zu immer wiederkehrenden Handlungen treiben. Natürlich ist in der ersten halben Stunde kein Rapport zwischen Therapeuten und Patient herzustellen. Doch Dr. Lehnert, gibt auch ihm die Möglichkeit seiner Behandlung.

Am Abend zieht er, bevor mit Frau Schubert die nächsten Termine besprochen werden, für sich Resümee. Er sitzt in seinem Sessel, den Kopf auf der Rückenlehne, die Augen geschlossen.

So ist das also, wieder richtig zu arbeiten. 12 Patienten – 8 werden bei mir bleiben. Anders als vorher. Eigentlich habe ich schon immer gewusst, dass sie gerade beim ersten Mal nicht die Wahrheit sagen. Ich sehe es ja an ihren Augen, an ihrer Gestik und Mimik, an der Art wie laut und mit welcher Betonung sie sprechen. Ich sah es, jetzt weiß ich es. Schwer ist es, wenn sie sich selbst belügen. Es ist schon eine Unterschied zwischen nicht die Wahrheit sagen und Lügen. Kann ich meinen Beruf weiterführen? Kommen überhaupt noch Patienten, wenn sie wissen – ich kann ihre Gedanken lesen?

Und Frank sortiert in Gedanken aus.

Sieben der heutigen Patienten würden nicht zu mir kommen. Sie kommen zum Psychologen, die meisten erwarten Hilfe, aber auch von denen lügen mich die meisten an. Und das wird auch bei den folgenden Sitzungen im Wesentlichen so bleiben. Ich muss versuchen normal zu bleiben. Vier Wochen werde ich mich testen.

Obwohl der letzte Patient seit einer halben Stunde die Praxis verlassen hat, harrt Frau Schubert aus, ist aber froh, als sie von ihrem Chef gerufen wird.

„Na, wie war der erste Arbeitstag. Ich sehe schon, ganz schön anstrengend, wieder zur arbeitenden Bevölkerung zu gehören." Und ohne Aufforderung lässt sie sich in den Sessel gegenüber fallen.

„Trotzdem, wir müssen noch die nächsten Tage besprechen." Sie redet, Frank hört zu und nickt. Wie immer, meistens, sind ihre Vorschläge akzeptabel.

„Und eigentlich sollte ich ja keine neuen Termine annehmen. Aber hier ist ein Schreiben der höchsten Leitung unserer Kirchenprovinz. Sie bitten um einen Termin für einen ihrer Chefs – im Zusammenhang mit den Aliens."

„Galaktischen! Zeig´ mir mal bitte." Und nachdem Dr. Lehnert es gelesen hat,

„Schiebe ihn irgendwie mit rein, so schnell wie es geht. Rufe aber dort an. Und jetzt, – jetzt gehe ich."

Die Verabschiedung zwischen den beiden findet herzlich, mit den Augen und ohne Worte statt.

Doch auf dem Nachhauseweg, sein Haus ist nur 15 Minuten entfernt, kann Frank sich von seiner Arbeit nicht lösen.

Eigentlich könnte ich meine Gabe radikal einsetzen. Für die Patienten natürlich. Was passiert bei einer Regression?

Schon während des Studiums hatte sich der Psychologiestudent auf dem Gebiet der Hypnose als eine Therapieform ausbilden lassen. Heute war die Hypnose ein von ihm häufig gebrauchtes Therapiemittel. Insbesondere im Wiedererleben von Lebensereignissen und der Erkundung traumatischer Erlebnisse seiner Patienten sah der Psychologe den Nutzen der Hypnose. Er wusste aber auch, dass selbst in tiefer Trance die Patienten, zwar unterschiedlich von Patient zu Patientin, ein 'inneres Schutzschild' zwischen ihren Gedanken und dem, was sie den Therapeuten offenbarten, aufbauten. Was werden sich hier für therapeutische Möglichkeiten ergeben? Ich muss die Praxis jetzt Praxis sein lassen.

Petra wird auf mich warten.

Und je näher Frank seinem Haus kam, desto mehr wendeten sich seine Gedanken seiner Familie zu.

Da steht doch wirklich dieser Übertragungswagen des Fernsesenders vor meiner Einfahrt. Nein, heute nicht!

„Nein, heute nicht, ich bitte um ihr Verständnis."

„Aber, Herr Doktor.". Doch Frank tritt schnell durch sein Gartentor und ohne den Journalisten nur ein weiteres Wort, nur einen Blick, zu widmen, verschließt er es mit seinem 'Generalschlüssel' und geht in sein Haus.

Hier erwarten ihn schon seine Ehefrau und seine Kinder.

„Was wollen sie schon wieder von dir?"

„Ich weiß es nicht. Interessiert mich auch nicht. Nichts kann so wichtig sein wie unser Abendessen. Ich habe einen Hunger. Arbeit kann ganz schön schlauchen."

„Die wollten Vatis Kommentar zu den drastisch ansteigenden Verrückten, seit dem die Aliens, entschuldige, Galaktischen, hier waren."

Frank schaut verwundert auf seinen Sohn, der kurz vor ihm von seinem Wasserballtraining zurück, das Haus betreten hatte, murmelt mehr für sich „Und das haben sie dir gesagt?" und laut „Egal was sie wollen, heute nicht! Auch der Kopf eines Psychologen kann platzen. Was gibt es zum Abendbrot?"

Ohne eine Antwort abzuwarten, eilt er in die Küche, sieht nicht den vorwurfsvollen Blick seiner Tochter auf Carlo ruhen.

Doch mitten beim Abendbrot, gerade als Frank in seine Lieblingsspeise zum Abend, Bockwurst mit viel Senf und dazu frische Brötchen mit Bauernkäse, beißen will, spürt er die Frage.

Na, schmeckt's?

Fast wäre ihm der Wurstzipfel aus dem Mund gefallen.

Petra kann das nicht sein.

Nein, wir sind es. Und er schaut in die verschmitzt lächelnden Gesichter seiner Kinder.

Ihr? Wie lange schon, was könnt ihr alles, wie vertragt ihr das, wem habt ihr davon erzählt?

So klein sind wir nicht mehr! Wir haben es noch keinem erzählt. Mutti ahnt es wohl. Wir können Gedanken lesen. Aber wir müssen den dazugehörenden Menschen sehen. Zwischen uns beiden klappt es auch, wenn wir uns nicht sehen. Es ist lustig, aber manchmal

haben wir Angst davor. Sind die Galaktischen daran Schuld?
„Was ist los mit euch? Schmeckt es euch nicht." Petra hatte dem stummen Gespräch ihres Mannes mit den Kindern zugesehen. Sie ahnte was sich abspielte, wollte lauschen, doch sie konnte nichts hören, spürte nur die Erregung ihres Mannes. Sie fühlte sich ausgeschlossen und plötzlich überkam sie eine tiefe Traurigkeit. Davor hatte sie sich gefürchtet, davor am meisten, als sie die Fähigkeiten ihres Mannes beobachtete und die Gabe ihrer Kinder erahnte. Tränen schießen ihr jetzt in die Augen.

Abrupt erhebt sie sich, geht ins Schlafzimmer und weint hemmungslos. Das Weinen vertreibt ihre Angst. Erst nach einer Weile, ihr Schluchzen ebbt langsam ab, bemerkt sie ihren Ehemann neben sich auf dem Bett sitzend.

„Na, lauschst du wieder meinen Gedanken?" bringt Petra zwischen dem Schluchzen hervor und schiebt seine Hand von ihrer Schulter.

„Glaubst du denn, nur für dich ist es schwer, weil du keine Gedanken lesen kannst. Ja, ich habe eben gelauscht, damit ich dich besser trösten kann. Aber wer tröstet mich? Ich habe das nicht gewollt. Früher, ja früher habe ich mal gedacht, wie schön wäre das gerade in meinem Beruf, wenn ich direkt in die Köpfe schauen könnte. Aber eben auf dem Nachhauseweg, hatte ich auch den Wunsch aufzuhören. Ich weiß nicht, ob ich die wirkliche Last meiner Patienten tragen, – ertragen kann. Die Galaktischen haben mich auf das Phänomen hingewiesen. Ich habe es dir ja gesagt. Ja, sie sind zumindest der Auslöser, dass immer mehr Menschen zu Beruhigungspillen greifen und die Praxen meiner Kollegen regelrecht stürmen. Sie hören Stimmen. Das immer öfter und es betrifft immer mehr. Wenn es dicht beruhigt, ich denke, auch du wirst bald in den Köpfen anderer spazieren gehen können."

„Nein, das beruhigt mich nicht! Warum hast du die Bemerkung der Aliens nicht veröffentlicht? Warum trägst du die Last?"

Nachdenklich antwortet ihr Mann: „Warum haben es die Galaktischen nicht getan, warum haben sie mir diese Information gegeben? Eventuell weil sie gerade die menschliche Geschichte im Schnelldurchlauf studiert haben und die Verfolgungen von Minderheiten nicht verstanden. Vielleicht war auch ein Spielfilm mit der Abschlachtung von Mutanten dabei."

Frank schließt die Augen und schüttelt seinen Kopf, als könnte er so die Last abwerfen. Noch die Augen geschlossen haltend fährt er fort:

„Ich weiß es nicht. Ich weiß es nicht. Unsere Kinder müssen es verheimlichen. Ich habe Angst. Komm, lass uns mit ihnen sprechen. Laut oder leise, ich dachte zu unseren Kindern sprechen wir fast immer wie aus einem Mund."

„Ja, fast immer."

Petra hat aufgehört zu weinen und spürte das Verlangen ihres Mannes nach Trost, doch dazu war sie jetzt nicht fähig. Jetzt galt es ihre Familie zu schützen.

Susann und Carlo sitzen nebeneinander auf der Couch im Wohnzimmer. Noch vor einem halben Jahr war das Mädchen größer als sein Bruder, jetzt überragte er es um einen halben Kopf. Ihre Eltern haben sich links und rechts von ihnen auf den Sesseln platziert. Der Psychologe sieht seine Kinder ernst an, zieht seine Stirn in Falten. Ihren Versuch, stummen Kontakt mit ihm aufzunehmen, blockt er schroff ab.

„Hier reden wir laut! Das ist das Gesetz in unserer Familie. Auch wenn es neu ist."

Als seine Kinder erst ihn und dann seine Frau traurig, ja fast ängstlich anschauen, schüttelt er den Kopf und nach einem Seufzen:

„Versteht mich nicht falsch. Wir sind euch nicht böse. Mutti nicht – ich schon gar nicht. Gedankenlesen ist, wie soll ich sagen, wie eine Krankheit."

Hier zögert er, schaut zu Petra.

„Für andere bestimmt. Für andere wird es eine Krankheit sein. Und wir haben Angst, dass die anderen so auf euch, auf uns reagieren."

„Aber ..." will Carlo entgegnen.

Doch sein Vater winkt mit einer kurzen Geste seines rechten Armes ab.

„Warte, lass mich ausreden. Versetze dich, versetzt euch in die Lage der anderen. Ihr habt die Reaktionen eurer Mutter beobachten können. Nun stellt euch dumme Menschen vor. Dumme Menschen umgeben euch überall. Wenn die merken, dass ihr anders seid, ihr ihre Gedanken lesen könnt, ihr merkt, wenn sie lügen und ihr deren geheimste Begierden und Gedanken auch noch anderen erzählen könnt, ihr so Macht über sie erlangt – dann seid ihr die Aussätzigen, schlimmer als Verbrecher, schlimmer als Mörder – in ihren Augen."

Als seine Kinder schweigen, ihre trotzigen Augen aber eine beredte Sprache sprechen, fährt der Psychologe fort.

„Es ist schwer, auch für mich. Für euch muss es noch schwerer sein. Mir liegen jetzt solche Sätze auf der Zunge, wie – Irgendwann werdet ihr mich verstehen. – Aber ich lasse das. Ich rede von mir. Bisher habe ich es verschwiegen und werde es auch noch eine Zeit für mich behalten. Die Galaktischen hatten mich auf das Wachsen telepathischer Fähigkeiten bei uns hingewiesen. Sie vermuteten den Kontakt mit Ihnen als Ursache. Ich spüre, dass diese Fähigkeit sich ausbreitet, immer mehr Menschen erreicht." Und leise. „Wie eine Seuche."

„Doch ich kann damit nicht an die Öffentlichkeit. – Noch nicht. Ich hätte auf der Stelle fast keine Patienten mehr. Denkt ihr denn, dass die Mehrzahl meiner Patienten noch zu mir kommen würde. Es ist paradox, ich soll ihnen in ihrer Gedankenwelt helfen. Aber wehe, ich würde alles wissen. Es ist furchtbar für mich. – Und ihr, wen habt ihr belauscht?"

Stocken, dann flüssiger, berichten die fast erwachsenen Kinder von ihren Erlebnissen mit den Gedanken ihrer Lehrer und Mitschüler. Den Eheleuten gelingt es nur schwer Verständnis für sie und für die 'Belauschten' zu haben. Als Susann und Carlo ihren Bericht beenden, können ihre Eltern nicht sofort reagieren. Eine Schweigeminute, in der die Gedanken des Psychologen hin und her jagen.

Das war zu erwarten und es findet jetzt tausendfach und überall statt. Es wird mehr werden. Die Kinder erforschen die Gedanken ihrer Lehrer, Ihrer Eltern und ihrer Mitschüler. Natürlich wollen sie persönlichen Vorteil. Die Lehrer werden irgendwann jede noch so gute Entschuldigung für vergessene Hausarbeiten erkennen. Was noch viel schlimmer ist, sie werden merken, dass sie ihre Schüler nicht anlügen können. Eltern können ihre Kinder nicht mehr anlügen. Wie oft haben wir unsere Kinder belogen, wie oft habe ich Petra belogen. Wie gehe ich mit meinen Patienten um?

Frank reibt sich tief die Augen, will seine aufkommende Verzweiflung wegreiben.

„Dass ihr versucht, mit euren neuen Fähigkeiten irgendwie bessere Noten zu erhaschen, will ich euch nicht vorwerfen. Eigentlich will ich euch gar nichts vorwerfen."

Hier stockt Frank in seinem Gedanken- und Redefluss. Zögert erst, dann bedächtig:

„Ich muss anders anfangen und ich bitte euch, mal nur zuzuhören, nicht gleich antworten zu wollen. Versucht einfach nur zuzuhören. Und ich fange mal mit den Galaktischen an. Wenn ich es richtig verstanden habe, so hatten die Galaktischen, so lange sie denken konnten, immer die Möglichkeit über ihre Gedanken zu kommunizieren. Sie haben ihre Gedanken nie voreinander verborgen. Das hat zu einer ganz anderen Entwicklung der Gesellschaft, also des Miteinanders der Galaktischen, geführt. Sie haben sich, so habe ich das verstanden, immer nur von Pflanzen ernährt. Waren nie

Jäger und mussten keine Tiere täuschen, damit sie sie töten können. Es kann sein, dass der Mensch in seiner langen Entwicklungsgeschichte auch die Fähigkeit hatte, sich per Gedankenkraft zu verständigen. Es kann sein. Aber, in den letzten 10.000 Jahren nicht. Der Mensch musste, wirklich musste, um zu überleben täuschen, lügen, seine Gedanken verbergen. Das ist heute eine Grundlage unserer Gesellschaft. Es klingt furchtbar für euch. Ich weiß. Aber überlegt mal ganz genau. Wie oft schon habt ihr uns angelogen?"

Und mit einem Blick zu seiner Frau, fast entschuldigend. „Natürlich haben auch wir euch angelogen. Alle Eltern blabbern ihren Kindern auf die Frage, wo die Kinder herkommen, zu bestimmten Zeiten irgendwelchen Unsinn vor. Wie soll das auch anders gehen? Versteht Ihr? Alle lügen, mal mehr mal weniger. Und alle wissen, dass alle lügen. Es ist eine Grundlage unserer Gesellschaft. Jeder hat irgendwas zu verbergen – jeder!"

Zwischen seinen Sätzen macht er Pausen, damit seine Kinder das Gesagte verkraften können.

„Und alle haben Angst, dass das, was sie zu verbergen haben, an die Öffentlichkeit kommt. Der Mörder, der schon lange seine Tat verheimlichen kann. Der Schüler, der seine Hausaufgaben nur abgeschrieben hat. Der Lehrer, der seine Schülerin liebt. Die Ehefrau, die immer jeden 4. Dienstag ihren Mann betrügt, ihn aber liebt. Oder ich, der meinen Patienten Mut zuspricht, ihn aber in seiner Art zum Kotzen findet – ihr versteht, was ich meine. Es ist schwer und ich verstehe es selber kaum.

Und nun kommen die Galaktischen, senden uns von ganz weit weg irgendeinen Tachyonenspruch zu, von hinterm Mond melden sie sich noch mal – und plötzlich fangen bei uns Menschen an, die Gedanken anderer zu lesen.

Was wird aus dieser Gesellschaft, wenn jede Lüge erkannt, wenn jeder Gedanke laut wird.? Ich weiß es nicht."

Frank nutzt den Schluck aus seiner Kaffeetasse für eine kurze

Pause. Der Kaffe ist kalt, bitter. Und mit diesem Gefühl auf der Zunge fährt er fort, die Antworten der Kinder mit einer kurzen Geste seiner Hand unterbindend.

„Das sind die großen Probleme, ich komme jetzt zu den Kleinen, die euch, uns betreffen. Wenn eure Lehrer, eure Freunde merken, dass ihr ihre Gedanken lesen könnt, werden sie Angst vor euch haben. Die Lehrer lassen euch nicht mehr in die Schule. Zu mir kommt kein Patient mehr. Vor unserem Haus werden wieder die Kamerawagen auffahren und wir werden ausgestellt wie Tiere, wie gefährliche Monster. Eventuell wird diese Fähigkeit, nennen wir sie Telepathie, immer mehr Menschen ergreifen und immer mehr werden sich öffentlich dazu bekennen. Wir müssen abwarten, was geschieht. Wir dürfen es keinen verraten, ja wir müssen unsere Fähigkeit unterdrücken, verheimlichen. Bitte denkt immer daran."

Noch lange sitzen die vier an diesem Abend zusammen. Frank hat mit seinem Vortrag für seine Kinder auch etwas Ordnung in seine Gedanken gebracht. Es war ihm aufgefallen, dass das Argument der eigenen Lügen etwas Toleranz in den Gedanken der Kinder zu den Gedanken der Lehrer und Mitschüler gebracht hatte.

Und als sich dann endlich die Kinder und Petra zum Schlafen zurückgezogen haben, er bei offenem Terrassenfenster seine Zigarre raucht, kommt ihm nochmals der Gedanke, den er vorhin so wichtig und unreflektiert vorgetragen hatte.

Die Toleranz gegenüber den Lügen anderer, kommt aus der Anerkennung eigener Lügen. Muss ich mir jeden Tag meine Lügen aufzählen? Muss ich allen, die ich jemals belogen habe, so oder so – erzählen 'Du, ich habe Dich damals, jetzt, belogen.' das funktioniert nicht. Aber wie dann? Wie geht es anderen? Ich muss mit Eva sprechen. Soll ich das Petra sagen? Scheiße!

**

Der Innenminister Johann Bleckenbush leitete diesmal höchstpersönlich die Pressekonferenz der eigentlich schon totgesagten AGG Galaktische. Eva war von der Ankündigung des Ministers zuerst überrascht, war doch bisher den Journalisten die Leitung dieser Form der Öffentlichkeitsarbeit übertragen worden, selbst als der Kanzler noch anwesend war.

Doch als sie kurz in die Gedanken des kleinen Mannes hörte, wusste sie um seine Beweggründe.

Lächerlich. Einfach lächerlich. Nur weil er denkt, wenn ich die Runde leite, wird er nicht genügend beachtet und in den Augen seiner Frau würde es ihn eventuell herabsetzen. Dieser Zwerg! Wie er sich schon kleidet. Immer korrekt, nur die Hosen etwas zu lang, damit man die Absätze unter seinen Schuhen nicht sieht. Trotzdem, das habe ich nicht vermutet. Der kennt alle Namen meiner Kollegen. Macht sogar Scherze mit ihnen. Und ich sitze hier neben ihm und darf kein Wort sagen. Ach du Großer Gott, jetzt denke ich ja schon wie er. Na ja, fast so.

Eva verstand es gut ihre Gedanken abzublocken, nicht in den Gedanken anderer zu lesen. Das war viel zu anstrengend und frustrierend. So schreckte sie förmlich zusammen, als der Vertreter einer großen Tageszeitung die Frage stellte:

„Herr Minister, hat sich die Arbeitsgruppe schon mit dem Zusammenhang zwischen dem Besuch der Galaktischen und den immer häufiger auftretenden Berichten über Telepathie befasst?"

„Herr Kirchhoff" beginnt der Minister „wie sie wissen, bin ich ein Mann der Tatsachen und nicht der Spekulationen. Und die Mitglieder meiner Arbeitsgruppe sind es ebenso. Sonst wären sie nicht in dieser. Bisher wurde noch kein solcher Bericht, wie sie es nennen, in der Arbeitsgruppe vorgetragen. Wir haben uns also noch nicht damit befasst. Natürlich verschließe ich nicht meine Augen, auch vor Meldungen aus dem, insbesondere östlichen und südlichen Nachbarländern, in denen ja eine regelrechte Hexenhysterie auszubrechen droht. Doch in unseren Breiten scheinen die Menschen vernünftig zu sein und für unser Land sehe ich hier kein Problem. Reicht ihnen das?"

Dieser Mistkerl, lügt wie gedruckt ohne rot zu werden. Aha, es gibt also schon eine Arbeitsgruppe in seinem Ministerium. Warum sagt er das nicht?

Die nächste Frage des Journalisten Kirchhoff unterbricht ihre Gedanken.

„Aber unser Blatt, sie werden uns Seriosität zugestehen, Herr Minister, hat in der gestrigen Ausgabe 7 Menschen, glaubwürdige Menschen mit ihren Aussagen dazu vorgestellt. Und wir konnten ihre hellsichtigen Fähigkeiten wissenschaftlich verifizieren."

Überlegen lächelnd antwortet Bleckenbush, als ob er längst auf die überraschende Frage vorbereitet ist.

„Herr Kirchhoff, so etwas gab es schon beim Bau der Pyramiden, oder im Mittelalter – der große Seher soll ja sogar die Ankunft der Galaktischen auf den Tag vorausgesehen haben, obwohl sogar ich von den Aliens überrascht wurde."

Nur wenige Lacher unterbrachen den Minister.

„Und in fast jedem Jahrzehnt des vergangenen Jahrhunderts wurden wir von ganz seriösen Meldungen über Telepathie immer aufs Neue überrascht. Da wundert es mich, nachdem die Galaktischen uns ihrer Fähigkeit der Gedankenübertragung offenbart haben, gar nicht, dass hier sich schnell ein paar Nachahmer gefunden haben. Die Zahl der Vegetarier soll ja auch drastisch gestiegen sein."

Da es diesmal zu keinem Lacher im Auditorium kam, ließ seine Freundlichkeit in seinem Gesicht verschwinden und seine Stimme wurde schärfer.

„Sollte es sich jedoch herausstellen, dass es unter uns Menschen gibt, die in den Köpfen anderer herumspionieren, ja

Geheimnisse verraten, persönliche und Geheimnisse im nationalen Interesse, so wird der Staat, und das können sie ihren Leserinnen und Lesern mitteilen, meine Damen und Herren, so wird der Staat seine Bürger und seine Interessen zu schützen wissen."

Wahnsinn, was der hier redet und was der denkt. Der hat ja Angst vor Telepathen. Angst, dass sie seine Gedanken lesen können; Angst, dass Telepathen die Macht des Staates, seine Macht, erschüttern können.

„Ihre charmante Kollegin, Frau Grünert, wird ihnen jetzt weitere Einzelheiten aus unserer Sitzung berichten. Sie werden verstehen, dass ein Innenminister noch andere Aufgaben hat. Ich bedanke mich für ihre Aufmerksamkeit und verabschiede mich."

Ihr Name hat Eva aus ihren Überlegungen gerissen und ohne dass ihre Kollegen ihre kurze Unsicherheit bemerkten, nickt sie dem gehenden Minister lächelnd zu.

Du Arsch, und beginnt ihren vorbereiteten Bericht professionell abzuspulen.

Noch beim Reden denkt sie über das eben Erfahrene nach.

Der lügt wie gedruckt. Doch in einem hat er die Wahrheit gesagt: die überlegen wie sie die Telepathen für sich nutzbar machen können, wenn diese nicht auszuschalten sind.

Bleckenbush hatte an ein Gerät, an einen Detektor gedacht, doch sie hatte es nicht geschafft, diesen Gedanken des Ministers festzuhalten. Eva wird unsicher und die Menschen im Saal merken das. Keiner nimmt ihr übel, als sie eine kurze Pause im Frageablauf nutze, die Pressekonferenz einem Ende zuzuführen, – Frauenbonus.

Noch als der Saal sich leert, sitzt sie in Gedanken im Präsidium, überlegt, was sie jetzt, nachdem sie die reale Bedrohung ihrer psychischen und physischen Existenz erkannt hat, tun könne. Es tröstet sie gar nicht, es verunsichert sie noch mehr, als ihr Kollege und fast alter Bekannter Kirchhoff, vor

dem Herausgehen bei ihr vorbeikam und ihr zuflüstere:
„Lassen sie es mich wissen, wenn sie einen Ausweg haben."
Sie greift in ihre Tasche und holt die eigenartig gestaltete Visitenkarte des Psychologen und Alienexperten hervor.
Frank!

*

Mit einem Auge schaut Peter Brode auf den Verkehr, das andere ruht auf der Einladung des Innenministers zu einer Beratung. Trotz seiner geteilten Aufmerksamkeit fährt er seinen schwarzen Mittelklassewagen sicher durch den überraschend mäßigen Verkehr an diesem Dienstagvormittag. So bleibt ihm die Gelegenheit, seinen Gedanken zu frönen.

Eine Einladung von Bleckenbush persönlich unterschrieben und oben drüber auch noch – Vertraulich – .

Der Umschlag war nicht über die Dienstpost, sondern von einem Boten des Innenministeriums überbracht worden. Keiner seiner Kollegen hatte die Übergabe des Kuverts bemerkt.

Das war wohl Absicht. Eigentlich hätte ich ja den General informieren müssen. Ach was!

Die Zeiten, in denen sich der aufstrebende junge Mann bei seinem Vorgesetzten jedesmal abmelden musste, waren vorbei. Die Galaktischen hatten ihm einen kräftigen Karrieresprung beschert.

Eigentlich müsste ich den Aliens dankbar sein. Doch was sie mit meinem Kopf gemacht haben. Ich weiß noch nicht. Wenn einer herausbekommt, dass ich – immer öfter – die Gedanken anderer lesen kann, bin ich geliefert. Koch würde mich sofort feuern. Ich kann nicht mal melden, dass andere das auch können.

Und Peter Brode erinnert sich noch ganz genau an die Sitzung der AGG, als er Fetzen eines stummen Gespräches gespürt hatte.

Einen Part hatte er damals ausgemacht.
Dieser Alienfreund, Held der Nation, dieser Psychofritze Lehnert. Gerade der. Mit dem könnte ich nicht mal darüber reden. Oder? Er ist doch der Psychofritze. Ach, der hängt es dann an die große Glocke. Ist doch ständig im Fernsehen. Aber über seine Fähigkeiten hat er auch noch nicht gesprochen.

Fast hätte er die rote Ampel vor sich übersehen. Nur die rasch näher kommenden Bremslichter des vor ihm fahrenden Autos lassen ihn auf die Bremse gehen. Ohne dem Vorderauto gefährlich nahe zu kommen, bringt er sein Auto zum Stehen. Trotzdem muss er seinem Adrenalinüberschuß wegfluchen.

Arschloch, denkt er den lautenlosen Fluch. Als der Fahrer des vor ihm fahrenden Autos sich plötzlich umdreht, ihn erstaunt in die Augen blickt, blockiert Peter Brode instinktiv seine Gedanken. Schon ist die Ampel wieder grün und die Autokolonne setzt ihre Fahrt fort. Nach wenigen Minuten hat Peter Brode die im Schreiben angegebene Adresse erreicht. Ein Bürohochhaus wie jedes andere. Nichts weist auf die Zuständigkeit des Innenministeriums hin. Ein Platz in der Tiefgarage ist frei, so dass sich der nominelle Sekretär General Kochs zu früh vor dem Eingang der Etage der Firma BERO – In- und Export – einfindet.

Wie unoriginell.

Und er kann sich ein Lächeln nicht verkneifen.

Nach seinem Klingeln öffnet ihm eine schwarzhaarige, wohlproportionierte junge Frau, deren schwarzes Kostüm, ihre hochgesteckten Haare und die schwarze Brille Peter Brode wieder zu dem Gedanken *so unoriginell, das es wieder interessant aussieht* veranlassen. Keine Einladung, kein Ausweis wird von ihm verlangt. Schnurstracks wird er in ein fast leeres Zimmer geführt.

Da bin ich also viel zu früh. Trotzdem scheinen sie schon auf mich gewartet zu haben.

Peter fühlt sich geschmeichelt und nimmt sich Kaffee aus der auf dem großen runden Tisch stehenden Kanne.

Gerade als er die Tasse an den Mund führen will, öffnet sich die Tür, die junge schwarze Frau lässt drei Personen in den Raum, von denen eine der Verbindungsmann Peter Brodes zum Geheimdienst war. Doch da der keine Anstalten macht, ihn zu kennen, spielte auch er den Fremden. Völlig überrascht wurde Peter Brode von der nächsten Gruppe. Unter ihnen befand sich Professor Rohm, der Nachfolger Dr. Lehnerts in der AGG. Dieser blickte ihn direkt an und so konnte er ihn direkt begrüßen.

Was will der denn hier? Es ist furchtbar, wenn man nicht weiß worum es geht. Die anderen scheinen informiert zu sein. Es wird doch nicht um mein Gedankenlesen gehen. Bin ich doch aufgefallen?

Und Angst, ein für Peter Brode ungewohntes Gefühl, schnürt ihm den Unterleib. Ein wenig entspannt er sich, als der Stellvertretende Innenminister Roth den Raum betritt.

Es geht nicht um mich. So hoch angebunden!

Der Stellvertreter des Innenministers beginnt schon zu sprechen, als er sich setzte. So als würde er ohne Worte betonen, keine Zeit zu haben. Mit einer Geste seiner linken Hand fordert er die anderen zum Setzen auf, mit der rechten zieht ein gefaltetes Manuskript aus der Tasche, von dem er halb abliest, halb frei redet.

„Meine Herren, ich freue mich, dass sie von ihrer kostbaren Zeit etwas erübrigen konnten und der Einladung des Ministers, von dem ich sie grüßen soll, folgten. Zwei Vorbemerkungen, ihre Vorgesetzten sind, wenn es denn sein musste, über die heutige Beratung informiert, kennen aber den genauen Inhalt nicht und werden sie nicht danach befragen. Wir haben hier höchste Sicherheitsstufe, sie wissen was das bedeutet. Sie alle gehören zu den best informierten Menschen was die Aliens und die Auswirkungen des Besuches betrifft. Ich kann mir also vieles sparen. Und sicherlich lesen sie Zeitungen oder haben auch die Pressekonferenz des Ministers zur letzten Tagung der AGG verfolgt. Die Frage des vorlauten Journalisten Kirchhoff zu den Gedankenlesern beschäftigt uns in der Tat schon seit geraumer Zeit."

Ohne dass die anderen es merken, scheint Peter Brode in seinem bequemen Tagungssessel zu schrumpfen.

Also doch ich! Oder? ruckt er in sich zusammen.

Roth fährt unterdessen in seinen Ausführungen fort. „Für uns stand sofort die Frage, als die Aliens von ihren Fähigkeiten der lautlosen Kommunikation berichteten, ja vorher noch, als wir alle, und wer wird sich nicht erinnern, ihren großartigen Spruch von den Gleichen im Kopf vernahmen, – für uns stand also die Frage, wie machen die das und können wir das für uns nutzen? Bisher gibt es keine Antwort darauf. Jetzt aber mehren sich die Meldungen, befreundete Geheimdienste bestätigen das weltweit, dass Gedankenleser überall und immer häufiger auftreten.

Ich habe, Entschuldigung, der Minister hat die heutige Beratung einberufen, um Gedanken zu sammeln, wie wir mit diesem Phänomen umgehen können. Diese Art der Beratung wird heute und an anderen Tagen in mehreren Orten mit zuverlässigen Menschen durchgeführt. Die Gedanken werden dann zusammengetragen und unserer Regierung als Handlungsinstrument vorgelegt.

Ab sofort ist Herr Brode Sekretär dieser Arbeitsgruppe, wird von seiner bisherigen Funktion beim General Koch befreit. Dies ist mit dem Verteidigungsministerium abgestimmt." beantwortet Roth die fragenden Augen Peter Brodes.

„Professor Rohm wurde vorab über den Gegenstand der heutigen Beratung informiert und wird uns aus seiner Sicht, der Sicht des Wissenschaftlers, das Phänomen beleuchten. Fragen zu meinen Ausführungen können dann gleich nach den Ausführungen des Professors gestellt werden. Bitte Herr Professor."

Auch der Professor zog ein gefaltetes Manuskript aus der Tasche, nahm einen Schluck Wasser und begann, überraschend für Peter Brode überhaupt nicht umständlich, hatte er ihn doch ganz anders in der AGG erlebt, mit seinen Ausführungen. „Wie der Minister, bzw. sein Stellvertreter schon sagte, sie sind alle gut informiert. Selbstverständlich haben wir, sofort nachdem uns die erste Botschaft der Aliens erreichte, Untersuchungen über die Wirkungsmechanismen in unseren Köpfen angestellt. Und das bis heute ohne wirklichen Erfolg. Wir wissen nicht wie die, ich nenne es jetzt mal Telepathie, funktioniert. Wir wissen nicht, warum einige Menschen diese Fähigkeit entwickeln, andere nicht. Wir können nicht, wenn sich diese Personen nicht zu erkennen geben, diese lokalisieren." Peter Brode atmete, tunlichst alle Emotionen verbergend, auf.

Von mir erfahren die nichts. Da bin ich meinen neuen Job sofort los. Dann bin ich die Laborratte und sitze im Käfig und nicht wie jetzt davor.

„Aber," berichtete der Professor weiter „es gibt eben nur Personen in den Psychiatrischen Anstalten, also Kranke, die sich zu erkennen gegeben haben. Wir haben sie isoliert und arbeiten mit ihnen auf freiwilliger Basis, bei einigen fast freiwillig. EEG, Kernspinntomagraphie und andere Untersuchungen haben noch keine Ergebnisse gezeigt. Ganz unsicher – die Kiste. Es fehlt uns einfach die nötige Anzahl von 'gesunden Probanden' So sehe ich unsere erste Aufgabe in der Erhebung geeigneter Versuchspersonen. Die Forschung an diesen sollte uns die Herstellung eines Telepathiedetektors ermöglichen, mit dem wir die Mutanten selektieren und isolieren können. Unsere überseeischen Freunde arbeiten mit den Mutanten, um andere sozusagen herauszufiltern. Ich halte diese Methode für äußerst unsicher, da mir hier der menschliche Faktor zu groß ist."

An dieser Stelle unterbricht der stellvertretende Innenminister den Professor.

„Aber hätten wir denn solche Freiwilligen, könnten wir mit ihnen arbeiten? Gibt es denn in unserem Land gar keinen?"

Professor Rohm zuckt mit der Schulter und wiegt seinen Kopf leicht hin und her.

„Wir beobachten Personen, von denen wir annehmen, dass sie Gedanken lesen. Sind uns aber nicht sicher."

„Haben sie denn schon den Dr. Lehnert befragt. Der war doch am nächsten ran, an den Aliens." Schoss es förmlich aus dem Mund von Peter Brode.

Die dürfen gar nicht auf die Idee kommen, dass ich zu den Mutanten gehöre. Sollen sich doch die Wissenschaftler ihresgleichen sezieren.

„Ach der, ein mittelmäßiger Wissenschaftler, der mit Glück in die Arbeitsgruppe gekommen ist." erwidert Rohm nachdenklich und ein wenig ärgerlich.

Schau mal an, da ist dieser Professor immer noch ärgerlich, dass er damals nicht in die AGG berufen wurde und er nicht vor den Aliens stehen konnte. Der wäre doch viel zu alt gewesen. Der hasst ja den Lehnert regelrecht.

„Man könnte ihn schon mal befragen. Und ein paar Mikrophone in seiner Wohnung halte ich auch nicht für umsonst."

Den ersten Satz hatte er in die Runde gesprochen, den letzten in Richtung seines ehemaligen Verbindungsoffiziers des Geheimdienstes. So war neben der Festlegung von Leitungsstrukturen, die das ganze Land erfassen sollten, Arbeitsplan etc., die Befragung und Observation von Dr. Lehnert die einzige konkrete Maßnahme am Ende dieses Treffens.

Es ist schon paradox, da bin ich nun fast der oberste 'Mutantenjäger der Nation' und bin selber ein Gedankenleser. Ich muss lernen, meine Fähigkeit besser einzusetzen. Von den Heinis eben hat keiner eine Ahnung von meiner Kraft. So weit bin ich schon.

War Peter Brode fast ängstlich als er den Gegenstand der

Beratung erfahren hatte, so erfüllte ihn das Ende mit Zuversicht.
Aber, wenn nun einer von denen auch Gedanken hören kann – trübte seine gute Laune ein wenig.

**

Mit kurzen schnellen Armzügen, den Ball mit der Nase und den Wellen führend, die das Wasser zwischen seinen Armen schlug, schoss Carlo förmlich über das Spielfeld. Seine starke Beinarbeit, die das Wasser wie bei einem Außenborder aufwühlte, erlaubte ihm, seinen Kopf ständig über das Wasser zu halten und hielt den hinter ihm schwimmenden Gegner auf Distanz. Unbedingt wollte er jetzt das Tor allein machen. Seit voriger Woche hatten sie einen neuen Übungsleiter.

Der Star der Herrenmannschaft, Michael Polte, betreute jetzt die Jugendwasserballmannschaft des Clubs. Für die Jungs war er das Idol. Nicht nur wegen seines Wasserballspiels, auch wie er sich gab, seinem Aussehen. Michael, so durften die Jugendspieler ihren Trainer nennen, hatte auch schon vorher einen Blick, ein aufmunterndes Wort hier und da für sie übrig gehabt.

Da gab es Herrenspieler, die waren ganz anders, nahmen die Jugendmannschaft gar nicht zur Kenntnis. Carlo wusste, dass so mancher Spieler der Herrenmannschaft sehr wohl auf sie schaute, seine Abneigung vor kommender Konkurrenz aber nie so begründen würde. Michael war anders. Bei ihm hatte Carlo noch nicht die Gedanken gelesen.

Jetzt schwamm der Jugendliche frei auf das Tor des Gegners zu. Und die Gedanken rasten in seinem Kopf.

Nur nicht blamieren! Das hat im Training auch nicht immer geklappt. Der Torwart ist gut. Mache ich einen Haken und werfe scharf, oder einen Selbstdoppler, oder einen Druckwurf?

Vier Meter vor dem Tor schlägt Carlo einen scharfen Haken

nach links, Dreht sich um 180° um seine Längsachse, nimmt den Ball von unten auf und indem er sich halb im Wasser aufrichtet, zieht er den Ball mit voller Wucht auf das gegnerische Tor ab.

Der Torwart hat ob der Schnelligkeit und Wucht des Wurfes keine Chance. Während Carlo in seinen Ohren die Freudenschreie seiner Mannschaftskameraden hört, vernimmt er in seinem Kopf:

Alles richtig gemacht. Genau wie wir es am Freitag geübt haben.

Verwundert schaut Carlo in Richtung der Mannschaftsbank am Beckenrand. Hier sitz sein Idol und lächelt ihn an.

Er auch, Michael auch. ... Michael?

Weiter so! Kann Carlo vernehmen.

Wieder einer! Michael!

Diese Erkenntnis ist wie eine kleine Befreiung für den Jungen. Natürlich hatte ihm sein Vater gesagt, dass es noch andere mit dem Vermögen Gedanken zu lesen gibt, *aber Michael!*

Als wäre eine Fessel von ihm genommen, schafft Carlo an diesem Tag noch mehrere Tore, spielt er doch für sich und seinen Trainer. Nach dem Sieg, nimmt Michael seinen Torschützen zur Seite.

„Wir müssen reden. Zieh dich erstmal um und komm dann ins Trainerzimmer, ja. Und lass dir ruhig Zeit beim Duschen und trockne deine Haare richtig ab."

Carlo nickt nur. Am liebsten wäre er gleich losgerannt, doch auch er muss die Tore mit aus dem Wasser nehmen und die Spielfeldleinen herausziehen. Michael duldet keine 'Extrawürste'.

In der Umkleidekabine konnte er das kommende Gespräch mit Michael für kurze Momente vergessen, wurde doch nach dem gewonnenen Spiel mächtig gealbert und Carlo stand mit seinen vier Toren im Mittelpunkt. Dann, die meisten Spieler hatten die Halle schon verlassen, ging Carlo zum Trainerzimmer. Auf dem Weg dorthin sah er in der Kantine Michaels Freundin, die mit den blonden langen Haaren, sitzen. Der Anblick versetzte ihm einen kleinen Stich ins Herz, so etwas wie Eifersucht – eigentlich gegenüber beiden. Aber es war nur ein kleiner Stich, ein kurzer Moment.

Michael ist allein im Trainerzimmer.

„Hallo Carlo, das war prima heute. Ich bin stolz auf euch, stolz auf dich."

Dann nach einem kurzen Moment des Schweigens von beiden.

Kannst du mich hören.

Ja.

Ich hör dich auch.

Geht das bei dir schon lange?

Mein Vater sagt, das hängt mit den Galaktischen zusammen. Und ich soll mit keinem darüber reden. Sonst sperren die uns weg.

Dein Vater kann es auch?

Ja, mein Vater und meine Schwester, Meine Mutter nicht.

Du sollst nicht darüber reden. Na gut, ich habe auch ein wenig Angst, dass es rauskommt, aber nur ein wenig. Was soll passieren? Lauschst du bei anderen? Ich verrate dir auch etwas, bei meiner Freundin –

Welcher?

Michael muss lächeln.

Bei meiner richtigen; Tina ist meine richtige Freundin, bei der ist es auch, aber weniger. Vielleicht rede ich mal mit deinem Vater. Frage ihn mal, ob ich mit ihm sprechen kann. Schaust du in die Köpfe anderer?

Nicht mehr, na ja nicht mehr so oft. Ich soll es nicht, hat Vati gesagt.

Da hat er bestimmt Recht, es ist unfair. Aber zwischen uns beiden, wenn wir uns verständigen, so von Trainer am Beckenrand zu Spieler im Wasser, da gäbe es doch nichts dagegen zu sagen.

Das wäre toll. Da schieße ich den 4m und sie sagen mir in

welche Ecke, ohne das der Torwart es hören kann.
Genau das meine ich, und noch mehr.
Oh ja, das machen wir.
„Aber ab jetzt sprechen wir wieder laut. Dein Vater hat Recht, es soll keiner merken. So und jetzt muss ich los, Tina wartet schon. Und du musst nach Hause. Sprich mal mit deinem Vater!"
Beim Herausgehen hört Carlo noch, wie Michael seiner Freundin sagt „Das ist einer von uns."
Und sie fast böse erwidert „Jetzt teilst du die Menschen schon auf – in uns und die anderen."
„So war das nicht gemeint, komm ich erzähle dir."
Jetzt erzählt er ihr auch von Susann und Vati.
Die gute Laune Carlos schwindet rasch.
Ich muss mit Vati reden.
Als er am Abend seinen Vater vom Spiel und von seinem Trainer berichtet, reagiert dieser kaum auf den Sieg seines Sohnes und lässt sich nur die Telefonnummer Michaels geben. Schon fast eingeschlafen, hört er die Stimme seines Vaters, der Michael am Telefon fragt „Können wir uns morgen in meiner Praxis treffen. So gegen 11 Uhr. Ja, das ist gut. Also bis morgen."

*

Es werden mehr. Oder geben sich nur immer mehr zu erkennen?
Mir zu erkennen.
Frank Lehnert hält den Telefonhörer noch für Sekunden gedankenverloren, nein, voller Gedanken in der Hand. Seine Frau blickt ihn mit großen Augen an.
„Ist was mit Carlo, das war doch eben sein neuer Trainer."
„Nein mit Carlo ist nichts. Sein Trainer ist auch Telepath. Er hat sich ihm zuerkennen gegeben. Carlo hat ihm von mir und Susann erzählt. Jetzt will er mich sprechen. Weine bloß nicht

wieder, das ertrage ich nicht. Ich spreche morgen mit ihm."

„Die Kinder reden nur noch mit dir. Ich werde richtig ausgegrenzt."

„Das stimmt nicht Petra. Überleg mal, wie wir eben noch beim Abendbrot gelacht haben. Alle gemeinsam." Doch Petra hat sich zum Beleidigtsein entschlossen.

Genau so wie in unserer Familie wird es auch im Großen passieren. Dabei ist Petra so vernünftig. Sie ist tolerant und das geht der Masse ab. Petra ist beleidigt.

Noch eine ganze Weile sitzt der Psychologe allein in seinem, einem Wintergarten ähnlichen, Wohnzimmer.

*

Als er am nächsten Morgen seine Praxis betritt, erwartet ihn eine böse Überraschung.

Die Tür zur Praxis steht halb offen und schon vom Hausflur aus hört der Psychologe die aufgeregte Stimme Frau Schuberts und den dunklen Ton einer Männerstimme.

Erst zögert Frank Lehnert, ist versucht die Gedanken zu den beiden Stimmen zu lesen, besinnt sich dann und öffnete die Tür ganz, tritt in sein Sekretariat.

„Ach, gut dass sie kommen, Herr Doktor!" empfängt ihn auch sofort seine Assistentin und noch bevor er etwas sagen konnte fährt sie fort ihren offensichtlich aufgebrachten Zustand zu schildern.

„Ich bin ganz aufgeregt. Es wurde eingebrochen. Der Herr hier ist von der Polizei. Ich hatte sofort angerufen. Sie waren ja nicht zu erreichen."

Stimmt, ich hatte mein Handy abgestellt.

„Guten Tag Herr Doktor Lehnert. Hauptkommissar Schwenke, ihre Sekretärin hatte in unserem Revier angerufen. Es scheint ein einfacher Bruch zu sein. Das Schloss ist aufgebrochen. Wenn sie bitte auch, wie ihre Sekretärin es bereits getan, feststellen würden was fehlt."

Kommissar Schwenke, ein Polizist wie aus einem Krimi.

So Anfang 40, schätzt Frank sein Gegenüber. Braune Hose und braune Lederjacke passten gut zu dem 185 cm großen Mann mit hagerem Gesicht und vollem, welltem braunem Haar.

Sein Blick ist etwas unsteht. Paßt gar nicht zu dem bestimmt selbstbewußten Herrn Hauptkommissar. Als ob er was verbergen will. Warum? Was will der Kommissar verbergen?

Frank geht durch seine Praxis. Da ein umgeworfener Stuhl. Die Schränke sind geöffnet eine Blumenvase ist umgekippt, die Tulpen – *waren sowieso verwelkt* – liegen in einem Wasserfleck auf dem Teppich.

Der Handschuh fehlt. Scheiße!

„Was ich auf Anhieb sehe, Herr Kommissar, mein Handschuh, mein Handschuh, mit dem ich die Galaktischen berührt habe, ist weg. Ich hatte ihn auf meinem Schreibtisch auf einem Sockel. Der war wichtig für mich, aber für andere?"

„Hauptkommissar bitte. Ach ja, sie sind ja unser Weltraumheld. Noch vor einem halben Jahr hätte ich sie sofort erkannt. Und Frau Schubert?."

„Es ist alles durchwühlt. Es fehlt die Kasse für Privatleistungen. Aber da war außer Briefmarken nichts drin. Aber diese Unordnung."

Dr. Lehnert wendet sich an seine Assistentin und schon ganz im professionellen Krisenmanagement beruhigt er sie. „Frau Schubert, wenn der Herr Hauptkommissar nichts dagegen hat, räumen sie bitte zuerst mein Sprechzimmer auf. In 10 Minuten kommt der erste Patient. Ich gehe mit dem Kommissar ins Sekretariat und erledige die Formalitäten. Die Sprechstunde muss pünktlich beginnen. Ein Blick auf den Kommissar erwidert dieser mit einer Bestätigung.

„Da offenbar nichts weiter fehlt, der Handschuh ist natürlich von sehr hohem Wert, auf diesen, scheint es, der oder die

Einbrecher abgesehen haben, können wir so verfahren."

Wieso ist dieser Mensch so sicher, dass nichts weiter gestohlen wurde. Müsste er nicht die Spurensicherung kommen lassen. Der ist ja richtig erleichtert.

Doch ein Motiv der Erleichterung des Polizisten kann der Psychologe nicht entdecken.

So weit zu meinen telepathischen Fähigkeiten!

Der Polizist notiert noch einige Kleinigkeiten und verlässt dann schnell die Praxis.

„Frau Schubert, wie lief denn heute morgen alles ab?"

„Ich kam in die Praxis, sah die offene, aufgebrochene Tür. Dann habe ich vorsichtig geguckt, ob die Einbrecher noch da sind und habe dann gleich die 110 gewählt. Eine junge Frau sagte mir, sie werde sich drum kümmern. Nach einer Viertelstunde war der Herr Hauptkommissar schon hier, kurz vor ihnen. Ja das ist gerade erst 45 Minuten her, dass ich vor der offenen Praxis stand. – Habe ich was falsch gemacht? Sie waren doch nicht zu erreichen."

„Nein, nein – machen sie sich mal keine Sorgen. Sie haben alles richtig gemacht. So den Rest mache ich hier selbst, räumen sie draußen auf. Da war wohl einer scharf auf meinen Handschuh."

Verdammt, es wussten nur wenige, dass ich ihn hier habe. Da können doch nur private Sammler interessiert sein.

Immer noch nachdenklich setzt er sich an seinen kleinen Schreibtisch in der Ecke des Zimmers und ruft die Akte seines ersten Patienten auf seinen Monitor. Doch er kann sich nicht auf die Daten konzentrieren. So legt er sich auf seinen Behandlungssessel und übte sich im Autogenen Training. Nach 5 Minuten der Schwere, Wärme, Atmung und immer wieder Entspannung, hatte er Klarheit in seinen Gedanken. Er nimmt die Visitenkarte des Hauptkommissars und wählt die dort angegebene Nummer. Frank Lehnert ist fast enttäuscht als sich eine Frauenstimme meldet.

„Hier ist das Sekretariat des Hauptkommissars Schwenke, was kann ich für sie tun?"

Schnell legt er auf.

Jetzt werde ich schon paranoid. Weniger Krimis gucken. Petra erzähle ich von der Sache am besten nichts.

In diesem Augenblick ging die Tür nach einem kurzen Klopfen einen Spalt auf und Frau Schubert schob ihren Kopf schräg durch die ein wenig geöffnete Tür.

„Herr Dr. Lehnert, Frau Freitag war bestellt, kann sie reinkommen?"

Irgendwann lege ich mir doch noch eine Wechselsprechanlage zu, dieser Kopf so ohne Körper in der Tür ist doch immer wieder zu komisch.

„Na klar, und Frau Schubert, um 11.00 Uhr habe ich einen Herrn Polte zwischengeschoben. Wenn frei ist, kann er hereinkommen, oder er muss ein wenig warten."

Hätte ich in der Aufregung beinah vergessen.

Die Patientin, Frau Freitag, betritt hastig das Behandlungszimmer, fast schiebt sie Frau Schubert zur Seite, und strömt förmlich auf den Psychologen zu.

Ach ja, Frau Freitag und das auch noch an diesem Morgen.

Leider war das Zimmer noch nicht so richtig aufgeräumt und der Fuß der Patientin verfing sich in der Schnur der Stehlampe. Fast hätte Frank noch den langen Stiel des großen Deckenfluters erreicht, doch schon kracht die große Glasschale auf den Boden. Auch der Teppich konnte den Bruch in tausend Stücke nicht verhindern. Sprachlos stehen Psychologe und Patientin vor dem Malheur.

Das kann man nicht mehr kleben. Dabei habe ich gerade vor einer Woche die ganze Lampe auseinandergebaut.

Frank erinnert sich noch genau an die Einzelteile der Lampe, die er mühsam auseinander klauben musste, damit Frau

Schubert die vielen Mücken- und Fliegenmumien entfernen konnte.

Doch das kreisrunde schwarze Ding war nicht dabei.

Was ist das? Scheiße! Ein Mikro.

Beim Erkennen der Wanze kam Frank die Vorliebe seiner Frau für Kriminal- und Agentenfilme zugute. Blitzschnell griff er in den Scherbenhaufen und steckt das Teil in seine Hosentasche. Dass er sich dabei auch noch den Finger schneidet, bemerkt er nur am Rande.

Jetzt war es Frau Schubert, die in das Zimmer stürmt. Eigentlich war es ihr ja strengstens verboten, das Zimmer zu betreten, wenn Patienten anwesend waren, aber diesmal hat sie Angst um das Leben ihres Chefs. Und dieses Gefühl scheint sich schon beim ersten Anblick zu bestätigen.

„Herr Doktor, sie bluten ja."

Verwundert schaut Frank Lehnert seine Assistentin an.

„Am Finger, ich hole Verbandszeug." Und schon eilt sie wieder hinaus.

Die Patientin steht noch immer, ganz entgegen ihrer sonstigen Art, sprachlos im Raum. Ganz ruhig nun, führt sie der Psychologe auf den Behandlungssessel. Entgegen seinem Therapieplan, der eigentlich heute eine umfassende Anamnese vorsah, versetzt der Psychologe sie in Trance und gibt ihr eine tiefe Entspannung. Anfangs hat er damit noch Schwierigkeiten, gleiten doch seine Gedanken immer wieder zu der kleinen schwarzen Scheibe in seiner Hosentasche ab. Doch je mehr er seiner Patientin Entspannung suggeriert, wirken auch die Mechanismen der Autosuggestion bei ihm. Als die Patientin ihn hoch zufrieden und ein wenig verliebt in ihren Psychologen verlässt, kehren seine Gedanken sofort zur Wanze zurück. Auch auf Grund der Kürze des Aufeinanderfolgens der beiden Ereignisse, Einbruch in seiner Praxis und Auffinden der Wanze, ist die Kausalität für ihn erkennbar.

Doch welche Rolle spielt der Kommissar dabei?

Der nächste Patient unterbrach seine Überlegungen, er muss sich voll konzentrieren.

Gerade hatte seine dritte Patientin des Tages das Zimmer verlassen, da steckt Frau Schubert wieder auf unnachahmlicher Weise ihren Kopf durch die Tür.

„Herr Doktor, ein Herr Polte ist hier. Soll er eintreten?"

„Einen Augenblick bitte." Frank nimmt die schwarze Scheibe aus seiner Hosentasche, wickelt sie in sein Taschentuch, legt es auf das Fensterbrett und schließt das Fenster. Bei dem Gedanken, *diese Scheiben sind eine Sonderanfertigung, lassen fast keinen Ton von draußen rein, sie werden also auch kein Ton rauslassen. Bin ich paranoid? Das Problem mit den Paranoiden ist, man weiß nie, ob sie nicht doch verfolgt werden.*

„Herr Polte kann reinkommen." ruft er durch die geschlossene Tür.

*

Unten in einer Querstraße um die Ecke stand seit dem Morgen eine unauffällige silbergraue Limousine. Auf dem Beifahrersitz saß ein junger Mann in Jeans und Lederjacke. Er hielt sich die rechte Gesichtshälfte, als hätte er heftige Zahnschmerzen. Das Mithören der Aufnahme, die automatisch im Kofferraum mitgeschnitten wurde, hatte ihm, als der Glasschirm der Stehlampe zerbrach, fast das Trommelfell gekostet. Lange danach waren nur noch gedämpfte Töne zu hören.

„Er hat die Wanze nicht gefunden. Ich weiß nicht was da passiert ist. Irgendwas ist umgestürzt. Jetzt macht er wohl Pause und hat das Fenster geöffnet. Lass uns auch einen Kaffe trinken gehen."

*

Der junge Wasserballer und Trainer seines Sohnes ist Frank Lehnert sofort symphatisch. So, wie er hier vor ihm steht, schwarze Jens; graues Wollhemd und nicht ganz neue schwarze Lederjacke, offener Blick und immer ein kleines Lächeln auf den Lippen, hatte er sich ihn in Zivil vorgestellt, als er zusammen mit Carlo das Spiel der Herrenmannschaft besucht hatte und ihn in Badehose und Kappe gesehen hatte. Beide begrüßen sich mit kräftigem Händedruck.

Doch Michael staunt nicht schlecht, als der Psychologe sofort den Zeigefinger an den Mund legte und danach den Zeigefinger an die Schläfe führte und das Zeichen für hin und her macht.

Will der mich prüfen?

Ich will sie nicht prüfen, ich will mich mit ihnen, sie wollten sich mit mir über unsere Telapathie unterhalten. Das braucht keiner mitzuhören.

Michael blickt sich verwundert im Zimmer um.

Hier ist doch keiner.

Ich habe eben ein Abhörgerät in meiner Praxis entdeckt.

Das glaube ich nicht. Was soll hier denn abzuhören sein.

Haben sie die Polizei verständigt?

Ich denke es war die Polizei.

Frank berichtet Michael Polte vom abenteuerlichen Vormittag in seiner Praxis und seiner Vermutung, dass es um das Gedankenlesen geht.

Das gibt es nicht. Ich dachte Tina spinnt und nun dies.

Tina ist ihre Freundin? Die Assistentin von Professor Bensch? Sie ist auch Telepathin?

Ja und ja, aber weniger als ich. Sie kann nur wenige Gedanken anderer lesen, leidet aber stark unter den versteckten, wie soll ich es nennen, sexuellen Kollegen. Hier will ich sie, als Psychologe um Hilfe bitten. Unter anderem. Es muss schon furchtbar sein, wenn sie ständig die Hände ihrer Kollegen in ihrem Schritt sieht. In erster Linie interessiert mich natürlich die Frage generell, was passiert mit uns? Wie geht das in unserem Kopf weiter? Bleibt das? Bekommen das andere auch?

Ich fange mal von vorn an. Das Problem ihrer Freundin, ist auch das meiner Tochter. Nur ist sie erst 14 Jahre alt. Ich rede auch mit Frau Roberts, wenn sie es wollen, wenn sie es will. Man kann schon gewisse Abwehrmechanismen konditionieren. Das generelle Problem: Ich bemerke eine langsame Zunahme der Anzahl der Menschen, die mit der Gabe gesegnet, geplagt sind. Aber, ganz langsam. Die Galaktischen hatten mich vorgewarnt, ich hatte es nicht verstanden.

Aber wie soll das weitergehen, ja enden?

Ich weiß es auch nicht. Vielleicht sollten wir, die die Gabe haben, also sie, Frau Roberts, ich, meine Kinder und ich kenne auch noch andere, in Kontakt bleiben. Aber nach außen hin darf keiner unsere Gabe bemerken. Wir müssen es verheimlichen. Ich bitte sie deswegen, den intensiven telepathischen Kontakt mit Carlo zu vermeiden.

Das wird schwer.

Trozdem, es muss sein. Ich vermeide es auch zu Hause und nicht nur, weil meine Frau sich sonst ausgeschlossen fühlt.

Herr Doktor, ich fühle jetzt leichte Kopfschmerzen. Das passiert auch, wenn ich mit anderen Telepathen kommuniziere; mit Tina, mit Carlo.

Unser Gehirn ist diesen konzentrierten telepathischen Kontakt nicht gewöhnt. Ich glaube wir haben uns in vielem verstanden. Wann ist ihr nächstes Spiel?

Wir spielen am Sonnabend um 18 Uhr, Carlo hat das Vorspiel um 16 Uhr.

Gut, ich werde kommen. Dann können wir bestimmt auch reden. Laut reden.

Den letzten gedachten Satz begleitet Frank mit einem Schwenk seiner Hand zu der eingewickelten schwarzen Scheibe auf seinem Fensterbrett. Als Michael fast schon die Klinke in der Hand hält, spricht der Psychologe ihm freundlich nach.

„Auf Wiedersehen, Herr Polte, lassen sie sich einen Termin von Frau Schubert für ihre Freundin geben."
„Mache ich Herr Doktor, vielen Dank."

Das stumme Gespräch hatte auch den Psychologen ausgelaugt. Der Termin für den nächsten Patienten war noch eine halbe Stunde entfernt. So dass sich Frank Lehnert auf seinen Behandlungssessel niederließ, die Augen schloss und seinen Gedanken nachging.
So könnte es sein, die gedankliche Kommunikation zwischen Menschen, oder nur zwischen Männern. Er hat es bemerkt, dass mir zuerst die Figur und dann die wissenschaftliche Leistung von Tina Roberts einfiel. Er interessierte sich auch für das Aussehen der 14 jährigen Schwester seines Spielers. An meinem Körper hier musste Frank mit geschlossenen Augen lächeln war bisher nur Eva interessiert. Eva! Ich muss sie anrufen und warnen. Ich sollte mich nicht selbst belügen: ich will ihre Stimme hören, will sie sehen. Und Petra?
Ein leises Klopfen an der Tür und der Kopf seiner Assistentin beendeten seine zuletzt ambivalenten und doch erotischen Gedanken. Bevor der nächste Patient das Zimmer betrat, öffnete Frank Lehnert das Fenster und holte das Abhörgerät in den Raum zurück. Eigentlich wollte er es ja einfach so liegen lassen. Doch dann überlegte er es sich anders, ging zur kleinen Toilette, die an das Behandlungszimmer grenzte und nur für ihn gedacht war. Er warf die schwarze Scheibe ins Becken und spülte sie weg.

*

Gert Blume lenkt seine Schritte unwillig zu dem großen Wohnblock, in dem er nun schon fast ein Jahr mit seiner Lebensgefährtin, *Lebensabschnittsgefährtin* verbessert sich der Journalist und erster Regierungssprecher, zusammen wohnt.

Das Zusammenleben war in der letzten Zeit immer spärlicher geworden. Für Eva hatte sich das Verbleiben bei der AGG als Abstellgleis erwiesen. Er hatte Karriere gemacht. Der Kanzler konnte auf ihn nicht mehr verzichten. Sie schrieb Feuilletons, er machte Politik.

Außerdem wird sie immer komischer. Guckt mich so blöde an, wenn ich mal spät nach Hause komme. Dabei hatten wir uns eine freie Beziehung vorgenommen. Na gut, als hätte sie meine Gedanken erraten, ich hatte es nicht zu sagen getraut, hatte sie sich rasiert. Das hat die erotischen Aspekte unserer Beziehung belebt.

Gert bemerkt das Wachsen seines Gliedes bei diesem Gedanken, doch der Gedanke an Eva reduzierte sich so nur auf ihr Geschlecht. Als ihm das für einen kurzen Moment bewusst wird, schüttelt er unwillig seinen Kopf und vergisst sein Glied.

Ich mache Schluss heute, das bin ich ihr und mir schuldig. Sie kann die Wohnung behalten. Mit allem, was darin steht. Meine Kommode von Opa lasse ich morgen schon abholen. Der Kanzler will sowieso, dass ich in die Nähe des Regierungsviertels ziehe. Etwa zweimal in der Woche kann ich Eva besuchen – doch das macht sie nicht.

Völlig in Gedanken, bemerkte der Regierungssprecher nicht, dass er schon eine Weile vor der Haustür steht. Der Türsummer ertönt, noch bevor er den Schlüssel aus der Tasche klauben muss.

Habe ich geklingelt?

Nach 10 Stock Fahrstuhlfahrt voller hin und her schwankender Gedanken, steht er vor seiner, *meiner?* Wohnungstür.

Eva öffnet bevor er nur an seinen Schlüssel denkt.

„Hallo Eva, du musst ja auf mich gewartet haben! Öffnest die Tür bevor ich 'ran bin."

Eva sitzt dann im Wohnzimmer auf dem großen Fernsehsessel, der schon ob seiner wulstigen Arm- und Rückenlehnen eine Annäherung verbietet. Ernst, wie ihre ganze

Körperhaltung, antwortet sie:

„Ich habe zufällig aus dem Fenster geschaut und dich gesehen."

„Sag ich doch, du musst auf mich gewartet haben."

„Lass sein, ich weiß, du willst dich trennen."

Ist ja ungeheuerlich, kommt mit der festen Absicht, sich zu trennen und will jetzt vorher noch mal kurz mit mir schlafen.

„Na gut, oder nicht gut. Du wirst es schon gemerkt haben. Irgendwo haben wir uns auseinander gelebt, finde ich. Erst beruflich, da kann ich nichts dafür und du auch nicht."

„Finde ich auch. Wir sollten es beenden."

Ach Gott, jetzt ist er auch noch beleidigt, dabei hat er doch an die Trennung gedacht.

„Na jetzt staune ich aber, so mir nichts, dir nichts, willst du dich von mir trennen."

„Komm, lass es, Gerd! Nicht auf diese Tour! Ich habe es schon vor dem heutigen Tag geahnt, dass du mich verlassen wirst, oder dass wir beide uns trennen. Ganz wie du willst. Aber mache jetzt kein Drama daraus. Also, ganz wie du willst und gehe jetzt. Jetzt!"

Gerd hat verstanden. Bevor er die Wohnung verlässt, will er nochmals auf Eva zugehen, doch ihre harten Augen, können ihn nur mit den Achseln zucken lassen.

Als die Tür ins Schloss fällt ist nichts geregelt. Nichts über die Wohnung, über die Möbel. Aber die Trennung, so wissen beide, ist endgültig.

Eva weiß nicht ob sie weinen oder jubeln sollt. Eigentlich hat sie es gewusst, doch etwas Endgültiges ist immer noch etwas anderes.

Was jetzt?

Ihr Blick ging zum Telefon und sie weiß sofort wer anruft.

Der eine geht – der andere ruft an. – Quatsch!

Frank Lehnert war wirklich am Telefon. Er klingt sehr

besorgt. Ihr Versuch eine Gedankenverbindung herzustellen, geht ins Leere. Aber er spricht davon, sich unbedingt mit ihr treffen zu wollen. So schnell wie möglich. Morgen Abend würde Frank Lehnert schon in der Hauptstadt sein und nur um mit ihr zu reden.

*

Sein neues Büro ist nicht viel größer als das alte. Wieder ist die Möblierung zweckmäßig, aber, überwog im alten Büro Peter Brodes Holzimitat, dominierten jetzt Möbel aus echtem Holz, kombiniert mit Glas und poliertem Metall. Die Kommunikationsmittel haben sich in Quantität und Qualität mindestens verdoppelt. An den Wänden hängen jetzt Bilder, die er zwar nicht versteht, nicht interessant oder schön findet, aber modern – eben zu ihm passend. Jetzt.

Grünpflanzen und einen frischen Blumenstrauß auf dem kleinen Konferenztisch am großen Fenster sind das Nebenprodukt seiner größten Verbesserung – Peter Brode hat eine eigene Sekretärin. Auch so kann Aufstieg sich dokumentieren. Da werden Gehalt und Dienstrang fast zur Nebensache. Und gut sieht Kirsten Liebesam auch noch aus. Nur ganze 156 cm groß, mit Schuhen 166 cm, brünette schulterlange Haare, eine schmale Taille deren feste abwärts zeigende Verlängerung immer in sehr engen eine Handbreit über dem Knie endenden Röcken stecken, sind der Hingucker für seine männlichen Gäste. Der zweite Hingucker. Davor geht automatisch der Blick von den großen grau-grünen Augen zu den dazu passenden Brüsten. Die zu den Röcken kombinierten Oberteile betonen ihre Proportionen. Doch all zu oft kann sich der junge Aufsteiger nicht an seiner Sekretärin erfreuen. Einerseits, so hatte er in ihren Gedanken gelesen, ist sie verliebt und leider nicht in ihn, andererseits hat er wirklich viel Arbeit. Die Anzahl der Meldungen über die Gedankenleser wuchs. Dabei schien es, als ob sich die Fähigkeit des Gedankenlesens insbesondere bei Kindern und Jugendlichen ausbreitet. Fast täglich erhielt der 'Telepathie-Koordinator' Meldungen über Schüler, die durch Gedankenlesen zu völlig neuen Leistungshorizonten aufbrachen und dann auch noch damit prahlten. Durch die reißerischen Berichte der Illustrierten und der TV-Medien verunsichert, meldeten immer mehr Lehrer diese Vorkommnisse weiter, die dann letztlich auf dem Tisch Brodes landeten. Vereinzelt kamen Berichte aus den psychiatrischen Bereichen großer Krankenhäuser. Dabei waren Berichte, die diese Fähigkeiten bestätigten. Manche kamen davon immer wieder in die Presse, obwohl von ihm über die Ministerien ein klares Veröffentlichungsverbot ausgesprochen war. Diese Macht hatte er schon. Eine Tendenz versuchte der Koordinator in seinen Berichten 'auf kleiner Flamme zu kochen', nur wenige Erwachsene, die nicht gerade in Krankenhäuser waren, gaben zu, Telepathen zu sein.

Wie ich. Zum Glück ahnt keiner etwas von meinen Fähigkeiten, von meiner Krankheit. Eigentlich empfinde ich es gar nicht als Krankheit. Mir selber bringt es nur Vorteile. Außer der Angst, entdeckt zu werden.

. Heute findet wieder die große Koordinierungsberatung unter Vorsitz des Stellvertretenden Ministers statt. Jeder, auch die Öffentlichkeit, weiß es, dass Roth der Chef der Geheimdienste war. Es war ein langer Prozess, bis der Kanzler es geschafft hatte, dass alle Geheimdienste unter Führung des Innenministeriums koordiniert wurden. Hier hatte sich das gute Verhältnis von Innenminister Bleckenbush zum Kanzler ausgezahlt. Nur wenige wussten, dass beide Freunde waren. Denn nicht immer war dies in der Öffentlichkeit zu erkennen. Peter Brode erinnert sich noch gut an eine der früheren Konferenzen der AGG, als der Kanzler den Innenminister, ja fast öffentlich, zur Ordnung gerufen hatte.

Das war bestimmt abgesprochen. Damals habe ich mich regel-

recht erschrocken.
Heute sollten die Perspektiven der Bedrohung durch die Krankheit erörtert werden. Es war also so etwas wie eine Sondersitzung, außerhalb des Arbeitsplanes. Die Aufgabe der Einladung war ihm aus der Hand genommen wurden und man traf sich nicht in dem kleinen Konferenzraum, der an sein Büro angrenzt, sondern er musste den großen Sitzungssaal für 50 Personen eine Etage tiefer in dem unscheinbaren Bürogebäude bestellen.

Noch schnell schaut Peter Brode auf sein Manuskript, denn er gab den ersten Bericht zum Ausmaß der Seuche.

Über seine Gegensprechanlage bat er Frau Liebesam in sein Zimmer, die ihm sein Schlipsknoten zurechtrückt. Auf ihren Rat hin, hatte er seine ewig blauen Hemden gegen modisch kleinkarierte und jeweils passende Krawatten getauscht. Auch Stehkragenhemden gehörten jetzt manchmal zu seinem Outfit. Als Kirsten Liebesam ihm, dem Junggesellen, diese Tips gab, hatte er in ihren Gedanken echte Anteilnahme, ja Symphatie für den Alleinstehenden bemerkt. Da das für ihn eine neue Erfahrung mit Frauen war, folgte er ihren Empfehlungen. Artig bedankt sich Peter bei seiner Sekretärin und geht zur Treppe. Er hätte auch den Lift nehmen können, aber ein junger dynamischer Mann nimmt die Treppe. Und richtig, vor dem Sitzungssaal stehen bereits einige Konferenzteilnehmer, die ihn beschwingt die Treppe herunter kommen sehen.

Da ein wenig Smalltalk, hier eine ausführlichere Begrüßung. Und immer prüfen, ob sein Gegenüber seine Fähigkeiten ahnt. Dann die Überraschung. Minister Bleckenbush kam selbst, sein Stellvertreter Roth nur in seinem Gefolge. Einige der Damen und Herren kennt Brode nicht, die Anwesenheitsliste gehörte diesmal auch nicht zu seinen Aufgaben. Der Innenminister selbst hat die Leitung der Konferenz übernommen. Er berichtet den Anwesenden über die Schaffung des Koordinierungsbüros und stellt Brode vor, fordert ihn gleich zur Berichterstattung auf. Natürlich ist der Bericht exakt und gründlich. Stabsstriche verhindern jede Lyrik.

Zunahme bei Kindern und Jugendlichen, Zunahme in den Kliniken, weniger bei 'normalen Erwachsenen', keine regionalen Schwerpunkte und Besonderheiten. Der Minister bedankt sich bei seinem Koordinator und spricht vom Beginn einer neuen Phase, da jetzt langsam die Ausmaße der Bedrohung sichtbar werden.

Auch deshalb die heutige Sondersitzung.

„Der Schwerpunkt unserer heutigen Beratung ist, sich über die Probleme, durch die Seuche ausgelöst, zu verständigen. Bereits vor Wochen habe ich unseren Professor Rohm beauftragt, aus seiner Sicht, diese Probleme vorauszuahnen und sie heute vorzutragen. Wir werden jetzt seinen Bericht hören. Ich soll sie darauf vorbereiten, dass Professor Rohm länger als 10 Minuten brauchen wird. Danach machen wir eine kurze Pause und treten dann in die Diskussionen. Bitte Herr Professor."

Professor Rohm, ein durch reichliche Vorlesungen an der Uni geübter Redner kann auch vor diesem relativ kleinen Auditorium nicht auf seinen alten Trick verzichten.

Ein paar Sekunden schaut er auf sein Manuskript, blättert sogar darin, um es dann mit einer geübten Geste beiseite zu legen.

„Meine Herren, sehr geehrte Damen, als wir, manche denken es ist Jahre her, die Stimme der Aliens in unseren Köpfen vernahmen, dachten viele an einen Krieg der Welten, andere an das kommende Paradies. Und jetzt, 10 Monate nachdem uns die Bilder der goldenen Wesen verzauberten, ihr Angebot der fortschrittlichen Technologie jubeln ließen, dachte keiner an den Virus, den sie in unsere Köpfe setzten. Bitte verstehen sie mich nicht falsch – wir konnten keinen Virus finden. Jetzt ist allen Menschen klar, wir können an ihrer Wissenschaft und Technik partizipieren, doch es wird noch

Jahre dauern. Wenn es dann Menschen, so wie wir sie kennen, überhaupt noch gibt."

Und der Professor lässt den letzten Satz wirken, um gleich zum nächsten rethorischen Schlag auszuholen:

„Uns hier, die wir in diesem Raum sind, wird langsam die Gefahr, die den Köpfen der Infizierten entspringt, bewusst.

Die Gefahr wird langsam klar. Ich gebe ihnen ein Beispiel. Zu Beginn meiner Ausführungen habe ich mein dickes Manuskript in meinen Händen ihnen gezeigt – ihnen Angst vor einem langweiligen, monotonen Vortrag gemacht. Dann habe ich es weggelegt und zu sprechen begonnen. Schon war die Erwartung auf eine interessante, ja unterhaltsame Rede bei ihnen geweckt. Stimmt's? Aber bei einem von ihnen nicht. Der hatte meine Gedanken gelesen und meinen Trick durchschaut. Stimmt's?"

Peter Brode sackt innerlich zusammen. Geistesgegenwärtig schaut er in die Gedanken des Professors. Doch der denkt an keinen Namen, an keine konkrete Person.

Also, ganz ruhig!

Und nach einer kurzen Pause, indem der Professor überheblich von einem Zuhörer zum nächsten schaute, auch den Minister anblickte, fährt er fort.

„Wir sind hier 46 Männer und von mir hoch geschätzte Frauen. Eben haben wir den Bericht von Herrn Brode gehört. Warum soll also nicht auch hier einer, oder gar zwei, von der Krankheit befallen sein? Inzwischen wird der auch wissen, dass ich keinen konkreten Verdacht habe. Er kann ja in meinen Gedanken lesen."

Der Professor im Dienste der Regierung nutzt das Raunen im Saal für eine Pause, tut so, als wolle er den Delinquenten mit seinen Augen aus der Masse extrapolieren.

Du Arsch! konnte sich Peter Brode nicht verkneifen, das dazugehörige überhebliche Lächeln schon.

Aber eigentlich hat er Recht. Und wenn ich der eine bin, kann es auch einen oder zwei weitere geben.

Für den zufälligen Beobachter hätte es so ausgesehen, als ob Brode das Suchen des Professors imitierte.

Ich kann keinen bemerken. Und wenn; würde ich ihn oder sie verraten? Nein, dann würde ich mich ja selbst verraten. Doch wenn es einen Freiwilligen unter uns gibt, der würde mich verraten.

Der letzte Gedanke lässt ihn erschauern. Er schafft es sich voll auf den Professor, auf dessen Ausführungen, zu konzentrieren, die eben wieder begonnen haben.

„Ich wollte sie nicht verunsichern und wenn, dann nur ein kleinwenig, denn das ist das Gefühl, welches immer mehr um sich greifen wird. Es, die Verunsicherung, erwischt eben jeden einzelnen von uns und wird so die ganze Gesellschaft erreichen. Überlegen sie mal, was sie so jeden Tag über ihren Vorgesetzten denken. Denken sie jetzt an ihn! Und überlegen sie mal, er würde ihre Gedanken kennen. Und meine Herren, schauen sie sich um! Hier, unter uns, sitzen wundervolle Frauen. Wenn die wüssten, was sie denken! Ich glaube schon, wir würden ein Konzert von Backpfeifen hören.

Meine Damen, sie brauchen jetzt nicht ihre Röcke runterziehen – Männer haben auch, ich nenne es mal erotische Gedanken, wenn ihre Knie bedeckt sind. Auf Grund, von nicht in Jahrhunderten gewachsenen Konventionen, sondern Jahrtausende, Zehntausende von Jahren gewachsenen Vereinbarungen zwischen den Menschen, die nicht ausgesprochen werden müssen, eben einfach nur da sind, funktioniert unser Zusammenleben.

Ich bin jetzt 15 Jahre verheiratet, es ist meine zweite Ehe. Glauben sie denn, meine Damen und Herren, meine Frau wäre, wenn sie nicht auf mein Geld scharf wäre, auch nur noch einen Tag mit mir zusammen? Sie alle sind zur Geheimnisbewahrung verpflichtet und können ihr das eben Gesagte nicht vermitteln."

Die wenigen Lacher bei den Zuhörern lockerten die zunehmende Verkrampftheit der Anwesenden. Hatte der Professor seine schlechten Witze mit einem verschmitzten Lächeln begleitet, nehmen seine Züge jetzt einen ernsten Charakter an.

„Und dass sich das draußen bereits abspielt, dessen bin ich mir gewiss. Der geschätzte Kollege Brode, mein Vorredner, hat die Information von seinem Ministerium eventuell nicht gehabt oder auch nur übersehen. Seit einem halben Jahr sind die Anträge auf Scheidung um 53 % gestiegen. Wer glaubt hier an Zufall. Doch das alles geht uns nur wenig an. Jeder soll tun, was er will. Wir sind auf Einladung des Innenministeriums hier. Wir müssen uns die Frage stellen, welche Auswirkungen hat das Gedankenlesen auf den Staat?

Betrachten wir jetzt einmal isoliert dieses Problem und gehen vom Schlimmsten aller denkbaren Fälle aus, dass alle Menschen auf einmal Gedanken lesen können. Stellen sie sich dieses Szenario vor. Ich lasse ihnen kurz Zeit dazu.

Fangen wir mit dem Positiven an. Diebe, Mörder und sonstige Kriminelle werden schon wenn sie nur ihre Tat planen, gefasst. Wunderbar! Aber glauben sie mir, es werden mindestens 10-mal so viele Verbrechen geplant, wie dann wirklich ausgeführt. Unser Strafrecht müsste völlig neu überarbeitet werden. Meine Damen, sie müssten ihre Knie immer bedeckt halten, die Männer sind Tiere. Glauben sie mir, ich weiß wovon ich spreche."

Seine Miene hellte sich kurz auf und mit dem kleinen Lächeln schaute er zu Roth.

„Wie wäre es mit Politikern? Entschuldigen sie Herr Minister, ich schließe Anwesende aus. Letztendlich spricht doch kein Politiker das aus, was er denkt. Wer würde dann regieren, wenn keiner mehr gewählt werden könnte?

Keiner mehr gewählt werden würde? Oder nur Deppen. Welcher Soldat würde noch den Befehl seines Vorgesetzten fol-

gen? Den Rest überlasse ich ihrer Phantasie, die sie jetzt noch haben können. Denn noch kann ihr Vorgesetzter ihre Gedanken nicht lesen. Oder?"
Und wieder lehnte sich der Professor in seinem Sessel selbstgefällig zurück.

Du bist selbst der Depp.

Peter Brode konnte sich seiner Gedanken trotz der Angst entdeckt zu werden nicht zügeln.

Der soll hier den Wissenschaftler mimen und denkt die ganze Zeit daran, wie er die Leute mit seiner Art beeindrucken kann. Und ihn hat es das Knie der vor ihm sitzenden blonden Dame besonders angetan. Die hat es gemerkt. Seit dem ist ihr Rock noch weiter hochgerutscht. Da erzählt der von seiner gescheiterten Ehe, und sie findet das toll, rechnet sich ihre Vorteile bei einer Liaison mit ihm aus. Aber was soll das, werde ich jetzt zum Moralapostel?

Der Professor ist schon wieder am Reden, doch als ob sich sein Wesen verändert hat, trägt er nun die Konsequenzen vor.

„Die Aliens haben den Menschen eine Krankheit hinterlassen, gegen die die Immunschwäche wie ein leichter Schnupfen ist. Sie kann unsere Gesellschaft erschüttern, ja die Menschen auf diesem Planeten vernichten. Deshalb schlage ich vor, den Krankheitsherd einzudämmen, Verseuchte zu isolieren, sie der Forschung zuzuführen, um ein wirksames Gegenmittel zu finden.

Das Problem unserer Forschung gegenwärtig ist eben das Fehlen geeigneter Probanden. Wir können die Kinder nicht ohne die Zustimmung der Eltern bei uns behalten. Selbst die eigentlich Kranken aus den Kliniken sind nicht die geeigneten Probanden. Ich hoffe sehr auf ihre Kreativität heute hier in unserer Konferenz."

Das gibt es doch nicht. Der hasst uns ja richtig. Uns? Jetzt denke ich schon 'Uns'. Das kann nicht sein. Ich bin ich und gehöre nicht zu den Telepathen. Der hasst uns, weil er keine Gedanken lesen kann. Nichts wünscht sich der Herr Professor mehr. Und er hat

Angst, dass das rauskommt.
 Eigentlich hatten die Konferenzteilnehmer mehr Fakten erwartet. Nun waren sie mit einer düsteren Zukunftsvision konfrontiert worden. Sie waren verunsichert. Peter Brode konnte die geballte Angst regelrecht spüren.
 Selbst der Stellvertretende Minister war nicht frei davon. Dies wurde weniger, verschwand aber nicht, als die Beamten, Wissenschaftler und Offiziere sich ihren Bekannten in Gesprächen in kleinen Gruppen öffnen konnten. Es war also keine Überraschung, für Peter Brode schon gar nicht, als nach der Pause die verschiedensten Vorschläge zur Eindämmung der Telepathie kamen. Hässliche Schlagworte wie Internierung in von der Außenwelt abgeschotteten Lagern, Selektion, Grundgesetzänderungen, Treibjagden bis hin zu Material für neuropathologische Forschungen ließen aber nicht nur den Telepathen erschaudern. Selbst der als 'scharfer Hund' bekannte Stellvertreter des Ministers musste des Öfteren heftig schlucken. Nach drei Stunden nur im finsteren Mittelalter oder in ferner Zukunft zu verwirklichende Vorschlägen und Hasstiraden gegen die Aliens und ihre fünfte Kolonne, den Telepathen, beendete der hohe Ministerialbeamte abrupt die Konferenz. Seine Belehrung zur Geheimhaltung fiel ungemein hart, bei Androhung drastischer Strafen, aus.
 Kurz bevor Peter Brode völlig aufgewühlt den Saal verlassen will, nimmt ihn Bleckenbush zur Seite.
 „Brode, wir treffen uns mit einigen Herren noch bei ihnen. Lassen sie mal von ihrer reizenden Sekretärin, Frau Liebesam heißt sie, ja, Kaffee kochen. Also bis gleich."
 Gerade betrat der Koordinator sein Büro, will seiner Sekretärin auf den Besuch vorbereiten, da sagt sie:
 „Ich weiß schon, der Kaffee ist schon gekocht."
 Und auf seinen verwunderten Blick „Das Büro des Ministers hat mich vor 5 Minuten informiert."
 Da kommt auch schon die Männerrunde, Roth ohne seinen

Minister, n*atürlich der Arschprofessor,* die gesamte Runde, die bei der Ernennung Peter Brodes zum Koordinator anwesend war.

Der Arschprofessor kann seine Blicke nicht von Kirsten lassen. Seine Gedanken sind die eines Mr. Haydes würdig.

„Ja, Herr Professor, ihr Versuchsballon scheint aufgegangen zu sein." beginnt der unsympathische Roth die Runde und als er den verwunderten Blick Peter Brodes bemerkt.

„Ach ja, Brode, sie wussten ja nichts davon. Die einzige Aufgabe des Professors war heute, zu provozieren. Die Reaktionen der verschiedensten Teilnehmer heute sollte uns einen Ausblick auf das Kommende geben. Außerdem war das so etwas wie eine illegale Pressekonferenz. Oder meinen sie, die 50, Entschuldigung 46 waren es ja, halten alle dicht."

„Ich dachte wirklich, es meldet sich einer, als ich nach Telepathen in der Runde fragte." nahm der Professor den Faden auf.

„Von 50 nur Einer. Das ich nicht lache. Nach meinen Hochrechnungen müssen es mindestens schon 10 % sein. Und es gibt keine organischen Befunde. Keine. Eines weiß ich. Erwachsene, die unter dieser Krankheit leiden, geben sich nicht zu erkennen. Sie," er deutet erst auf Brode, dann auf alle anderen und zuletzt auf sich „sie und sie und ich, würden es niemals verraten, denn wir kennen die Konsequenzen."

„Trotzdem müssen wir wissen, Herr Professor, wer die Gedankenleser sind, wir müssen sie isolieren und uns gleichzeitig darauf vorbereiten, dass wir nur noch von Gedankenlesern umgeben sind."

Ihr seid es schon und ich denke schon 'Ihr' und nicht mehr nur 'Wir'. Es wird Zeit, einen Verbündeten zu finden. Es wird Zeit, meine Fähigkeiten einzusetzen. Es wird Zeit für mich, mich auf die Zeit der Telepathen vorzubereiten. Wer war das nur in der AGG. An Lehnert komme ich nicht ran. Da muss noch wer gewesen sein. Wer war das?

*

Heute hatte Frank Lehnert ein Desaster in seiner Praxis erlebt. Eigentlich hätte Heike Friedrich seine Lieblingspatientin werden können. Eine ausgeprägte Agoraphobie mit Fahrstuhlangst, Flugvermeidung und die Angst, über große Plätze gehen zu müssen. Dazu passte die Biografie der jungen, hübschen aber nicht attraktiven Frau, genau. Frank hatte seinen Behandlungserfolg am Ende der dritten Sitzung schon vor Augen. Natürlich war er versucht, seine Behandlung schneller und vor allem effektiver zu gestalten. Und so konnte er nicht vermeiden, als die Patientin stockend über ihre Kindheit zu berichten begann, in ihre Gedanken zu schauen. Er wusste aus Erfahrung, dass die Patienten, wenn sie noch kein tiefes Vertrauensverhältnis zu ihren Psychologen hatten, Unangenehmes wegließen oder gar logen. Dies gleich, zu Beginn einer Behandlung zu wissen, war die Versuchung eines Psychologen. Und Frank erlag der Versuchung. Obwohl Heike Friedrich fast emotionslos über Etappen ihrer Kindheit berichtete, tobten in ihrem Inneren hässliche Bilder einer gewaltvollen Beziehung zwischen den Eltern. Sie schämte sich einfach, darüber zu sprechen.

Doch mitten im Gespräch glaubte der Psychologe in ihrem Gehirn einen Blitz zu sehen. Die Patientin riss die Augen auf.

„Sie forschen in meinem Gehirn herum. Ich habe es gemerkt. Schämen sie sich, sie Telepath. Ich werde sie melden."

Frank wollte noch entgegnen, dass er ihr Psychologe sei, ihre Gedanken doch kennen müsse und er nicht Gedanken lesen könne, nur Erfahrung hat. Und bei wem sie ihn melden wolle. Doch sie war schon raus.

Konsterniert schrieb er auf den Bogen für die Krankenkasse. PATIENTIN BRICHT BEHANDLUNG AUF EIGENEN WUNSCH AB.

Doch wenn sie es gemerkt hat, so muss sie ja selber Gedanken lesen können. Als sie in das Zimmer kam, konnte sie es noch nicht. Bin ich der Auslöser – bin ich Patient 0? Das ist Quatsch. So ist es nicht gelaufen. Dieser Michael und Tina Roberts sind der Beweis dafür. Und die anderen in allen Städten und den anderen Ländern auch. Ob es Immune gibt, die es nie erreicht? Eigentlich sind die arm dran. Petra?

Frau Schubert schob ihn dann sanft aus der Praxis. Sie hatte noch mit Frau Friedrich gesprochen, sie beruhigt, ihr gesagt, was für ein guter Psychologe er doch sei, bei dem man den Eindruck hätte, er könnte die Gedanken lesen.

Heute am Freitagabend war das Wasserballspiel seines Sohnes. Er hatte doch versprochen, seinem Filius bei diesem wichtigen Spiel die Daumen zu drücken.

Und ich wollte mit Michael reden. Mit seiner Freundin auch. Das Gespräch kann ich nicht mal bei der Kasse abrechnen und Geld kann ich auch nicht nehmen. Oh Gott, hier geht es um Dinge, die die Welt verändern können, und ich denke so profan.

Der Weg zur Schwimmhalle war nicht weit. Seine Praxis lag etwa in der Mitte zwischen Wohnung und Schwimmhalle. Auch deshalb hatten Petra und Frank ihren Sohn damals erst zum Schwimmen, dann zum Wasserball geschickt. So konnte der Psychologe auf seinem Fußweg nur kurz seinem Hobby – Gehen und Denken – frönen. Natürlich war die Schwimmhalle leer. Wenn die Jugend spielt, verirren sich nur wenige Zuschauer auf die Tribüne. Wenn doch, dann waren es auch meist nur die Eltern. Heute waren selbst die nur sehr wenige.

Freitagabend. Da haben auch die Eltern anderes zu erledigen. Morgen wäre auch furchtbar gewesen. Bei der Verabredung mit Eva hatte ich meinen Sohn – meine Familie? – fast vergessen. Zum Glück hat Petra mir geglaubt, dass ich an einem Sonnabend zum Verlag muss und eventuell deswegen bis Sonntag in der Hauptstadt bleibe. Es ist gut, wenn man merkt, wenn die Gedanken belauscht werden. So konnte ich die Kinder 'rausschmeißen'. Bloß wenn das so ist, braucht man eigentlich keine Angst um seine Privatsphäre zu haben. Das müsste man veröffentlichen können. Man kann es nur nicht.

Noch immer in seinem Hobby versunken, merkte er nicht, als er die Tribüne betrat, dass seine Frau auch den Weg in die Schwimmhalle gefunden hatte.

„Eh, du denkst schon wieder. – Gehen und Denken wird dir nochmals das Genick brechen."

Die Stimme seiner Frau holte ihn in die Realität zurück. Und neben ihr saß zur besonderen Freude der pubertierenden Knabenmannschaft die Freundin des Trainers, Tina Roberts. Das 'Hallo Schatz' verband der Psychologe mit einem flüchtigen Kuss auf die Schläfe seiner Frau. Wie immer roch er dabei an ihren Haaren. Der darin aufgesprühte Festiger konnte ihm den Genuss nicht verderben – seit Jahren schon.

„Hallo Frau Roberts. Das ist ja schön, dass ich sie hier heute treffe. Hat ihr Freund mit ihnen gesprochen?"

Das freundliche Gesicht, die hellen Augen, der attraktiven Blondine verdunkeln sich kurz als sie mit ihrer etwas rauchigen Stimme antwortet.

„Ich möchte ihr Angebot annehmen, Herr Doktor. Ich würde gern mit ihnen sprechen."

„Soll ich mich wegsetzen?" fragt Petra ihren Mann. Dabei ist nicht die Spur einer Spitze zu spüren. Sie kennt diese Situationen und akzeptierte seinen Beruf. Auch bei jungen Frauen. Frank Lehnert sieht sich um und als er feststellt, dass die anderen Besucher weit genug entfernt saßen, verneinte er.

„Nicht nötig. – Frau Roberts, meine Frau kennt das Problem. Sie ist zwar nicht direkt, aber durch mich und unsere Kinder indirekt betroffen. Wobei," sinniert er kurz „ich davon ausgehe, dass es sie auch noch direkt betreffen wird."

Petra zuckt ganz leicht mit den Achseln.

Und Frank führt fort:

„Herr Polte hat mir ihr Problem nicht geschildert, ich würde sagen, er hat es mir angedeutet. Wenn sie es also wollen, machen wir einen Termin aus. Ich kann und werde ihnen das nicht in Rechnung stellen. Deshalb geht es nicht in meiner Praxis. Meine Assistentin würde es nicht verstehen. Kommen sie doch am Sonntagnachmittag zu uns, zum Kaffee. Bringen sie ihren Michael mit. Ich wollte eigentlich heute hier mit ihm reden. Aber das wird nichts. Ich hatte mir das Ambiente irgendwie anders vorgestellt. Nicht morgen – nächsten Sonntag." beendet Frank seinen Vortrag und begleitet seine Worte mit einem leichten Klaps auf seine Stirn und einem entschuldigen Achselzucken.

Seine Frau ließ sich die Überraschung nicht anmerken. Ihr Mann brach seinen festen Vorsatz – keine Patienten im Haus. – Aber Tina Roberts war wohl keine normale Patientin.

Noch bevor das Spiel begann, hatte Tina ihren Freund am Beckenrand aufgesucht, getuschelt, was die Fantasie der Jungen anstachelte. Tina schafft es, obwohl sie die Gedanken der Jungen spürt, sie trotzdem anzulächeln. Das erwartet auch ihr Freund von ihr. Denn der kennt die Gedanken seiner Schützlinge. Dazu braucht er nicht in ihre Köpfe zu hören. Als Tina sich wieder neben das Ehepaar setzt, sagt sie nur: „Wir freuen uns."

Das Spiel war nicht berauschend, bis auf den Umstand, dass Carlos' Mannschaft hoch gewann.

**

Als einziger im Raum, sitzt der Kardinal auf einem Sessel. Seine Arme sind wie festgenagelt auf den Lehnen. Die Hände krampfen sich um die stilisierten Löwenköpfe. Die Bischöfe begnügen sich mit gepolsterten Stühlen. Nur die hohen kirchlichen Würdenträger befinden sich in diesem Raum, dessen große Fenster den Blick auf die Türme des Domes erzwingen. Das Mobiliar und die religiöse Kunst an den Wänden passen zu den verschiedenfarbigen Roben der Würdenträger. Ein Bischof nach dem anderen berichtet über das Veröden der Kirchenarbeit in seiner Provinz. Neben den massenhaften Austritten von Mitgliedern aus ihrer Kirche, war es jetzt auch zu häufigen Auflösungen von Sekten gekommen. Kaum noch hört der Kardinal auf die Berichte, kaum noch fesseln die Gedanken der Bischöfe seine Aufmerksamkeit.

Bei Gott, es ist noch viel schlimmer als ich immer gedacht habe. Jeder einzelne von ihnen nennt mir Zahlen der Austritte, verteufelt die Galaktischen als Bringer des Bösen und denkt dabei an das Schrumpfen seiner Macht. Sie fürchten, jeder für sich, dass der Mitgliederrückgang zu einer Zusammenlegung der Provinzen führt. Sie fangen an, sich zu belauern. Na ja, das haben sie schon immer gemacht. Wehe wenn einer von denen Gedanken lesen kann. Doch das wird wohl auch noch passieren. Oder die Priester lesen die Gedanken ihrer Bischöfe. Das haben wir ja schon. Und die Gläubigen lesen in den Priestern, tagtäglich. Das ist es doch – und nichts anderes.

„Meine Herren, ich glaube wir müssen die Sache auf den Punkt bringen. Denn sie ahnen es ja, manche wissen es. Jawohl die Aliens sind Schuld."

Die um Bestätigung heischenden Gesichter der Kirchenfürsten verdunkeln sich bei den nächsten Worten:

„Aber nicht im einfachen Sinne, dass ihr Auftauchen, das Bild von Gott erschüttert hat. So einfach macht es uns der Herr nicht. Die Prüfung ist viel größer."

Die Bischöfe starren gebannt auf ihren Vorgesetzten. Im Raum ist es ganz ruhig geworden. Und wie ein Omen zeichnet der Schatten der Turmspitzen des Dom einen riesigen Pfeil auf den runden Tisch in Richtung des Kardinals.

„Immer mehr Gläubige können Gedanken lesen. Die

Gedanken ihrer Nächsten, ihrer Nachbarn und natürlich auch ihrer geistigen Hirten. Stellen sie sich das vor. Wir sitzen hier in der Runde und ein jeder kennt die Gedanken des anderen. Protestieren sie nicht. Sie haben ihre Gedanken nicht ausgesprochen. Sie haben vorhin Halbwahrheiten berichtet, Wichtiges weggelassen und gelogen. Ich weiß das. Wäre ich ein einfacher Gläubiger, ich hätte mich von ihnen abgewandt."

War es vor diesen Worten unruhig im Raum, sogar ein leichtes Murren zu hören, zeigte sich dann Protest in den Gesichtern, ob der Anschuldigungen, so herrschte nach dem letzten Satz Totenstille.

„Ja, ich weiß das, ich kann ihre Gedanken lesen. Mich hat die Seuche erreicht. Und, so glaube ich, es wird noch mehrere von uns treffen, eventuell sogar alle. Also, bereiten wir uns darauf vor. Schauen wir nach vorn."

**

Der Expresszug fuhr mal wieder langsam. Die ständigen Bauarbeiten an der Strecke zwischen Frank Lehnerts Heimatstadt und der Hauptstadt der Republik waren der Grund für die geringen Geschwindigkeiten des Zuges, der eigentlich so schnell fuhr, dass nur ein Flugzeug mithalten konnte. Der Psychologe war froh über die Leere im Zug, Sie gab ihm die Gelegenheit seinen Gedanken ungestört zu frönen. Und er kam nicht in Versuchung, anderen Gedanken zu lauschen.

Das Manuskript für den Verlag ist Scheiße. Hoffentlich fordern sie nicht den Vorschuss zurück. Schon prima, ein wenig prominent zu sein. Ob morgen am Sonnabend extra ein Lektor wegen mir in den Verlag muss? Dabei will ich mich ja nur mit Tina, quatsch Eva, treffen. Schau an, ein Freudscher Versprecher in Gedanken? Da muss ich aufpassen. Ein wenig bin ich wohl doch durcheinander. Heute abends treffe ich mich mit Eva. Das ist fast dienstlich.

Und hier ist die Bestellnummer für mein Hotel, in dem ich heute Nacht schlafen werde.

Eva würde ihn nicht am Bahnhof abholen. Sie hatten sich fast konspirativ in ihrem alten Café verabredet. Es lag nicht weit entfernt vom Bahnhof und schon fünf Minuten nach dem der Zug im großen Bahnhof der Hauptstadt eingerollt war, saßen Frank und Eva sich in dem kleinem Café an dem Tisch, der in der Ecke wie in einem Séparée stand, gegenüber.

Frank unterdrückt seine Regung ihre Hand zu halten. Nach einigen Worten der Begrüßung schauen sich beide lange an. In ihrer Kommunikation wechseln sie ständig zwischen Gedanken und gesprochenen Worten. Mimik und Gestik werden immer sparsamer. Die gesprochenen Worte brauchen nicht durch Zeichen der Hände und der vielen Muskeln des Kopfes kommentiert zu werden. Die in den Gedanken schwebenden Gefühle werden vom jeweiligen Gegenüber direkt aufgenommen.

So hat Eva die Ambivalenz der Freude Franks über ihr Treffen sofort verstanden und akzeptiert seine mitschwingende Liebe zu seiner Ehefrau in jedem Gedanken der Freude über das Treffen mit Eva. Frank versteht das Nebeneinanderbestehen von Erleichterung und Trauer, als Eva vom endgültigen Bruch mit Gerd Blume berichtet. Beide haben ihre Gedanken völlig für den anderen geöffnet.

Ein für beide einmaliges Erlebnis, was über die intensive Beziehung ihres ersten Treffens weit hinausgeht. Jeder spürt beim anderen das wachsende sexuelle Begehren, das sich mit jeder Minute ihres Zusammensein verstärkt. Frank, der immer zugleich in seinem Beruf ist, sich und Eva, wie von einer höheren Ebene aus analysiert, setzt dann auch einen Gedankenstopp.

Halt! Halt, sonst fallen wir hier noch über uns her, das muss ich

analysieren. Hast du es gemerkt, eben waren wir in einer Gedankenschleife gefangen. Wie bei einem Panikanfall. Lass uns die nächsten Minuten die Worte sprechen. Ist das o.k?
„Ist es nicht, aber wohl vernünftig. Wir gehen jetzt zu mir. Ich wohne allein, du weißt. Oder hast du heute noch etwas anderes vor. – Ich will das von eben noch mal erleben."
Deine Ehe wird, wenn du es nicht willst, daran nicht kaputtgehen.
„Ich komme mit."

Für den Weg zu Eva benutzen sie ein Taxi. Der Fahrer wundert sich nicht, dass der Herr, dem man ansieht, dass er die zweite Lebenshälfte ansteuert, und die rothaarige attraktive Frau im besten Alter, schnell und über lauter belanglose Sachen 'quatschen'. Auch das hatte er in seinem Taxi schon öfter gesehen. Quatschen um nichts sagen zu müssen. Nur hier war es diesmal, Quatschen, um nichts zu denken.
In der Wohnung angelangt, fallen sie nicht übereinander her. Eva stellt einen Rotwein auf den Tisch und entzündet die im Wohnzimmer verteilten Kerzen. Sie beginnt laut zu sprechen. „Es stört mich nicht, wenn du an deine Frau denkst. Oder nur ein wenig. Es ist mir auch fast egal, wenn du uns jetzt als Experiment siehst. Ich sehe es auch so.
Wir beide sind Telepathen – sind uns dessen bewusst. Viele Menschen und es werden immer mehr werden davon heimgesucht. Es müssen Regeln, neue Regeln für unser neues Leben gefunden werden. Dazu brauchen wir Erfahrungen. Du sowieso bestimmt noch mehr als ich. Also führen wir jetzt ein Experiment durch. Trink einen Schluck!"

Frank ist Eva dankbar. Und Dankbarkeit ist ein Schritt zur menschlichen Nähe. Fast ist es schon eine gewohnte Geste, als der Psychologe mit seinem Zeigefinger den Mund verschloss und mit Mittel- und Zeigefinger von seiner Schläfe auf Eva zeigte und die Finger wieder an seine Schläfe zeigte. Eva versteht und beide schließen die Augen. Doch die innige Verbindung, die noch vor 45 Minuten beide erfasst hatte, will nicht aufkommen. Jeder versucht im anderen die Erregung zu spüren. Nach einigen Sekunden brechen beide in schallendes Gelächter aus. In einem Lachkrampf verfangen kann Frank nur laut vor sich hinkichern.

„So geht das nicht." Und etwas beruhigt, „lass mich erst mal duschen. Muss ich sowieso."

Eva zeigt ihm den Weg ins Bad. Eigentlich wollte sie in der Tür stehen bleiben und Frank beim Auskleiden beobachten. Doch sie merkt, dass es ihm nicht angenehm ist. Als sie sich auf den Sessel niederlässt, versucht sie sich wieder auf seine Gedanken zu konzentrieren. Klare Gedanken kann sie nicht wahrnehmen. Doch sie spürt eine wachsende Erregung, ja, sie sieht sein Glied in Seife geschäumt in seiner Hand größer werdend. Die Vorhaut wird über die Eichel geschoben und Daumen, Zeige- und Mittelfinger reiben den Schaum hin und her. Mit den Fingern ihrer rechten Hand reibt Eva, die Beine gespreizt im Sessel sitzend, sich durch Hose und Slip ihre Schamlippen. Noch am Nachmittag, als Frank noch nicht mal den Zug in die Hauptstadt betreten hatte, war sie unsicher ob ihrer rasierten Scham. Was würde Frank dazu sagen, was würde er über sie denken – sie würde das alles erfahren müssen?

Doch jetzt sind diese Gedanken nicht mehr existent. Schnell hat sie sich ihrer störenden Kleidung entledigt. Ohne zu zögern geht sie ins Bad. Frank steht in der großen Duschkabine und hält die Tür für sie offen, um sie reinzulassen und um sie zu betrachten.

Du bist schön. Bleib noch ein wenig stehen. Komm her.

Eva hat die große Duschkabine betreten, Frank hat sie hineingezogen. War das Wasser bis eben noch ausgestellt, Frank immer noch eingeseift, so stellt Eva jetzt das warme Wasser wieder an.

Mit der linken Hand ergreift sie seinen Penis und ahmt diese Handbewegung nach, die sie eben noch als Bild gesehen hat. Anders als vorher, füllt sich jetzt sein Glied vollends, wird hart. Es bedarf keiner Worte von Frank, da sie sein Glied wieder sich selbst und damit erschlaffen lässt. Sie hatte die Verbindung zwischen seinem Glied und ihrem Schoß, die sich über Hand, Arm, Schulter und Bauch herstellte, genossen. Das Eindringen, die Vereinigung herbeigesehnt. Doch ebenso sehnt sie sich nach seinen Vorstellungen von Zärtlichkeit. Seine Finger und das warme Wasser werden eins, Zärtlichkeit umhüllt sie wie eine warme, leicht elektrisierende Decke. Ihre geheimsten Wünsche von Berührungen nimmt er wahr und realisiert sie prompt. Eng umschlungen stehen beide unter der Dusche. Immer wieder gleiten seine Hände über die glatte Haut auf Evas Rücken – angefangen bei einem leichten Massieren des Übergangs zwischen Rücken und Hals, da wo sich ein kleiner Wirbel den Beginn ihres, jetzt nassen und tief roten, sonst hellroten Haares anzeigt – weiter über die Wölbungen des Deltamuskels auf dessen Haut die Fingerkuppen Frank rote Spuren hinter sich herziehen – und immer wieder bis auf ihren festen, doch weichen Hintern, in dessen Hälften er immer wieder zugreift und dabei die Hälften auseinander drückt. Mit einem leichten Druck dreht Frank seine Geliebte halb, so dass er mit seinen Händen ihre Brüste fest und zart massieren kann. Auch hier immer wieder, stupst er die hellen Brustwarzen etwas nach oben, zieht leicht an ihnen, so dass sie erigieren. Eva hat das Glied ihres Partners fest in die Finger der rechten Hand, immer wenn sie den Penis durch die feuchten Hälften ihres Hinterns auf den Anus schiebt, zieht sie die Haut des Gliedes nach hinten. Als Frank mit seinen Händen über den haarlosen glatten Venushügel Evas streicht, seinen rechten Mittelfinger pendelnd in die Furche schiebt, ihre Erregung nicht nur gedanklich sondern auch an den vollen Schamlippen spürt, hat er seinen Höhepunkt erreicht. Immer wieder schiebt er kraftvoll seinen

Penis, von Eva gelenkt, auf ihren Anus. Seine Finger wühlen in ihrem Schoß. Sein Samen ergießt sich in Stößen, weggespült vom laufenden Wasser. Und er spürt die tiefe Befriedigung seiner Partnerin.

Aber ich war doch viel zu früh. Es war doch noch nicht mal richtig.

Willst du dich entschuldigen? Es war mein größtes Erlebnis.

Zum ersten Mal habe ich mich in einem anderen gespürt. Deine Erregung war meine und meine war deine. War es bei dir nicht so?

So habe ich dich wahrgenommen. Dein Orgasmus war meiner.

Körper und Seele beider erschlaffen langsam. Sie genießen das warme Wasser auf ihrer Haut.

Zufrieden mit dem Experiment, Herr Psychologe?

„Können wir darüber reden?"

„Natürlich, Herr Therapeut"

Erst das Lachen beider unterbricht endgültig ihren telepathischen Kontakt. Beim Abtrocknen und Anziehen berichtet Eva ihm über ihre Versuche mit Gert und er gesteht auch schon mit seiner Frau dies versucht zu haben. Doch die Angst beider nur in eine Beobachterrolle zu verfallen, hatte ihre Versuche behindert.

„Ich kam mir wie eine Nutte vor, die nur auf den Koitus wartet, um abzukassieren."

„Ganz so habe ich nicht gefühlt. Ich hatte einfach Hemmungen."

Als sie in das Wohnzimmer kommen, setzten sich beide neben einander auf die Couch.

Und jetzt ich.

Eva legt ihre Beine über seinen Schoß, rafft den Bademantel beiseite und schiebt ihre angewinkelten Knie auseinander. Aus der Tasche des hellblauen Bademantels zieht sie eine Flasche Pflegeöl.

So alt bist du nicht.

Frank öffnet auch den Gürtel ihres Bademantels und schiebt

den Kragen über ihre Schulter.

„Ich will dich ganz."

Frank gießt einen kleinen Strahl des Pflegeöl in ihren Bauchnabel. Von hier aus, wie von einem Spendersee verteilt er es leicht massierend zuerst auf die Innenseiten ihrer Schenkel, immer wieder massierend. Direkt vor seinen Augen erregt ihn die glatte Haut ihrer Schenkel. Und obwohl die Gedanken Evas mehr wohlige Zufriedenheit, denn Erregung verraten, schiebt er seine Hände an den Schenkeln höher und klappt die Schamlippen auseinander. Eva, bis hierhin immer noch halb in der Rolle der Beobachterin seiner Gedanken, kann nun, da sie das Bild ihres Geschlechts in den Gedanken Franks so deutlich vor sich sieht, – die weiche Haut, vor Erregung mehr rot als rosa, die Scheide verlangend offen –, nicht mehr denken, geschweige denn beobachten. Nur noch Verlangen bestimmt ihre Emotionen. Dieses Verlangen kann Frank mit seinen Fingern voll und ganz erfüllen. Immer wieder berührt er ihre Klitoris, nahm sie zwischen die Finger, rollte sie leicht hin und her. Die animalischen Gedankenwallungen und lauten Aufschreie weisen ihm den Weg. Immer wieder muss er seine Finger an die vordere Wand ihrer Scheide pressen und fast schon mit Kraft auf und ab bewegen. Erst sind es die roten Flecke am Hals, dann am ganzen Körper, die den Beginn des Orgasmus äußerlich ankündigten. Längst stehen die Füße Evas auf der Couch, ihr ganzer Körper versteift sich. Frank spürt mit den Fingern die Enge in ihrer Scheide.

Das Denken ist abgeschaltet – nur noch Erregung.

Diese Erregung steigerte sich wehengleich. Der Höhepunkt war zugleich der plötzliche Abbau der Spannung und Übergang in den Zustand einer tiefen Entspannung.

Du denkst wieder.

Ist das erste, was sie von Frank spürt.

Habe ich eben nicht gedacht?

Nur gefühlt. Es war wundervoll!

Beide sind erschöpft. Eva steht auf, geht ins Bad unter die Dusche. So können beide ungestört ihrem Gedanken nachgehen. Auch das ist für beide eine wichtige Erfahrung des Experiments. Doch eigentlich bestätigt diese Erfahrung nur das Wissen von Liebenden, dass eine innige Verbundenheit Trennung benötigt.

Und nachher: „Lass diese Gedanken! Ich wollte dich deiner Frau nie wegnehmen. Das ist geklärt!"
„O.k."
„Erzähl mir, wie du sonst mit deiner Telepathie klar kommst."
Frank zieht eine Zigarre aus dem Etui und bevor er fragen kann, antwortet Eva lachend.
„Ja, ja und hinterher eine rauchen. Die Zigarre ist nach diesem Vorher angebracht. Rauch nur; ich lüfte nachher. Außerdem, ich rauche ja auch. Manchmal."
„Weißt du, wenn die Telepathie voll ausgebildet, schlagartig gekommen wäre, ich hatte an Tinitus oder Hörsturz geglaubt. Dieses ständige Rauschen, Wispern im Ohr, kann einen schon verrückt machen. Die Anstalten sind voll. Patienten kommen auch deswegen zu mir. Was soll ich ihnen sagen. Sie sind dabei ein Telepath zu werden. Ich beobachte mich dabei, die Gedanken von Tieren lesen zu wollen. Aber das ist nicht das Problem. Das Problem wird sein, wie gehen wir, die Telepathen unter sich, die Telepathen mit den Nichttelepathen und die Nichttelepathen mit den Telepathen um. Die Nichttelepathen in der Regierung haben mit der Verfolgung begonnen. Was machen wir?"
Beide, Eva und Frank beobachten die Schwaden des hellen Rauches, die träge über den Tisch hängen und erst durch den Aufwind der Kerze flimmernd in Wirbel zur Zimmerdecke ziehen.
Nach oben wirbeln?

Jawohl, nach oben wirbeln. Machst du mit?

Noch gut ist beiden die Taktik der Opposition in den östlichen Ländern des Kontinents in Erinnerung, die zum Sturz der allmächtig erscheinenden Machthaber führte: Suche den Schutz in der Öffentlichkeit, vor laufender Kamera schlägt dich keiner.

Der Psychologe und die Journalistin schmieden einen Komplott: NACH OBEN WIRBELN!

Der erste Schritt in diesem Plan beginnt bereits am nächsten Tag; beim Treffen Frank Lehnerts im Verlag.

*

Ganz so wichtig bin ich wohl doch nicht mehr. Der Verlagsdirektor kommt sonntags nicht mehr wegen mir.

Doch die Begrüßung des Psychologen durch den Lektor ist nicht weniger herzlich als beim letzten Mal. Die Presse fehlt ganz. Frank fühlt ganz vorsichtig in den Gedanken seines Gegenübers. Ein typischer Lektor *wie im Film.*

Dunkelbrauner Kordanzug, beigefarbener Rolli und hellbraune Schuhe.

Die Hornbrille war bestimmt nicht billig.

650 Euro, und nur für das Gestell!

Erstaunt blickt Frank in das breit lächelnde Gesicht des vielleicht 50-jährigen Mannes.

„Sie sind unvorsichtig. Wenn sie in die Gedanken ihres Gegenübers eindringen wollen, müssen sie sich erst selber schützen. Das haben wir Telepathen hier im Verlag schnell rausbekommen."

„Ich weiß, mache ich sonst auch immer. Sie kennen also meine Gedanken schon."

„Nein, unser Kontakt begann jetzt eben – ich konnte mich nur nicht zügeln."

„O.k. dann kann ich offen reden. Mein Buch interessiert

mich zurzeit eigentlich gar nicht......."

*

Am Abend, aus dem Zug heraus, so hatten beide es vereinbart, informierte Frank Eva über sein Gespräch im Verlag. „Das kann was werden. Ich habe da auch noch eine Idee. Mach's gut." Und beinah hätte sie noch gesagt „Und grüße deine Frau von mir." Doch sie verschluckte den Satz und über die Entfernung konnte Frank ihre Gedanken nicht lesen.

Noch nicht?

Für Eva war die Beziehung mit Frank bereits in ein platonisches Stadium getreten. Immer hatte sie seine Frau in seinen Gedanken gespürt. Immer. Seine postkoitalen Schuldgefühle konnte sie ihm nicht nehmen. Die werden ihn nun für immer begleiten. Es war eben nicht nur ein Experiment gewesen.

Wir werden sehen, wie unsere nächste Begegnung verläuft. Armer Psychologe Frank Lehnert.

Er selbst fühlte sich im Augenblick gar nicht so wohl. Natürlich müsste er Petra die Affäre irgendwann beichten.

Sie würde es sowieso irgendwann rausbekommen. Ihr telepathisches Potential entwickelt sich. Die Kinder, der Trainer, diese Tina, Eva; und bei Petra wird es kommen. Ich bemerke es bei immer mehr Menschen. Doch manchmal merke ich es gar nicht. Der Lektor hat mich echt überrascht. Werden mal alle Menschen Telepathen? Oder wie jetzt – ich schätze mal jeder 5., oder nur die Hälfte. Wenn das nicht geklärt ist, gibt es noch Mord und Totschlag. Die Telepathen sind anders. Überlegen? Na klar! Aber ich bin doch Petra nicht überlegen. Carlo und Susann sind ihren Klassenkameraden überlegen. Sie haben jetzt bessere Zensuren, aber Susann geht an den Gedanken anderer fast kaputt. Scheiße – ich muss wieder mit den Kindern reden. Dabei gibt es Tausende, mit denen ich reden muss. Deshalb sind die Galaktischen geflüchtet. Raumfenster – dass ich nicht lache, die haben genau gemerkt, was sie angerichtet haben. Unabsichtlich – ich glaube ihnen. Ich könnte wetten, dass sich irgendwo Telepathen schon zusammengetan haben, um die Welt zu beherrschen – in dieser gottverdammt intoleranten Welt werden die Flammen auf den ersten Scheiterhaufen mit Telepathen an den Pfählen schon züngeln. Genau davor haben die meisten Telepathen Angst. Sie hören das Wispern und Tuscheln in ihren Köpfen, konzentrieren sich kurz, nehmen die Gedanken ihres Gegenüber wahr, erschrecken derart, dass sie bei sich selbst einen starken Tinitus diagnostizieren. Wenn das erstmal umkippt und jeder die Gedanken des anderen lesen will, obwohl er es nicht kann, beginnt das nächste Drama. Ich sehe keine Lösung.

So in Gedanken versunken verging für Frank die Zugreise schnell und als er am Abend von seiner Frau vom Bahnhof abgeholt wurde, waren seine Schuldgedanken von ganz großen Weltgedanken fast völlig verdrängt. Der Begrüßungskuss war wie immer flüchtig auf die Stirn gehaucht, wie es sich für ein Ehepaar in den Vierzigern gehört.

*

Da habe ich mir was aufgeladen?
Frank liegt wie so oft am Sonntag auf der großen Couch im Wohnzimmer. Spargel mit Schnitzel müssen verdaut werden.
Nie, nie wollte ich Patienten zu Hause behandeln, nicht mal reinlassen. Nun gut, Tina ist die Freundin des Trainers meines Sohnes. Und sie ist Telepathin. Zum Glück scheint die Sonne heute, da kann ich mit ihr in den Garten gehen.
Die wärmende Sonne durch die großen Fenster und das Klipp-Klopp der Tennisübertragung aus dem Fernseher lassen ihn sanft einschlummern. Geräusche aus der Küche oder von den Kindern im Wohnzimmer verursacht, stören ihn gar nicht.

„In einer Stunde kommt unser Besuch."

Petras Stimme weckt ihn sanft.

„He, du freust dich ja sogar?" fragt Frank in das freundliche Gesicht seiner Frau.

„Wir hatten in den letzten Monaten wenig Kontakt zu anderen. Nach deiner Begegnung mit den Galaktischen war es mir fast zuviel. Wie in einem Taubenschlag. Doch in den letzten Monaten hast du keinen mehr eingeladen. Wir waren zu keiner Ausstellungseröffnung mehr, nicht im Theater. Ja du meidest sozialen Kontakt. Ich verstehe es ja. Fast. – Und da bin ich eben heute froh."

Und etwas schnippisch fügt sie noch an „Stört dich das?"

„Nein, nein. – Aber ich soll heute mit Michaels Freundin reden."

„Mach nur, da habe ich den jungen Mann für mich. Ich wollte schon immer einen jungen Mann für mich. Gut, dass die Kinder jetzt weggehen."

„O.k. – ich bekomme eine junge Frau und du einen jungen Mann. Ob wir das in unserem Alter noch hinbekommen?"

Mist, warum muss ich immerzu an Eva denken. Und ich habe Angst, Petra erfährt davon. Nichts anmerken lassen!

Das Lachen beider löst die Spannung, die sich nach den leichten Vorwürfen Petras aufgebaut hatte. Und als dann eine Stunde später Tina und Michael von Petra in die Wohnung gelassen werden, duftet der von Petra gebackene Käsekuchen dem jungen Paar schon entgegen, verbreitet eine gemütliche Atmosphäre. Der unterschiedliche Gemütszustand ist Michael und Tina anzusehen. Natürlich bemerkt der Psychologe die innere Angespanntheit der attraktiven blonden Frau, bemerkt ihre Versuche, seine und die Gedanken seiner Frau zu sondieren.

Eh, eh – jetzt noch nicht unterbricht er sie.

„Wir sprechen gleich."

Michael und Petra schauen mitten im Gespräch, eben noch über einen von Michael erzählten Streich Carlos lachend, auf und sehen die aufsteigende Röte in dem Gesicht der blonden Schönheit. Bevor eine peinliche Pause entstehen kann, rettet Petra die Situation.

„Manchmal bin ich richtig froh, dass ich keine Telepathin bin. Obwohl – mein Mann sagt mir ja immer, irgendwann wird es mich auch noch treffen. Bei mir ist meine unbewußte Sperre daran Schuld. Sagt mein Mann. Das ich noch normal bin. Na ja, normal, ich meine keine Telepathin – so wie sie, und Michael, und mein Mann und meine Kinder. Halt mal, halt mal, bin ich noch normal? Ist ja egal. Eigentlich müsste meine Sperre schon lange überwunden sein, sagt mir mein Mann, doch immer, was bei mir unbewusst ist, verhindert das. Leider ist mir hinterher das Unbewusste immer noch nicht bewusst."

Die Vier brechen ob des gespielten Kauderwelschs in ein Lachen aus, das noch verstärkt wird, als Michael sich am Käsekuchen verschluckt und dabei vor sich hinbrabbelt.

„Das war jetzt unbewusst."

Und natürlich war es dann ganz bewusst, als Petra Michael in ein Gespräch über die Mannschaft ihres Sohnes band.

Nebenbei nickte Petra ihrem Mann und Tina zu.

Die beiden gehen in den Garten, setzen sich in den Pavillon. Frank hat seinen Kaffee mitgenommen und zündet sich seine Zigarre an.

„Tina, ich sage Tina zu ihnen, ist das o.k.?" und als er ihr Lächeln sah und ein o.k. vernahm spricht er weiter.

„Was ich hier mache, was wir hier machen, ist ungewöhnlich. Es ist aber auch eine ungewöhnliche Situation. Psychotherapie für Telepathen und Psychotherapie durch einen Telepathen, dafür gibt es noch kein Lehrbuch, noch keine Gesetze. Sprechen sie mit mir laut, oder in Gedanken, wie sie wollen."

Ich weiß nicht wie ich anfangen soll.

Wie sie sich denken können, hat ihr Freund mir schon einiges gesagt. Aber sprechen sie einfach zu mir.

„Gut," Tina schließt ihr großen blauen Augen „meine telepathischen Kräfte belasten mich immer mehr. Ich ertrage sie nicht mehr, will sie nicht benutzen. Michael geht ganz unbefangen damit um. Ich kann das nicht."

Aber eben, gerade jetzt haben sie sie benutzt, einfach so. Sie haben ihnen sogar geholfen, einen Anfang unserer Verständigung zu finden.

„Das stimmt. Ich finde es auch herrlich, mich mit Michael so zu verständigen – aber ich hasse es zu erfahren, was andere Männer über mich denken. Ich trage keinen Rock mehr, keine engen Blusen. Alles was Männer irgendwie anmachen könnte, verbiete ich mir."

„Sie haben die Gedanken von Männern belauscht und sind erschrocken, ja sie haben Angst."

Der Psychologe trinkt einen Schluck von seinem lauwarm gewordenen Kaffe, schiebt ganz unaffektiert einen Kringel Zigarrenrauch in die klare Luft seines so grünen Gartens und fragt nach.

„Die Angst vor den Gedanken ist erst jetzt, nachdem sie telepathische Kräfte haben, gekommen? Oder gab es die Angst schon vorher?"

Als müsse sich Tina überwinden oder auch konzentrieren, schließt sie wieder ihre Augen.

Eigentlich war sie schon immer da. Nicht so stark, aber schon immer. Ich wollte es nicht wahr haben. Bestimmt kennen sie das. Sie tun etwas, sitzen konzentriert am Schreibtisch, gehen auf der Straße, irgendwas; plötzlich haben sie das Gefühl beobachtet zu werden. Sie drehen sich um und bemerken gerade noch, wie einer schnell weggguckt.

„Das hat jeder von uns schon erlebt. Das ist es, was ich glaube, die Galaktischen mir sagen wollten, dass wir den Keim der Telepathie alle in uns trugen und tragen. Ich glaube, die telepathischen Fähigkeiten sind mal mehr, mal weniger schon immer in uns. Die Galaktischen haben mit ihren telepathischen

193

Botschaften" – hier macht der Psychologe mit den Zeige- und Mittelfinger der rechten Hand zwei Häkchen „uns nur angestoßen, eine Entwicklung ins Rollen gebracht. Doch das ist nicht ihr Problem, über das wir reden wollen. Reden wir über sie."

Und in Gedanken fährt er fort, *Sie fühlen sich abgestoßen und haben Angst vor den sexuellen Phantasien der Männer. Vor den Phantasien, wenn sie sie anblicken. Ist das richtig?*

Nicht ganz. Nicht von den Männern, von einigen, ... von Vielen.

Wenn sie Sex mit Michael haben, öffnen sie ihre Gedanken?

Nein, ich schaue auch nicht in seine. Er hat mich schon mal gefragt, doch ich habe das kategorisch abgelehnt. Ich habe Angst, er ist wie alle. Sowieso kommunizieren wir nur ganz selten über Gedanken. Ständig halte ich einen Block in beide Seiten aufrecht. Das nervt.

„Ich glaube das ist, das wird, ein Problem aller Telepathen, des homo informalis – oder homo telepathis werden. – Ich bemerke das gleiche Symptom bei mir, empfehle den Block anderen. ... Um nicht verrückt zu werden."

Fast hat es für Tina den Anschein, als ob der Psychologe zu sich selbst spricht:

„Man kann nicht einfach die Augen zumachen und das tinitusartige Rauschen immer mehr fokussieren bis man Gedanken erhascht, die man dann irgendjemanden zuordnet. Man kann es, aber es ist unheimlich anstrengend.

Blickt man einem in die Augen oder ihn auch nur an, ist es relativ leicht die Gedanken zu lesen. Entschuldigen sie die Abschweifung, es ist ein Weg zu ihrem Problem."

Wenn sie es wollen, ich halte es für notwendig, müssen wir über ihre Biografie, Eltern, Geschwister, Partnerschaften usw. reden. Schauen sie in meine Gedanken ich öffne jetzt ein paar Bilder – und Tina sieht in kurze Zeit Bilder einer Geburt, eines Kindes, Szenen zwischen einem Mann und einer Frau, sah andere

Kinder, sah eine Schulklasse – körperliche Berührungen zart und fast als Schläge zwischen Jugendlichen, Küsse und präkoitale Vergewaltigungen und sich selbst weinend als Studentin.

„Aber das bin ich nicht, war ich nicht!" bricht Tina Roberts hervor.

„So war es nicht gemeint. Es war ein Versuch meinerseits ihnen zu zeigen und nicht nur zu sagen, worüber wir sprechen sollten. Auch für mich ist das Neuland."

„Ich verstehe schon. Doch sie haben mich eben erschreckt. Natürlich war ich das nicht, aber einige Bilder stimmen schon, aber ich weiß nicht, ob ich darüber mit ihnen, das war jetzt falsch, ob ich überhaupt mit jemandenm darüber reden möchte."

Und nach einer Pause.

„Ich würde schon mit ihnen darüber reden."

„Gut, die letzte Aussage war für mich wichtig. Wir können natürlich heute nicht eine ganze Therapie durchziehen. Die wird auch unter Telepathen Zeit brauchen – es wird für mich Neuland sein. Wissen sie, wenn ein Patient mit mir spricht, z.B. über seine Kindheit spricht, so weiß ich immer, dass das Wort des Patienten schon durch eine innere Zensur gelaufen ist. Je besser, je tiefer, das Verhältnis zwischen uns ist, desto weniger rigoros ist die Zensur und ich muss weniger auf das Nonverbale oder Paraverbale achten, um die Zensur zu überlisten. Wie wird es sein, die wirklichen Lebensbilder des Patienten zu sehen.... Doch ich schweife ab, rede und rede – das ist eigentlich nicht meine Art. Es ist aber auch soviel Neues, was auf mich einströmt und unsere Behandlung hat noch nicht begonnen." Der Psychologe nutzt den Genuss seines Kaffees und der Zigarre für eine kurze Pause um gleich darauf fortzufahren: „Ihr Sex mit Michael ist in Ordnung?"

Ich liebe ihn. Michael ist zärtlich. Er ist so zuvorkommend. Fragt immer ob es mir gefällt. Er braucht nicht fragen. Er soll nicht

fragen. Alle Männer fragen immer.
Tränen in ihren Augen glitzern in der Nachmittagssonne. Ihre noch vor Minuten aufrechte Haltung ist in dem halbwegs bequemen Gartenstuhl zusammengesunken. Soweit hatte sich Frank auf das Gespräch schon vorbereitet, dass er ein frisches Kleenix aus seiner Tasche zaubert und ihr geben kann. Allein diese Geste hellt ihr Gesicht und ihre Gedanken auf.
Wirklich, ich liebe ihn, wie keinen Mann zuvor. Es gab auch keinen Mann zuvor – so wie mit Michael und mir.
Tina öffnet kurz ihre Gedanken für Frank und er kann zwei nein drei Männer in Umarmung mit seiner Patientin sehen. Zwei davon sind nur schemenhaft. Eine Umarmung ist mit negativen Emotionen belegt. Frank nickt leicht und überlässt Tina weiter das Gespräch, jetzt ist er wieder der aktive Zuhörer.
Michael ist nicht mein Problem, hängt höchstens mit ihm zusammen.
Weil er ein Mann ist?
Weil er ein Mann ist. Als in mir die telepathischen Fähigkeiten wuchsen, habe ich immer wieder in die Gedanken der Männer geblickt, die mir gegenüber saßen, mit mir redeten. Ich las die Gedanken der Männer, die hinter mir standen, mich von hinten ungeniert anblickten. Das waren Freunde, Kollegen; Männer mit denen ich über Jahre befreundet bin, mit den ich gut zusammenarbeite. Ich habe Angst alle Männer denken so. Michael auch.
„Und wenn das so ist? Und wenn das so wäre?" und nach einer ganzen Weile:
„Liebten sie dann Michael nicht mehr? Wären ihre Freunde nicht mehr ihre Freunde? Könnten sie mit ihren Kollegen nicht mehr zusammenarbeiten?"
„Doch, so ist es ja nicht und ich will mich ja nicht umbringen. Sie wissen ja, mit Michael habe ich darüber auch geredet." und leise „Sonst wäre ich ja auch nicht hier – bei einem Mann" *der mir seine Gedanken über mich verschließt!*
Frank nickt langsam, ist froh dass er zu einer neuen Zigarre,

entgegen seiner Gewohnheiten, die zweite hintereinander, greifen kann. Die Ausrede fällt ihm sofort ein.

Es ist unser erstes Gespräch über ihr Problem. Ein vertrauensvoller, offener Rapport muss sich erst aufbauen. Ich weiß es einfach noch nicht, wie ich mich als Therapeut unter Telepathen zu verhalten habe.

„Wir sitzen jetzt fast eine Stunde zusammen und sind der Meinung, dass wir miteinander arbeiten wollen. Das ist schon viel. Aber natürlich merke ich ihre Enttäuschung. Deshalb, auch in Vorbereitung, unserer dann wirklich ersten Sitzung: Nicht nur Männer, auch Frauen denken in Bildern. Es sind ihre Bilder, ihre ganz eigenen Bildgedanken. Die Verständigung mit anderen Individuen findet in Worten statt. Wir kennen, kannten nur diese Worte, die meist wohldurchdacht ausgesprochen werden. Ich nehme jetzt ein Beispiel, aus den Bildgedanken, die sie aufgenommen haben:

Ein Mann, noch halber Junge, der sich nie trauen wird sie, die schöne Tina Roberts anzusprechen, hat schon hunderte Mal in ganz plastischen Gedanken mit ihnen geschlafen, sie geliebt, erniedrigt, gequält und eventuell dabei onaniert. Selbstbefriedigung wird heutzutage allgemein akzeptiert. Die Gedanken dabei, würden dem Pornoregisseur die Schamröte ins Gesicht treiben. Nun steht der junge Mann eines Tages hinter ihnen, sie stehen gebückt hinter ihrem Schreibtisch, er sieht ihr Hinterteil, vielleicht sogar die durch den Tanga gedrückten Schamlippen.

Sofort fallen ihm seine Wunschbilder, Wichsbilder, des letzten Abends ein. Er vergleicht mit dem wirklichen Bild, verbessert hier, verändert da. Er ist ganz in seiner Welt. – In die sie brutal einbrechen und über seine Obszönität erschrecken. Er ist derselbe liebe Junge wie vorher und wird es bleiben, egal ob sie seine Gedanken kennen oder nicht. Männer denken ständig an Sex. Das ist so."

Wieder nutzt Frank seine Kaffee-Nikotin-Lasterpause.

„Wir Telepathen werden von den anderen – mit Recht – Toleranz einfordern. Wir werden die Toleranz der Gesellschaft nicht erreichen, wenn wir nicht selber tolerant sind. Werden. Die, die am lautesten Toleranz einfordern, sind es meist selber nicht.

Und ich bin auch ein Mann. Auch deshalb muss ich meine Gedanken halbwegs vor ihnen verschließen.

„Lassen sie uns zu unseren Partnern gehen." Und schon im Aufstehen mit der leeren Kaffeetasse in der Hand:

Wenn sie sich ihrer Liebe zu Michael wirklich sicher sind, dann öffnen sie sich gegenseitig in der Liebe. Genießen sie es.

Und bevor Tina nachfragen kann, hat der Psychologe seine Gedanken schon wieder abgeschirmt. Als Petra und Michael die beiden mit fragenden Augen anblicken, antwortet Frank nur: „Wir haben mit der Therapie begonnen. Heute reden wir nicht mehr darüber. Und Kopfschmerzen habe ich."

Seine neue Patientin nickt zu beiden Aussagen erleichtert.

**

Für Peter Brode war der Montagmorgen wie ein Morgen eines jeden Tages, ja eigentlich besser noch als der gestrige Sonntagmorgen, als er wiedermal allein in seinem Bett aufgewacht war. Immer öfter vermisste er das Aufwachen neben einer vertrauten Person.

Es muss ja nicht gleich Liebe sein.

Und immer öfter ertappte er sich dabei, an seine schöne Sekretärin Kirsten Liebesam zu denken. Immer öfter dachte er bei der Selbstbefriedigung an die tollsten Liebesszenen in seinem Büro.

Ich werde mich doch nicht verlieben. Ich doch nicht!

Doch als er das Büro betritt, ist er enttäuscht, dass sie noch nicht da ist.

Es liegt auch noch kein Hauch ihres unaufdringlichen Parfüms in den Räumen. Das ich auf so etwas achte.

Fast hätte ihn die Tür im Rücken getroffen, als Frau Liebesam mit der großen Postmappe unter dem Arm entgegen ihrer sonstige Ruhe in das Büro stürmt.

„Entschuldigen sie, Herr Brode, aber ich habe gleich die Post von der Verteilungsstelle geholt. Ich koche gleich Kaffee."

„Nun mal langsam, Frau Liebesam. Geben sie mir die Post und stellen sie die Blumen in die Vase." und als sie ihn verwundert anschaut „Na, die ich mitgebracht habe. Einen Strauß für mein Zimmer, einen für diesen Raum hier."

Natürlich hatte der neue Mitarbeiter des Innenministeriums den prüfenden Blick seiner Sekretärin auf sein Hemd und seine Krawatte bemerkt. Es gefällt ihm. Jetzt weidet er sich an der errötenden Haut seiner Sekretärin – freundlich.

Warum komme ich nicht mehr in ihre Gedanken? Es ist schon fast ein Vierteljahr her, als ich die liebende Sorge um ihren Mann deutlich spüren konnte. Dabei werden meine telepathischen Fähigkeiten von Tag zu Tag besser. Hier im Ministerium habe ich schon drei Telepathen entlarvt. Entlarvt ist gut. Eigentlich hätte ich sie melden müssen. Aber wie? Soll ich sagen „Ich, als Telepath" habe den und den als Telepathen entlarvt. Scheiße, das geht nicht.

Seufzend, den jetzt traurigen Blick seiner schönen Sekretärin schon nicht mehr bemerkend, nimmt er die überquellende Postmappe und geht in sein Zimmer. Gleich oben, im ersten Klappfach, der wöchentliche Bericht der wissenschaftlichen Abteilung.

Professor Rohm, der ist doch nur neidisch auf die Telepathen. Deshalb hasst er sie wie die Teufel. Doch das weiß ja nur ich. Aber wenn man das so liest, scheint alles wissenschaftlich exakt zu sein.

Je tiefer Peter Brode in den Bericht einsteigt, desto mehr kann er seine Emotionen, den Hass auf den 'Telepathenhasser', unter Kontrolle bringen. Nur bei den immer wiederkehrenden Forderungen des Professors nach lebendem, gesundem

Forschungsmaterial, kommt dieser Hass, da er sich selbst auf den Seziertisch liegen sieht, wieder hoch.
Der will also das Gehirn von Telepathen untersuchen. Na klar! Doch jeder Telepath wird den Teufel tun. Jeder sieht sich doch sofort an Geräte angeschlossen, sein Gehirn durchbohrt und fein säuberlich in Scheiben geschnitten. So wird das nichts. Interessant ist die These mit den schon immer vorhandenen Telepathen auf diesem Planeten und die Erweckung durch die Aliens. Sind sie die 5.Kolonne der Aliens, ihre furchtbare Waffe im Geheimen, wie der Professor vermutet? Bin ich das? Scheiße! Ich bin's nicht!

Peter wird flüchtig in seinem Studium des Berichtes. Schlägt die nächste Seite der Mappe auf. Ein Dossier über den Psychologen Frank Lehnert.
Noch so ein Eierkopf. Ehemals Schüler von Professor Rohm. Und der Lehrer hasst seinen Schüler. Eierköpfe. Schon wenn ich das Foto anschaue, der mit seinen superkurzen grau werdendem Haar. Die gleiche Schlaumeierbrille wie sein Professor. Hemd ohne Kragen. Scheiße. So ein Hemd habe ich ja auch. Da muss ich noch mal Kirsten fragen, was sie davon hält. Die vom Geheimdienst sind wirklich zu doof. Erst lassen sie zu, dass der Herr Doktor die Wanze in seiner Praxis findet. Und in seiner Wohnung installieren sie das Ding in seinem Weltraumhandschuh. Es ist doch wohl klar, als sie den einen in seiner Praxis klauen, er den anderen in seiner Wohnung dann wegschließt. Die Gesprächsprotokolle aus seinem Bankschließfach sind ziemlich dünn.

Peter Brode muss leise kichern. Ob seiner Reaktion erstaunt – *nicht dass ich etwa Sympathie für den Aliendoktor habe, aber die Kollegen vom Geheimdienst sind auch zu doof.*

Und schon fast gut gelaunt blättert er auf die nächste Seite des Berichts. *Der hat eine Geliebte. Eva Grünert?*

Eva Grünert! Na klar. Ich werde verrückt. Die beiden waren das in der AGG damals. Ich fasse es nicht. Der alte Sack, der ist mindestens 15 Jahre älter als die rote Eva. Die ist doch, war doch

– steht hier, mit Gerd Blume zusammen.

Den Namen Gerd Blume notiert er sich auf einen anderen Zettel mit dem Vermerk 'Observation' und einem Fragezeichen, ist dieser Blume doch inzwischen offizieller Sprecher des Kanzlers.

Also zwei Telepathen – kann ich ja nur vermuten – treffen sich in der Hauptstadt und verbringen die Nacht miteinander. Da sollte man nachhaken. Eva Grünert – ich könnte ihr aber auch einen Tipp geben – so von Telepath zu Telepath. Eventuell wäre sie auch mir gegenüber aufgeschlossen.

Und in Gedanken sieht er sie – nicht zum ersten Male – nackt und gefesselt in seinem Bett. Die nächsten Seiten in seiner Postmappe interessieren ihn nun weniger und er liest sie während er noch an die attraktive Eva denkt. Der zusammengestellte Bericht mit Nachrichten über 'Telepathen in aller Welt' lässt in frösteln. 'Mutantenjagden in aller Welt', 'Bekannte Weltraumgeistliche wird gesteinigt' sind dabei noch nicht die schlimmsten.

Wie hieß sie doch? Mary Welch.

****

Mary Welch. Für die junge Geistliche aus dem südlichsten Kontinent des Planeten war die Rückkehr in ihre Heimat nach ihrem Weltraumabenteuer voller zwiespältiger Gefühle gewesen.

Einerseits ehrte sie der Empfang durch ihre Kirchenfürsten und die Oberen des Staates auf diesem Kontinent, andererseits bedrückte sie immer noch ihre Begegnung mit den Galaktischen.

Eine Telepathin war sie nicht. Als sie damals in der Raumstation nach ihrer Ohnmacht wieder erwacht war, hatte sie zwar mit Dr. Lehnert nochmals telepathischen Kontakt, doch diese Fähigkeit beschränkte sich eben auf diese Person.

Bald schwiegen für sie auch Lehnerts Gedanken.

Schon längst, in dem Monat nach dem Abflug der „Gleichen", hatten die Kirchen dieses Planeten ihre Meinung zu den Glaubensfragen in Beziehung mit den Galaktischen gefunden und nach außen in ihr System eingefügt.

Mary konnte diesen Weg nur schwer mitgehen.

Nach außen war sie wieder wie immer, bescheiden, lächelnd, dankbar. Die etwas hellere Haut hatte sie wohl vom Vater. Die kurzgeschnittenen krausen Haare, der volllippige Mund und die dunklen großen Augen ließen sie als Schönheit sowohl unter den Eingeborenen als auch unter den weißen Einwanderern erscheinen. Sie wurde gerade noch als Eingeborene angesehen. Da die Eltern früh bei einem Buschbrand verstorben waren, hatten sie ihre Ausbildung in einem Kloster genossen und folgerichtig den Weg einer Geistlichen genommen. Als Ziehkind des Bischofs nahm sie einen steilen Aufstieg, studierte später im Ausland, beherrschte fünf Sprachen und galt als außerordentlich intelligent. Gerade diese Eigenschaften und der Umstand, dass sie von Geburt eine halbe Eingeborene war, hatten ihr den Quotenplatz in der Raumstation gebracht.

Ein ranghoher Vertreter der Kirche, hätte eventuell gleich im Weltraum, an Ort und Stelle, Statements abgeben müssen. Das war allen Kirchen zu gefährlich. Von einer Mary Welch verlangte das keiner. Und so sportlich fit war dann auch kein Bischof.

Ihre Ohnmacht passte in das Konzept. Die Kirche konnte schweigend beobachten. Ihr nicht genehmigter Vorstoß in Sachen Glaubensfragen hatten die Kirchen, die Religionsvertreter des Planeten, nicht brüskiert. Gleich nach der Landung, ihr Gesundheitszustand hatte sich schnell verbessert, war sie dann auch vom heiligen Vater empfangen worden. Mary berichtete vor der außerordentlichen Versammlung der großen Kirchen und Religionen. So waren diese Tage, Wochen und Monate wie im Flug vergangen.

Immer wieder, wenn sie zur Besinnung kam, musste sie an ihre telepathische Zwiesprachen mit den Galaktischen und der stummen Verständigung mit diesem Dr. Lehnert denken. Nach ihrer Ohnmacht litt sie immer noch an diesem Rauschen im Ohr. Manchmal glaubte sie Stimmen aus diesem Rauschen selektieren zu können.

Nein ich bin keine Telepathin!

Nun, Monate nach der großen Aufregung, hatte die junge Geistliche Urlaub eingereicht und bekommen.

Fort von den lauten Menschen, den Städten mit den riechenden Autos. Fort von den falschen Menschen, die mir zum couragierten Auftritt gratulierten und in deren Augen ich das Lauern auf irgendeinen Fehler von mir sehen kann.

Mary packte ihren Jeep. Treibstoff, Decken, ihre ganze outdoor-Ausrüstung und vor allem Wasser verschwanden in dem Fahrzeug, in dem sie auch schlafen wollte. Seit Tagen vermeinte sie aus den Stimmen in ihrem Kopf einen Ruf zu vernehmen, der sie in die Wildnis holte.

Komm zu uns.

Die ersten 400 Meilen fuhr sie am ersten Tag in einem Ritt geraden Wegs ins Landesinnere.

Komm zu uns benutzte sie dabei wie einen Kompass.

Als ob ich in Trance bin. Als ob ich die Stimmen der Galaktischen höre. Nein, anders, ganz anders. Ich muss dahin.

Die karge Landschaft flog am Fenster des robusten Fahrzeuges dahin. Einzelnes Grün stand in einem sonst eintönigen Gelb. Die schon langweilige Flora wurde durch eine nicht vorhandene Fauna noch abgewertet. Die Tiere schienen sich vor ihr zu verstecken. Doch es störte sie nicht. Abends saß sie vor einem kleinen Feuer, auf dem sie Wasser für Tee und Konserven erwärmte. Essen konnte sie dann nichts. Das dumpfe leise Trommeln der Eingeborenen, ein permanentes Geräusch im Busch, empfand sie als normal, störte sie nicht. Ja, es brachte ihr ein schnelles Einschlafen.

Auch der zweite Tag wurde vom gleichen Muster geprägt. Ein paar hüpfende Tiere hatte sie gesehen. Doch die waren beim Anblick ihres Jeeps schnell geflüchtet. Am dritten Tag war es der Ruf *komm zu uns,* der sie aus dem Schlaf weckte.

Sie fuhr sofort, unausgeschlafen, los.

Immer wieder waren ihr im Traum die Galaktischen erschienen und hatten ihr zugerufen 'Du lügst!' Dieser Traum war nicht neu für Mary, verfolgte er sie doch seit ihrem Weltraumabenteuer immer wieder einmal.

Ich lüge nicht! Ich habe nicht alles über meine Begegnungen mit den Galaktischen gesagt. Das hätte mir doch keiner geglaubt. Und dann konnte ich mich hinterher nur mit Dr. Lehnert mit Gedankenkraft verständigen. Er bat mich, darüber Stillschweigen zu bewahren. Noch. Was meinte er mit, noch? Ein toller Mann, dieser Psychologe. Wie muss es sein, mit einem Mann alle Gedanken zu teilen.

Und sie schwelgt in Gedanken. Kichert vor sich hin, als sie merkt, dass ihr das Blut in den Kopf gestiegen war.

Wenn ich weiß wäre, wäre ich jetzt rot.

Mary ist noch Jungfrau. Ihr Glaube verlangt es nicht und es hätte ihr auch keiner geglaubt. Doch sexuelle Enthaltsamkeit war eine erstrebenswerte Tugend. Schon öfter, eigentlich immer häufiger, hatte sie sich das Zusammensein, Zärtlichkeiten, mit einem Mann erträumt.

Alle Gedanken teilen!

Dieser Gedanke erregt sie. Erregt sie stark.

Ich mache eine Pause.

Mary war fünf Stunden in den Morgen hinein gefahren. Fast Mittag, noch kein Grund für eine Pause. Doch sie hält, fast trotzig, das Fahrzeug, öffnet die hintere Klappe und holt sich eine Decke und eine weitere für den Kopf. Aus beiden baut sie sich ein kleines Lager.

Seit fast drei Tagen allein in der Wildnis zieht sie ihre Shorts und ihren Slip aus; legt sich auf die Decke. Die Augen geschlossen fängt sie mit der rechten Hand an, die Finger durch das dichte schwarze Büschel Haare steckend, ihre Schamlippen zu reiben. Dabei denkt sie intensiv an den Psychologen, dem sie erst im Trainingskamp und dann im All sehr nahe gekommen war. Sie erinnert sich seiner Gedanken in ihrem Kopf. Ihre Finger spüren das Schwellen, die Wärme und Feuchtigkeit. Ihr Reiben wird intensiver. Es verlagert sich auf das Areal zwischen den Schamlippen, die sie jetzt mit den gespreizten Finger der linken Hand offen hält. Die wohltuende Wärme im Unterleib verteilt sich auf den ganzen Körper. Wellen der Anspannung bei gleichzeitiger Entspannung gehen durch ihren Körper, finden den Rhythmus ihrer Finger. Ihre Oberarme übertragen den Rhythmus auf ihre fülligen, doch festen, Brüste.

Alle Gedanken teilen, alle Gefühle.

Längst ist die Gestalt des weißen Psychologen durch eine und dann noch eine andere Männergestalt ersetzt, mit ihnen verschwommen. Die höchste Welle größter Anspannung folgt die tiefste Entspannung, die Mary mit einem lauten Schrei begleitet. Die schnell abklingende Amplitude ihres Orgasmus' genießt die junge Geistliche fast im Halbschlaf. Das Zeitgefühl ist ihr abhanden gekommen. Hinterher weiß sie nicht, ob sie geschlafen hat.

Plötzlich vernimm sie die bekannte Stimme in ihrem Kopf
Du bist gekommen.

Erst denkt Mary, sie träumt. Ist fast versucht ob der Doppeldeutigkeit der Worte zu lächeln, als es ihr siedendheiß durch den Kopf und Körper schießt, was sie gerade eben getan hat. Voller Vorahnung, noch in der entspannten, mit angewinkelten Beinen, Haltung liegend, reißt sie ihre Augen auf.

Wie gelähmt sieht sie durch den Winkel ihrer halbgespreizten Oberschenkel fünf Eingeborene drei Meter vor ihr auf den Boden sitzend. Jetzt kann auch ihre natürliche Bräune das in den Kopf geschossene Blut nicht mehr verbergen. Irgendwie die Hand vor die Scham haltend springt sie auf. Halb den Slip hochziehend, mit der anderen Hand die Hose greifend rennt sie zu ihrem Auto, schlägt die Tür zu und will starten. Doch es steckt kein Schlüssel.

Er ist nicht da! Oh Gott!

Nun wieder geistesgegenwärtig verschließt sie den Jeep von innen und gibt sich mit beiden Händen auf das Lenkrad schlagend, laut weinend, ihrem Schamgefühl hin. Klare Gedanken kann sie nicht fassen.

Erst nach einer Weile vernimmt sie *Du bist gekommen* in ihrem Kopf.

Sie will nicht, doch sie zwingt sich zu der Stelle zu schauen, an der sie eben die Eingeborenen erblickt hatte. Diese sitzen immer noch regungslos auf der Stelle. Nichts in ihren Gesichtern verriet, was sie eben gesehen hatten.

Vielleicht sind sie ja später dort erschienen versucht Mary sich selbst zu beruhigen. Doch als ihr Blick auf ihr provisorisches Lager und den davor Kauernden fiel, schlägt sie noch einmal wütend mit beiden Händen auf das Lenkrad.

Du bist gekommen. Setz dich zu uns.

Noch mal sich nach dem Autoschlüssel umguckend öffnet Mary resignierend die Autotür. Angst verspürt sie keine, ihr Schamgefühl kommt in Wellen immer wieder. Endlich gelingt es ihr, die Eingeborenen zu mustern. Völlig nackt, mit einer weißen für Mary unverständlichen Körper- und Kopfbemalung versehen, kauern sie vor Ihr. Unter ihr, da sie immer noch stand.

Setz dich zu uns.

Für Mary machte es nichts aus, sich in der für die Eingeborenen typischen Kauerhaltung, zu setzen.

„Was wollt ihr .... Seid ihr schon lange hier?" befragt sie die

vor ihr Sitzenden in der Eingeborenensprache.
Wir sind schon immer hier. Lange bevor die weißen Menschen kamen.
Mary wundert sich nicht über die Stimme in ihrem Kopf. Noch als sie im Auto saß, war ihr deren Herkunft klar geworden.
Seid ihr wie die Galaktischen?
Nur du kennst die Galaktischen. Auch wir haben ihre Stimme gehört, haben sie in eurem Bilderkasten gesehen. Wir haben dich in dem Kasten gesehen.
Ihr habt Fernseher?
Mary schaute skeptisch auf die Nacktheit der Eingeborenen. Ohne Absicht, und doch nicht unabsichtlich fällt dabei ihr Blick auf den Penis des direkt vor ihr Sitzenden. Durch die Augenwinkel vergleicht sie sein Glied mit denen der anderen. Das ihr gleichzeitig in den Kopf schießende Blut hat mehr Ärger denn Scham als Ursache. Das alles spielte sich in Bruchteilen von Sekunden in ihrem Kopf ab. Die Männer bemerkten es nicht. Oder reagierten darauf nicht.
Was denkst du?
Wieder diese Doppeldeutigkeit!
Ihr habt uns Strom und Bildkasten gegeben. Wir nutzen sie anders als ihr. Jetzt noch mehr.
Wieso jetzt?
Schau mich an. In die Augen. Ich öffne dir meinen Geist. Lausche!
Mary konzentriert sich auf den in der Mitte sitzenden Eingeborenen, von dem sie glaubt, dass er zu ihr gesprochen hatte. In schneller Bildfolge sah sie Eingeborene, wie sie der Stimme der Galaktischen lauschten, die ihr Kommen der Erdbevölkerung avisierten. Sie sieht die kaum merkliche Veränderung im Zusammenleben der Menschen in der nachfolgenden Zeit. Diese Menschen, das weiß sie, waren schon immer ohne viele Worte der Verständigung miteinander aus-

gekommen. Gesten, Blicke und über tausende von Jahren verinnerlichte, kaum veränderte, Verhaltensnormen ließen die Kommunikation arm erscheinen. Doch Mary sieht jetzt die neue Qualität im Gedankenaustausch der einfach erscheinenden Menschen. Sie sieht die Bilder der Begegnung mit den Galaktischen aus einer ganz anderen Sicht. Anders. Sie sieht die Erweckung ihrer telepathischen Fähigkeiten.

Die folgenden Bilder verwirren sie zuerst. Sie sieht die Eingeborenen in Verhandlung mit Regierungsbeamten. Vernimmt deren Worte und hört gleichzeitig deren Gedanken, wie sie lügen, abfällig über die Eingeborenen denken. Wie ein Beamter auch ob seines persönlichen Vorteils die Eingeborenen betrügt. Die brechen darauf die Verhandlungen ab.

Und nun? Warum zeigt ihr mir das? Mir, die Priesterin einer Religion, die nicht die eure ist.. Ich lebe nicht hier im Busch.

Weil du eine von uns bist. Du denkst wie wir und weißt wie die anderen denken.

Mary Welsch kauerte auf dem Boden, die Arme um die Knie gelegt, den Kopf auf den Knien. Ihr Leben zog an ihr vorüber, das Leben im Kloster, ihr Studium, das Weltraumabenteuer, die vielen Begegnungen mit Menschen.

Es war, als würde ihr Kopf nach und nach leer. Sie bemerkte kaum, dass man sie aufrichtete, ihr die Sachen auszog und mit einer weißen und roten Farbe Zeichen auf den Körper malte. Alles verlief wie im Trance.

Als sie ihre Augen wieder öffnet, sieht Mary, dass sich die Lichtung mit Menschen gefüllt hat. Frauen, Kinder und Männer allen Alters. Alle sind wie sie unbekleidet und mit der Bemalung versehen.

Ein Feuer ist angezündet, es wird getrommelt und mit Bambusrohren langgezogene dumpfe Töne geblasen. Ein herb süßliches Getränk macht in einer irdenen Schale die Runde. In

diesem Stamm werden keine Worte gesprochen.
Doch Mary erkennt ihre Aufgabe.

Als sie am nächsten Morgen, geweckt durch die wärmenden Strahlen der Sonne auf ihrem Gesicht, erwacht, liegt sie nackt auf ihrem am Vortag gebauten Deckenlager. Ihre Sachen, alle, liegen säuberlich gefaltet neben ihr.
Habe ich geträumt?
Doch ein einfacher Tonkrug mit frischem kaltem Wasser, wie sie dankbar beim Trinken bemerkt, steht neben ihren Sachen.
Schnell geht sie, immer noch nackt zum Auto und sieht in den Spiegel, dann an ihren Körper herunter. Die Bemalung ist verschwunden.
Zum Glück keine Tätowierung. Und wenn?
Der Jeep ist schnell, mit Sprit aus Kanistern getankt, gepackt und für die Rückfahrt bereit. *Der Schlüssel steckt,* bemerkt sie lächelnd. Und in diesem Gefühl denkt sie im Auto sitzend an den vergangenen Tag zurück. Die anfängliche Scham spielte dabei kaum noch eine Rolle.
Na und? Wie ist das mit Selbstbefriedigung meiner Brüder? 'Meiner Brüder.' Es sind also meine Brüder. Nur weil meine Mutter eine von Ihnen war? Das kann es nicht sein. Wir sind doch alle Brüder und Schwestern vor Gott. Und die Galaktischen?

Dieser Art Gedanken beschäftigten Mary während der Heimfahrt. Karte und Kompass braucht sie kaum. Erst am Abend, als sie sich zum Schlaf fertig machte, kontrolliert sie die gefahrene Strecke. Jetzt kann sie auch Tiere auf ihrer Fahrt beobachten. Die Büsche, Gräser und Bäume erscheinen ihr grüner. Das dumpfe Trommeln am Abend ist ein Gruß für sie.
Als sie dann am Abend des 7. Tages nach ihrer Abfahrt mit dem Jeep des Bischofftums in den Hof der Fahrbereitschaft des Sitzes der Landeskirche einfährt, grüßen sie freundliche Kirchenangestellte.

„Schon wieder hier? Sie wollten doch drei Wochen das Land bereisen." begrüßt sie auch der Chef der Fahrbereitschaft.

Erst unbewusst, dann schon, will Mary seine Gedanken mit dem Gesagten vergleichen.

„Ist was mit dem Wagen?"

Hoffentlich hat sie ihn nicht kaputt gemacht. Eine Frau und dann noch Eingeborene. Wie die schon aus dem Hof gefahren ist.

„Am Wagen ist nichts und ich fahre seit sechs Jahren unfallfrei. Wie ein Auto funktioniert, weiß ich auch."

Mary ist wütend. Ohne ein weiteres Wort nimmt sie ihre Sachen aus dem Jeep. Das verdutzte Gesicht des Mannes mahnt sie jetzt zur Vorsicht. Der böse vorgetragene Satz: „Können sie meine Gedanken lesen?" bestätigt Mary in ihrer Vorsicht. Schnell reagiert sie.

„Die Sorge um das Auto stand ihnen eben im Gesicht geschrieben. Da brauche ich ihre Gedanken gar nicht zu hören. Ha, ha."

Ihre freundliche Art, ihr schönes Lachen beschwichtigen den Mann, der die Episode sofort vergisst. Nicht ganz.

Am nächsten Morgen erscheint Mary im Vorzimmer des Bischofs. Der Sekretär, Jeffry Foulon, des Bischofs empfängt sie affektiert mit offenen Armen.

„Mary, sie sind schon wieder zurück. Was für eine Überraschung."

Du Schleimer, du hast es längst gewusst.

Doch sie macht gute Miene zum rituellen bösen Spiel des jungen Mannes. Sie kennt ihn und weiß um seinen Neid auf ihre bevorzugte Stelle bei seinem Chef. Eigentlich hatte sie auch ärgere Gedanken bei ihm vermutet, ihm schon lange deswegen vergeben, doch sie spürt nur Unsicherheit ob ihrer vorzeitigen Rückkehr. Sie zieht ihre mentalen Fühler langsam und teilweise zurück.

Ich muss nicht, darf nicht, bei jedem in den Kopf schauen. Das halte ich nicht durch.

„Kann ich zum Bischof? Es ist wichtig." Der junge Mann hat diese Frage selbstverständlich erwartet.

„Ich werde ihn fragen, ob er Zeit für sie hat."

Für die hat er doch immer Zeit. Wer weiß was da läuft. Die Intensität der dabei abstoßenden Bilder erschrickt Mary nun doch. Wieder hatte sie in die Gedanken des Mannes gelauscht. Obwohl dieser Mensch es nicht wirklich glaubte, hatte er sich obszöne Bilder mit Mary und seinem Chef vorgestellt.

Ich wollte doch nicht. Ich muss es lernen, meine telepathischen Kräfte zu lenken, abzuschalten. Doch diese Bilder haben mich einfach überrannt.

Noch mit ihren Gedanken beschäftigt hört sie „Selbstverständlich hat der Bischof Zeit für seine berühmte Weltraumfahrerin."

„Mary, kommen sie rein." Und ohne Jeffry eines weiteren Blickes zu würdigen geht sie durch die offene Tür zum Schreibtisch des Bischofs.

„Du bist nach einer Woche schon zurück? Geht es dir nicht gut? Bedrückt dich etwas? Ich sehe es doch, dich bedrückt etwas. Nimm Platz."

Mary verspürt die echte Sorge ihres Ziehvaters und Vorgesetzten. So nimmt sie sich vor frei zu sprechen und berichtet von ihrer Reise, ihr Treffen mit den Eingeborenen, ihre jetzt in vollem Umfang erweckte Gabe der Telepathie. Einige Einzelheiten lässt sie weg. Nochmals schildert sie ihre Gedanken bei dem Treffen mit den Galaktischen, den Grund für ihre Ohnmacht. Jetzt aus der Sicht der verstrichenen Zeit und ihrer Begegnung im Busch. Nach einer halben Stunde hatte der Bischof sie kurz unterbrochen, um Termine abzusagen.

Jetzt, fast 90 Minuten sind vergangen, Mary hatte mit der mentalen Erprobung ihrer Fähigkeiten beim Fahrdienstleiter und den Hässlichkeiten in Jeffry Foulons Kopf ihren Bericht beendet, sitzt der Bischof regungslos, in sich zusammengesunken, auf dem Sessel der kleinen Sitzgruppe in seinem Arbeitszimmer.

Mary wartet geduldig, verbat sich selbst jeden gedanklichen Kontakt mit dem in der letzten Stunde um Jahre gealterten Mann vor ihr. „Liest du jetzt in meinen Kopf?" fragt er sein Gegenüber. Mary schüttelte den Kopf.

Könntest du in meinem Kopf lesen?

Diese Gedanken – mehr für sich gedacht, denn der Bischof war kein Telepath – die er mit einem fragenden Blick auf Mary begleitet – beantwortet die junge Geistliche mit einem verhaltenen Nicken.

„Bitte lass mich jetzt allein. Ich muss nachdenken."

„Sie haben Angst, dass ich diese Gedanken lese."

„Ja. Komm in einer Stunde zu mir. Nein, nach dem Mittagessen. Um 14.00 Uhr. Geh jetzt bitte."

Wortlos wendet sich Mary ab. Diese Reaktion hatte sie nicht erwartet.

Das Mittagessen war ihr egal. Sie hätte hinterher nicht mal sagen können, was sie gegessen hatten. Bei einen Blick aus dem Fenster nahm sie beiläufig war, wie Jeffry Foulon über den Hof das Gebäude verließ. Sein Gang wirkte dabei eigenartig. Er drückte die Knie zu stark durch. Mary versuchte über die fast 50 Meter in seine Gedanken zu kommen, konnte aber keine Bilder erkennen. Nur das Wort *Schlampe* drang undeutlich zu ihr durch. Doch sie schenkte dem keine große Bedeutung.

Pünktlich 14.00 Uhr betritt die junge Telepathin mit dem krausen Haaren und den für eine Geistliche ungehörigen sinnlichen Lippen das Vorzimmer des Bischofs.

Die Tür zu ihm steht offen. Das Vorzimmer selbst ist unbesetzt.

Mary ist enttäuscht, als sie bemerkt, dass ein ihr unbekannter Mann bereits auf der Couch sitzt. Den fragenden Blick Marys beantwortet der Bischof nur mit „Komm herein mein Kind und schließe die Tür hinter dir."

Und zu dem Mann sagt er „Mary Welsch werden sie kennen," und zu Mary im gleichen Atemzug „das ist Mister Zensig vom Innenministerium."

So sieht der auch aus mit seinem knitterfreien Anzug, makellos weißem Hemd und schwarzem Schlips. Fehlt nur die Sonnenbrille.

Als sich Mary dem Bischof gegenüber gesetzt hat, fängt dieser gleich an „Mary, du kannst Gedanken lesen. Wir können das nicht. Wir wollen ein gleichberechtigtes Gespräch führen. Ich bitte dich, nicht in unseren Köpfen zu wühlen."

Ich wühle nicht in Köpfen!

Nach außen nickt sie nur.

„Also," der Bischof sieht auf den streng blickenden Beamten „ich fang mal an. Bestimmt hast du in der Presse und im Fernsehen verfolgen können, dass es in anderen Ländern Probleme mit Telepathen gibt. Auch der Heilige Stuhl hat schon vor Wochen uns Bischöfe und andere hohe Geistliche in dieser Frage konsultiert."

Mary erinnerte sich an solche Berichte und an die Dienstreise in das Mutterland ihrer Religion.

Was hat das mit mir zu tun?

„Ich wurde auch befragt, von unserer aller höchsten Kirchenleitung und von unserer Regierung, ob du eine Telepatin bist. Diese Frage habe ich bisher immer mit voller Inbrunst mit 'Nein' beantwortet. Und ich glaube, ich hatte Recht. Jetzt berichtest du, seit deiner Begegnung mit den telepathischen Eingeborenen bist du eine Telepatin. Das stellt uns vor eine neue Situation. Die Kirche und den Staat. Warte! Ich habe es natürlich nachgeprüft. Du hattest meine Gedanken gelesen. Und als du weg warst, habe ich Jeffry befragt. Erst stritt er seine ketzerischen Gedanken," und mit einen Blick auf den Boden „du weist schon, die Bilder der Unzucht, ab."

Hier unterbrich ihn die aufgebrachte Mary Welsch.

„Aber Herr Bischof, das hatte ich ihnen im Vertrauen erzählt!"

„Warte Mary, warte! Hier ist das Problem. Genau hier! Denke nach.... Wir kennen uns nun so lange. Was meinst du denn, habe ich nie ähnliche Gedanken gehabt? Meinst du denn, der Teufel wollte mich nie verführen – bevor Gott mir die Stärke gab, ihm zu widerstehen. Sitzt der Teufel nicht immer in unseren Gedanken? Immer! Und nur Gott hilft uns, diese Gedanken nicht Wirklichkeit werden zu lassen. Gedanken sind oft eine teuflische Realität."

„Aber Herr Bischof."

Mary droht zusammenzubrechen

Was will er, was will dieser Mister Zensig von mir. Der arme Jeffry.

Und wie aufs Stichwort beginnt der Beamte zu sprechen „Mary, ich darf sie doch Mary nennen," *nein!,* sie nickt mit geschlossenen Augen „wir müssen das Problem der Telepathie wissenschaftlich erforschen. Dazu brauchen wir sie und ihre Mitarbeit."

An dieser Stelle bricht die Geistliche ihr Versprechen und lauschte den Gedanken des Beamten.

Hier sah sie sich in einem Raum, ein Labor mit Drähten wie bei einem EEG an ihrem Kopf, sah Eingeborene mit eben diesen Drähten im gleichen Raum. Und sie schrieen, konnten sich nicht wehren, da sie festgeschnallt waren.

Weinerlich, denn ihr ist zum Weinen zumute, wendet Mary sich an den Bischof.

„Ich habe eine neue Aufgabe. Ich will mich für die Rechte der Eingeborenen einsetzen. Aufpassen, dass sie nicht betrogen werden."

„Aber Mary, das kannst du doch. Du sollst uns doch nur helfen." Der Bischof versucht sie zu beruhigen.

„Das kannst du doch. Ich werde dir auch dazu den Auftrag

und die Unterstützung unserer Kirche geben."

Er lügt nicht. Oder kann er seine Gedanken so beherrschen, in eine Richtung drängen. Mein Bischof hat Angst vor mir!

Zu Zensig gewandt „Und was passiert mit dem Eingeborenenstamm?" „Wir suchen sie gerade, um uns deren Mitarbeit zu vergewissern." Mary sieht Hubschrauber und Jeeps mit Soldaten mit grossen Gewehren, mit Hunden, den Busch durchstreifen.

Zum Glück wissen sie nicht genau, wo ich war.

„Einen Augenblick bitte, ich muss nachdenken." sagt sie zu den beiden Männern.

„Kann ich bis morgen nachdenken und mich morgen entscheiden?" Mary hört:

Sie soll ruhig denken, sie hat sich selbst entschieden. Wenn sie es freiwillig tut, dann können wir auch einen Tag warten. Ich schicke die Männer nachher nach Hause. Sie wird es gar nicht merken.

Wie sollte ein Nichttelepath auch wissen, wenn seine Gedanken belauscht werden.

Beide Männer atmen erleichtert auf „Selbstverständlich. Die Zusammenarbeit kann doch nur freiwillig sein."

Ohne ein Wort des Abschiedes, tief in die eigenen Gedanken versunken, verlässt Mary den Raum.

Wie soll ich mich entscheiden? Wenn ich nicht freiwillig mit denen zusammenarbeite, werden sie mich zwingen.

Andere sollten sie von ihrem Zwiespalt auf makabere Weise befreien. Als sie das Gebäude wie immer über den Hof verließ, bemerkt sie die bösen Blicke des Fahrdienstleiters und des hinter ihm stehenden ehemaligen Sekretärs des Bischofs nicht.

Mit dem Bus war sie bis zu ihrem kleinen Vorstadthaus gefahren. Der kleine Vorgarten hatte ihr ihre einwöchige Abwesenheit missgönnt. Die Nachbarn hatten es versäumt den Rasen und die bescheidenen Rabatten zu gießen.

Auf dem Weg von der Haltestelle zum Eingang des Vorgartens stolperte Mary über eine Stelle des kleingepflasterten Gehweges. Immer wenn ein größeres Fahrzeug mit seinen Rädern auf den Gehweg kam, wurden die kleinen grauen Granitwürfel des eigentlich edlen Gehweges locker. Es dauerte manchmal Wochen, bis ein Arbeiter der städtischen Verwaltung die Pflasterschäden reparierte. Heute sah Mary den Pflasterschaden nicht, kaum störte sie der Zustand des Vorgartens ihres Häuschens.

Was soll ich nur tun. Dieser Zensig war ein Geheimdienstmann. Eigentlich möchte ich den Dr. Lehnert anrufen. Ich habe seine Telefonnummer gar nicht. Aber eventuell würde ich ihm nur schaden. So wie ich meinen Brüdern wahrscheinlich geschadet habe.

Längst war sie in ihrem Wohnzimmer, sitzt auf ihrem Lieblingssessel, hat gar nicht gemerkt, wie sie dahin gekommen ist. Ihre Gedanken rasen.

Wie kann ich meine Brüder warnen. Sie hatten soviel Vertrauen zu mir.

Angestrengt versucht sie telepathischen Kontakt aufzunehmen. Wieder und wieder. Doch es gelingt ihr nicht.

Später, es wurde langsam dunkel, kniet sie und betet zu ihrem Gott, bittet verzweifelt um Rat.

Stunden vergehen.

Erst leise, dann lauter, dringen Geräusche zu der immer noch Betenden durch. Geräusche, die Mary erst einer Gartenfeier ihrer Nachbarn zuordnet. Doch die akustische Ausstrahlung einer lärmenden Menschenmenge wird immer lauter, strahlten eine Bedrohung aus. Marys Blick geht zum Fenster.

Die Straßenbeleuchtung ist aus. Kein Mond. Noch nie war es hier so dunkel. Ich habe es gar nicht gemerkt. Warum sind die Menschen so laut.?

Mary versucht, den sich eindeutig näher kommenden Menschen gedanklich zu nähern, schreckt doch über die Aggressivität, Hässlichkeit der Gedanken zurück.

Die denken an mich. An Mary Welch.

Nicht ängstlich, doch verstört betätigt Mary den Lichtschalter. Das Aufflammen der Lampen in ihrem Wohnzimmer wird von einem Aufjaulen begleitet. Jetzt doch ängstlich schaute Mary aus dem Fenster. Vor ihrem Haus, vor dem kleinen weißen, nur der Optik dienenden, Vorstadtzaun, steht eine Gruppe von Menschen.

Es sind 30, fast 40. Was wollen sie von mir?

Jetzt sieht die junge Frau, dass einige von den vorwiegend Männern, weiße Männer, Schilder in der Hand halten, diese schütteln und aggressiv gegen ihr Haus, gegen sie ausstrecken. Andere tragen Fackeln. So kann sie, völlig verschreckt auch die Texte, die Wörter lesen.

'Hexe', 'Mutantin'. Die meinen mich. Was soll das? Ich habe ihnen doch nichts getan. Das kann nur ein Irrtum sein! Ich habe keinem was getan.

Entschlossen geht sie zu ihrer Haustür, öffnete diese und stellt sich auf den Sims der Treppe. Das Öffnen der Tür und ihr Heraustreten werden wieder mit einem aggressiven Johlen der Menge begleitet. Der Gartenzaun ist längst umgeworfen. Mary streckt die Hände nach vorn und will fragen, einfach nur fragen, als der erste Stein fliegt. Das laute Scheppern der Fensterscheibe neben ihr, lässt die junge Frau sich erschreckt umdrehen. Diese Geste, immer noch mit erhobenen Armen, ruft eine hässliche Heiterkeit bei der Gruppe hervor.

Inzwischen gehen in den Nachbarhäusern die ersten Lichter an. Weitere Steine treffen das Haus der Geistlichen. Mary dreht sich wieder zu der Gruppe und rief „Warum?". „Darum!" hörte sie eine Männerstimme und glaubte Jeffry Foulon zu erkennen. Dann kracht es fürchterlich in Marys Kopf. Und dann noch einmal. Ein Stein hat Mary am Unterkiefer getroffen, ihre

Unterlippe gespalten, der andere traf sie zwischen Schläfe und Augenbraue. Die zweite Wunde blutet stark. Noch immer spürt Mary keinen Schmerz. Benommen sinkt sie in die Knie. Die Arme ausgestreckt, die Augen geschlossen kniete sie vor ihrer Haustür als sie näherkommende Sirenen vernimmt.

Die lauten Stimmen, schon bei ihren Verletzungen leiser geworden, verteilen sich. Langsam, jetzt schmerzt ihr Kopf wie wahnsinnig, öffnete sie die Augen. Vor ihr steht eine Frau. Mary kennt sie nicht. In der rechten Hand hält die Frau eine Zwischenstrebe des weißen Zaunes. Die hasserfüllten Augen der Frau, lassen Mary die Augen schließen. In ihren Kopf vernimmt sie eine Stimme, die zu diesen Augen passte.

Du verdammte schwarze Mutantin. Du bist schuld. Du hast mich und meine Familie angesteckt.

Mary öffnet die Augen, will die Frau wieder anblicken, doch sie sieht wie in Zeitlupe, die auf sie niedersausende weiße Zaunstrebe. Das hässliche Geräusch des Brechens ihres Schädels kann sie nicht mehr hören.

Die kurz darauf eintreffende Polizei sah die Leiche vor dem Haus und die Steine, zum Teil blutig und im Blut liegend, um die Leiche herum. Sie stellte fest, dass mindestens ein Stein mit großer Wucht geschleudert sein musste, um solch eine Wirkung zu hinterlassen.

Als am nächsten Tag der Bischof vom Tode seines Schützlings und der Steinigung erfuhr, brach er zusammen. Ein schwerer Gehörsturz fesselte ihn für zwei Wochen ans Bett. Aus dem Krankenhaus entlassen, nahm er Genesungsurlaub, zu dem er sich den Jeep aus der Fahrbereitschaft von seinem Stellvertreter erbat.

Das er jetzt dessen verwunderten Gedanken lesen konnte, ließ er sich nicht anmerken.

****

Wochen nach dem Einbruch war wieder Ruhe in den Praxisalltag eingezogen.
Wie vor einem Jahr behandelte der Psychologe Dr. Frank Lehnert seine Patienten. Die neu aufgenommenen und alte, die zu ihm zurückgekehrt waren. Alles wie vor einem Jahr. Fast!
Natürlich war seine Gabe der Telepathie jetzt etwas Neues. Hier unterdrückte der Psychologe die Versuchung, sich in die Gedanken seiner Klienten 'einzuklinken', da tat er es ganz ungeniert. Eigentlich war er immer versucht es zu tun.

Heute, jetzt nach der Mittagspause, fühlt er sich frisch und ausgeruht. Jetzt will er seine Gabe wieder einmal 'wissenschaftlich testen'.

Es ist noch kein Patient im Wartezimmer, als er in die Praxis kommt.

„Na, Frau Schubert, was erwartet uns denn heute Nachmittag." begrüßte er seine Assistentin.

Diese lächelte ihn verschmitzt an „Eine ihrer Lieblingspatientinnen ist zurück, Frau Duzmal."

„Oh Gott, ich hatte bis eben gute Laune."

Dr. Lehnert kann, als er sein Zimmer betritt, gerade noch das halb gehässige, halb freundliche Kichern Frau Schuberts hören.

Diese Frau Duzmal begleitete ihn seit der Eröffnung seiner Praxis. Immer wieder mal bezahlte die Krankenkasse 30 Sitzungen für Frau Duzmal bei ihm. Mal hatte er selber den Antrag an die Kasse gestellt, mal wurde sie von einem Kollegen überwiesen. Eigentlich gehörte diese Patientin mit ihrer Krankheit, eine Mischung aus Symptomen von Depression, Phobien bis hin zu Panikattacken, nicht zu ihm. Manchmal hörte sie auch Stimmen. Ihre Aggressionen hatte sie halbwegs im Griff. Für die Diagnose Borderlinerin, Schizophrenie oder Persönlichkeitsstörung reichten ihr Verhalten und ihre Äußerungen nicht. Zumal die Symptome in Schüben kamen. Schon zweimal hatte der Psychologe sie zu einem Analytiker geschickt. Doch jedes Mal hatte sie die Behandlung nach fünf Sitzungen abgebrochen. Immer wieder erschien sie bei ihm. Da die Kassen jetzt schon seit Jahren für sie nicht mehr aufkamen – sie hatte Behandlungen abgebrochen – war Frau Duzmal Privatpatientin, völlig ohne Kasse. Sie, oder besser ihr Mann, bezahlten jede Sitzung direkt bar.

Auch nicht schlecht.

Lehnert hatte alles probiert. Gesprächstherapie und kognitive Verhaltenstherapie verschafften der kinderlosen Frau eines wohlhabenden Geschäftsmannes, nach ihrer Aussage, eine erhebliche Linderung ihres Leidensdruckes, schwächten die Symptome ab. Heilten sie aber nicht. Psychopharmaka lehnte sie ohne nähere Begründung ab. Einmal hatte er ihr eine Entspannungshypnose angeboten, die sie dann nach langem Zögern, erst auf der übernächsten Sitzung angenommen hatte. Diese verlangte sie dann immer wieder – sie bezahlte bar, und es half ihr.

Eigentlich war das damals ganz schön kühn von mir. Tendenzen zur Borderlinerin und Schizophrenie, Symptome die klar gegen eine Hypnose sprechen, ja fast verbieten. Der Erfolg hat mir Recht gegeben. Ich könnte ja mal, jetzt, ergründen, warum Hypnose ihr hilft. Unter den neuen Bedingungen, mit meiner Gabe, könnte ich auch eine Regression versuchen. Jetzt kann ich die Gefahr eines Kollapses besser einschätzen.

Mitten in der gedanklichen Vorbereitung seiner Therapie klopft es kurz an der Tür und Frau Schubert steckt mal wieder unnachahmlich ihren Kopf zwischen Zarge und Blatt.

„Frau Duzmal ist da."

Und diesmal rollt Frau Schubert noch mit den Augen, so dass der Psychologe über das Outfit seiner Patientin gar nicht erschrocken ist. Und noch bevor er seine Patientin begrüßte, schaute er, für einen Moment wie gebannt auf die untere Hälfte ihres, für die 45 Jahre, ganz propperen Körpers. Wenn man den Psychologen in drei Stunden gefragt hätte, was seine Patientin denn für Kleidung trug, so wäre ihm nur der kurze Rock über den etwas zu fülligen Oberschenkeln eingefallen. Dass dieser Rock zu einem exquisiten Kostüm gehörte, das wusste Frau Schubert.

„Hallo Frau Duzmal, wie geht es ihnen heute, wie ist es ihnen ergangen," begrüßt der Therapeut aufgeräumt seine Klientin, als er ihren offenen Blick und das Lächeln in ihrem Gesicht bemerkt. Die Begrüßung der Frau bestätigt seine Kurzdiagnose.

„Eigentlich geht es mir gut, Herr Doktor."

Und im Fortfahren setzte sich Frau Duzmal in einen Stuhlsessel, dem Psychologen gegenüber, was dessen Blick, ob des kurzen Rockes, der nun weit über die Knie gerutscht ist, auf Dauer in ihr Gesicht zwingt.

Was bringt eine Frau nur dazu, solche Röcke zu tragen? Wie geht das mit ihren Beschwerden zusammen?

„Immer wenn es mir in der langen Zeit ihrer Abwesenheit mal schlecht ging, habe ich ihre Anleitung zur Selbsthypnose befolgt. Ich habe Ihre CD eingelegt und mich entspannt. Selbst mein Mann hat ihre CD gehört und fühlte sich hinterher wohl."

„Das ist gut. Da haben sie gut gearbeitet."

Die CD ist aber nur für dich, Mädchen. Wie soll der Mann sich dabei entspannen. Ach egal, die Wege der Seele sind unergründlich und wenn's hilft!

„Trotzdem kommen sie heute zu mir. Sie haben sich den Termin schon vor Wochen geholt."

„Ja, so richtig helfen, so richtig, können nur sie persönlich, Herr Doktor. Das wissen sie doch."

„Gut, Frau Duzmal. Wir machen mal folgendes. Sie erzählen mir, was sie im letzten halben Jahr so erlebt haben. Nicht alles – nur das was mit ihren Beschwerden im Zusammenhang steht. Und wie sie mit ihrer Krankheit umgegangen sind. Dann machen wir eventuell noch eine Entspannungshypnose."

Frau Duzmal berichtet und Frank Lehnert nutzt seine Fragen, um eine Ausuferung des voluminösen Redeschwalls zu begrenzen.

Nach 20 Minuten kürzt Frank immer mehr ab und bittet seine Klientin auf den Hypnosesessel. Frau Duzmal kennt die Bedienung des umfunktionierten elektrischen Fernsehsessels und bringt sich mit der elektronischen Steuerung in eine bequeme Lage. Sie wundert sich auch nicht, als der Psychologe eine Decke über die untere Hälfte ihres Körpers legte.

Das stört meine Konzentration, dieser weiße Slip.

„Damit sie es bequem und angenehm warm haben." – *und mir nicht heiß wird.*

„Eine Blütenallergie haben sie inzwischen nicht bekommen?"

„Nein, nein, Herr Doktor, ich weiß ja, sonst würde ich auf meiner Wiese noch zu niesen anfangen."

Immer wieder muss sich Dr. Frank Lehnert an die Situation erinnern, als er einem Patienten in der Hypnose eine Blütenwiese suggerierte und dieser einen furchtbaren Niesanfall bekam. Hinterher stellte sich heraus: der Mann hatte eine Blütenpollenallergie. Heute konnte der Psychologe darüber lächeln.

Doch damals war das eine furchtbare Situation, als der Mann in Trance, furchtbar niesend, von der Liege zu fallen drohte. Seit diesem Vorfall benutze der Hypnotiseur immer diesen bequemen, mit festen Seitenwänden versehenen Fernsehsessel für seine Patienten und befragte sie vor der Hypnose nach irgendwelchen Allergien.

Frau Duzmal ist eine richtige 'Superhypnosepatientin'. Frank Lehnert hatte sie im Laufe der Jahre schon ixt mal hypnotisiert und sie übte mit seiner Hypnose-CD.

Als sie nun bequem auf dem Sessel liegt, bittet er sie, sich auf den Punkt über sie an der Decke zu konzentrieren. Der violette

Punkt war extra für seine Hypnose dort von ihm angebracht wurden. Er suggeriert ihr, der Musik zu lauschen. Frank Lehnert hatte eine CD eingelegt, deren monotone, mit wenigen Rhythmen auskommende Panflötenmusik ihn und seine Klientin auf das Kommende einstimmte. Wie bei der Hypnose üblich, redete er Frau Dutzmal nun auch mit 'Du' an.

„Du konzentrierst dich auf den Punkt über dir, auf die wundervolle Musik und auf meine Stimme."

Dabei wird seine Stimme mindestens eine Tonlage tiefer, dunkler, gleichmäßiger. Immer wieder und wieder spricht er diesen Satz in Variationen.

Dann suggeriert er ihr Schwere in den Augen, im Kopf, in Armen, Beinen. Wiederholt dies mit Wärme. Noch bevor er das Prozedere des Augenschlusses, dass der eigentlichen Hypnose vorangeht, vollzogen hat, die Augen seiner Patientin sind sogar noch ein wenig offen, weiß er sie schon in Trance.

Da sind noch keine fünf Minuten vergangen und er hatte noch nicht einmal versucht, in ihre Gedanken zu schauen. Frank lässt sie ihre Augen ganz schließen – suggeriert eine Leichtigkeit, Schwerelosigkeit im rechten Arm. Als sich dieser Arm leicht von der Sessellehne abhebt, hat er die Gewissheit um den Trancezustand der Dame in den Vierzigern. Ihre Pupillen bewegen sich noch ein wenig unter den geschlossenen Augenliedern.

„Gedanken kommen und gehen, sind nicht wichtig."

Hier schaut er kurz in ihre Gedanken und sieht wie eine Treppe, in Schemen, noch unklar, vor den Augen der Patientin entsteht.

Auch in Trance ist sie sich des weiteren Vorgehens bewusst. Es ist irre, ich kann den ganzen Vorgang abkürzen.

„Du siehst eine Treppe vor dir. Eine sichere Treppe mit einem Geländer, an dem du dich festhalten kannst. Du gehst die Treppe hinunter, Schritt für Schritt und Stufe für Stufe. Mit jeder Stufe versinkst du tiefer in den angenehmen Zustand der absoluten Entspannung."

Frank kürzt, da er den Vorgang nun wunderbar überwachen kann, rigoros ab.

„Du hörst meine Worte, hörst die wundervolle Melodie und meine Worte. Du weißt, jedes meiner Worte ist wahr und alles, was ich dir sage, ist die Wahrheit. – Ganz entspannt stehst du nun am Ende der Treppe vor einem großen Tor." An dieser Stelle ging er sonst immer in den Rapport mit seinen Klienten und ließ sich das Tor beschreiben. Heute rast er durch das Prozedere.

„Du öffnest das Tor und gehst auf eine wunderschöne Wiese, eine Wiese, die du kennst. Eine Wiese mit deinem grünen, weichen Gras, dem warmen Boden, bunten Blumen und Schmetterlingen, dem leise gurgelnden Bach, in dessen klarem Wasser rote und bunte Fische miteinander spielen."

Frank Lehnert ist fasziniert in welcher Geschwindigkeit sich das Bild im Geiste seiner Patientin aufbaut.

Natürlich, sie kennt diese Wiese. Bei den ersten Sitzungen hatte ich noch Mühe, ihr das Bild zu suggerieren. Es ist fast wie ich es mir vorgestellt habe. Ich fühle, wie Frau Duzmal glücklich an diesem Platz ist. Entspannt. Eigentlich könnte ich heute die Regression wagen, trotz der Kontraindikation ihrer Symptome.

Einen ganzen Zeitraum, Sekunden, höchstens eine Minute, lässt er seine Patienten allein in die für sie entspannende Situation; auf ihrer Wiese.

„Und auf deiner Wiese, dem Ort, an dem du ganz entspannt bist, hat sich jetzt ein Weg gebildet. Ein Weg, der nach vorn zum Horizont und nach hinten, in deine Vergangenheit führt. Siehst du diesen Weg?"

Der Psychologe hätte nicht fragen müssen, sieht er doch den Weg im Geist seiner Patientin entstehen. Es war einfach Routine. Aber das Bild des Weges ist nicht deutlich, der Weg ist noch verschwommen.

Ich kann die Methode nicht ändern, ich muss sie den Weg

beschreiben lassen. Aus der Beschreibung heraus formt sich das Bild im Unterbewusstsein klarer.

„Beschreibe mir den Weg."

Ihren Worte lauscht er nur en passant, die Bilder sind wichtiger für ihn. Und vor allem der Weg nach hinten.

Heute mache ich es! Ich bin ja bei ihr.

„Du gehst nun auf dem Weg zurück. Dieser Weg zurück ist der Weg in deine Vergangenheit. Jeder Schritt ist ein Tag, zwei Schritte eine Woche, drei ein Monat. Gehe jetzt einen Schritt und du siehst die Bilder des letzten Tages. Zwei Schritte. Drei Schritte und die Bilder des Letzten Monats ziehen an dir vorüber."

Wenn ich dies nicht selbst schon erlebt hätte, ich würde denken, ich träume.

Und kurz erinnert sich der Psychologe an seine Trancezustände während der Hypnoseausbildung.

„Jetzt gehst du schneller und die Bilder huschen an dir vorbei, kaum nimmst du sie noch wahr. Ganz ruhig und entspannt, denn du bist auf deiner Wiese. Du bist schon weit in deiner Vergangenheit."

Immer mal wieder hatte der Psychologe zwischendurch sich einzelne Bilder seiner Patientin von dieser erklären lassen. Im Geist seiner Patientin sah er den Weg und einzelne Bilder, wie Filmsequenzen aus ihrer Vergangenheit. Für sie waren diese wichtig. Den Therapeuten interessierten sie heute weniger. Jetzt wurden die Schritte langsamer, stockender. Frank sah den Grund. Auf der Wiese, mitten über dem Weg hing eine Nebelwand. Jedes weitere Bild im Unterbewusstsein der Frau verschwimmt. Die Nebelwand wird beim Näherkommen dichter, grauer, dunkler. Eine Bedrohung.

Ich hätte sie nie so führen können. Was ist das für ein Segen, diese Gabe.

„Halte an. Was siehst du? Was spürst du?"

Mit stockender Stimme, leise, die Lippen kaum bewegend,

antwortet seine Patientin.

„Auf meiner Wiese, auf dem Weg ist eine Nebelwand. Ich kann nicht weiter."

„Wie alt bist du jetzt auf diesem Weg?"

„Acht Jahre."

„Und was war dein letztes Bild?"

„Mutti drückt mich ganz fest. Sie weint."

Ihre Mutter muss ihr sehr ähnlich gewesen sein. Eventuell hat sie noch ein Foto von ihr. Das wäre interessant, zu vergleichen. Reiß dich zusammen, Lehnert, jetzt geht es um die Patientin. Eigentlich könnte ich für heute hier aufhören. Eigentlich reicht es für heute. Doch was ist hinter dem Nebel? Dass es eine Sperre in ihrem Unterbewusstsein ist, weiß jeder Hobbyanalytiker. Soll ich mit ihr durch? Sie war gut drauf heute. Ich könnte sie damit auch heilen. Nun ja, auf den Weg der Heilung bringen. Dass durch Hypnose eine Schizophrenie, eine Hysterie, ausbrach, gehört wohl in das Reich der Phantasien – ausgedacht von Analytikern, die Angst um ihre Vormachtstellung haben. Frau Duzmal ist nicht Anna O. Nur weil der Analatyker aller Analytiker davor warnte, muss das nicht so sein. Das war vor mehr als 100 Jahren. Und 'olle Siegmund' war kein Telepath.

Diese und ähnliche Gedanken schießen in Sekunden durch den Kopf des Psychologen. Immer wieder versucht er Anhaltspunkte aus der Biografie seiner Patientin für diesen Nebel zu finden. Da war nichts. Und dabei hatte er mit ihr immer wieder ihre Biografie 'durchgekaut'.

Sie ist acht Jahre, und vor ihr ist der Nebel. Soll sie durch den Nebel durch, oder etwas besseres, was anderes. Sie ist das beste Medium, das ich kenne. Das muss ich nutzen. Packen wir es an!

Ein Blick zur Uhr zeigt ihm, die Hypnose dauerte gerade mal eine halbe Stunde.

„Du bist jetzt ganz ruhig und entspannt. Drehst dich herum, einfach weg von der Nebelwand. Du sitzt immer noch auf deiner Wiese. Erfreust dich an den Blumen, dem Gras und der warmen Sonne auf deiner Haut. Ganz entspannt. Und es weht ein warmer Sommerwind. Er spielt mit deinem Haar. Ja, der warme entspannende Sommerwind, er neckt dich. Er wird immer stärker – ist ganz angenehm und entspannt dich immer mehr. Im Sommerwind sind deine schönsten Erinnerungen, die du auf deinem Weg gesehen hast. Dieser Sommerwind ist dein Freund. Er hilft dir dabei, dich ohne Angst, denn dein Freund ist bei dir, ohne Angst umzudrehen.

Der alte Hypnosetrick mit dem helfenden Freund. Normalerweise müsste ich den 'Freund' noch ein wenig aufbauen und beim nächsten Mal einsetzen. Aber sie reagiert so prächtig. Jetzt ran!

„Du hast dich umgedreht und dein Freund, der Wind, schiebt den Nebel zur Seite. Er löst den Nebel auf. Was kannst du jetzt sehen, welche Bilder?"

Scheiße!

Zusammen mit den Worten seiner Patientin, sieht er auch ihre verdrängten Erinnerungen als Gedankenbilder:

Ein Kind, ein Mädchen, sie, auf dem Schoß eines Mannes sitzend. Ein Mann, ein Onkel, Vati? Der Mann sitzt auf einem Sessel in einem dunklen, fast dunklen Zimmer. Auf dem laufenden Fernseher steht eine kleine Lampe. Der Mann drückt das Mädchen, es – sie, immer wieder an sich. Er riecht wie Vati, nur stärker als sonst. Das Mädchen, sie, weint leise. Durch die Tränen hindurch kann sie ihren Schlüpfer auf der Sessellehne sehen. Das Mädchen, sie, spürt die großen Hände, des Mannes an ihren Po. Der Mann, Vati?, sagt immer wieder: – Du bist ein großes Mädchen, schon fast 8. Du sagst das doch nicht der Mutti, mein Mädchen. Dann musst du dich ganz dolle schämen. Du sagst das doch keinem. – Und die Hände werden immer größer. Es tut weh. Und das Mädchen, sie, er, weint immer mehr.

Ich muss raus aus den Bildern!

Plötzlich wird die Wohnzimmertür, es ist das Wohnzimmer, aufgerissen. Grelles Licht fällt in den Raum. Das Mädchen, sie, er, fühlt einen kräftigen Druck am Arm und wird von dem Mann weggerissen. Das Mädchen, sie, er, sitzt im hellen Flur und hört die grelle, laute Stimme einer Frau. Das Mädchen, sie, er, hat Schmerzen im Bauch und darunter.

Dann ist die Stimme der Mutter bei ihr, ihm. 'Das du dich nicht schämst! So klein und schon so verdorben!'

Es reicht! Ich muss es beenden. Wegen ihr und wegen mir.

Aber wie?

Der Psychologe kann sich nur schwer aus den Bildern seiner Patientin lösen, strebt seiner eigenen Identität entgegen und sucht dabei nach einer Lösung.

„Erinnere dich, wie deine Mutti dich umarmt und gedrückt hat! Deine Mutti wusste, Du bist nicht schuld. Du bist nicht schuld. Die Liebe deiner Mutti war mit in dem Wind, der den hässlichen Nebel vertrieben hat. Behalte das Bild deiner dich drückenden Mutti gut in der Erinnerung. Das wird dir helfen, die Bilder hinter dem Nebel, der nun für immer aus deinem Unterbewusstsein verschwunden ist, zu ertragen."

Der Psychologe bemerkte das Versiegen des Tränenflusses seiner Patientin, bemerkte wie sich ihre Gesichtszüge entkrampfen.

Der Rest war wieder Routine. Er lässt Frau Duzmal den Weg auf ihrer Wiese zurückgehen und sich dabei wieder entspannen. Schließt die Tür zum Unterbewusstsein und bei der Ausleitung der Schwere und Wärme gibt er ihr noch einmal den posthypnotischen Befehl, das Bild der sie umarmenden Mutti fest in sich aufzunehmen und immer abzurufen, sollte sich denn ein hässlicher grauer Nebel ihrer Seele bemächtigen.

„......Vier, dein Atem ist ganz ruhig. Puls und Blutdruck sind ganz normal. Fünf, Sie können jetzt Ihre Augen öffnen. ... Öffnen sie ihre Augen. Bewegen sie ihre Finger, strecken sie sich."

Sie ist zurück. Ihr Gesicht ist entspannt. Puuh!

Als Frau Duzmal die Augen aufschlägt, sind ihre ersten,

stockenden, Worte:

„Ich hatte es vergessen. Ich hatte es vergessen! Mein Vater starb als ich neun war. Mit meiner Mutter hatte ich nie darüber gesprochen. Bestimmt hat sie sich geschämt Ich habe es gewusst, doch alles vergessen."

Unauffällig schaut Frank Lehnert zur Uhr. Es waren noch 10 Minuten Zeit bis zum nächsten Patienten. So konnte er noch kurz mit seiner Patientin das Erlebnis auswerten.

Kaum hatte sie das Zimmer verlassen, begab er sich auf seine, an sein Zimmer grenzende, Toilette. Sein Magen drehte sich um und er musste würgen.

Das war zuviel! So geht das nicht! Ein Telepath kann kein Psychologe sein. Hypnose geht nicht mehr. Das halte ich nicht durch.

Erschöpft setzt er sich in seinen Sessel. Frau Schubert kommt ins Zimmer. Als sie ihren Chef wie ein Häufchen Elend so dasitzend sieht, will sie ihn mit einem Scherz aufmuntern.

„Ich dachte sie sind immun gegen ultra kurze Röcke mit stämmigen Oberschenkeln darunter."

Doch Frank kann nur müde abwinken.

„Ach Schubi, das war eben eine Tortour. Sollte Frau Duzmal anrufen; sie bekommt sofort einen Termin. Wir haben jetzt keinen ausgemacht." Nur ganz selten ist Frank mit Frau Schubert per du.

„Erinnerst du, erinnern sie sich noch an die Geschichte mit dem Ahnen aller Therapeuten. Anfang des vergangenen Jahrhunderts hatte er herausgefunden, dass fast alle, viele Mädchen irgendwann einmal vom Vater, Onkel oder Bruder sexuell missbraucht wurden."

Na klar, sie erinnert sich. Er hat damals widerrufen, damit er weiter wissenschaftlich arbeiten kann. Seine Kollegen, alles Männer, hatten ihn dazu gezwungen.

„Na klar erinnere ich mich. Ich bin eine Frau und ich denke, heute ist die Zahl der Übergriffe zwar kleiner geworden – ein

Kulturfortschritt – aber es passiert noch immer. – Frau Duzmal?"

„Frau Duzmal! Ja. Aber das ist jetzt nicht das Problem. Stellen sie sich mal vor, all diese dunklen Geheimnisse, damit meine ich die im Unterbewusstsein und die, die man bewusst verdrängt, an die man sich manchmal mit einem Scheißgefühl im Magen erinnert, diese Leichen im Keller, von Tätern und Opfern, würden eines Tages, im wahrsten Sinne des Wortes, für jeden offen zu Tage treten."

Frau Schubert schweigt erst eine kurze Zeit, schaut ihren Chef nachdenklich an.
„Dann würde ich nicht mehr leben wollen. Kann ich den Nächsten reinschicken?"

****

„Früher hätte ich gesagt, wenn ich doch deine Gedanken lesen könnte. War es schlimm heute?" begrüßt Petra ihren Mann, der grau im Gesicht und mit hängenden Schultern am Abend aus der Praxis kam.
„Die Praxis? Nein. Oder doch. Ich werde die Praxis bald für längere Zeit schließen. Und ich möchte, dass du, wenn das Schuljahr zu Ende ist mit den Kindern zu deiner Schwester fährst."
„Was ist jetzt los?" Petra schaut ihren Mann fassungslos in die Augen.
„Es hat sich lange in meinem Kopf zusammengebraut, jetzt will ich, muss ich Fakten schaffen. Natürlich will ich mit dir darüber reden."
Frank setzt sich, schließt kurz die Augen.
„Wo fange ich an? Heute fange ich an. Acht Patienten waren bestellt. Bei zwei von ihnen war die Gabe der Telepathie durchgebrochen. Einer ist schon länger Telepath; er war

sozusagen als Telepath bei mir. Na ja, nicht ganz neu für mich. Ich habe während einer Hypnose meine Gabe eingesetzt. Bestimmt war das gut für meine Klientin. Hoffe ich. Aber ich kann so nicht arbeiten."

Der Psychologe berichtet seiner Frau von Duzmal.

Das Ehepaar hat sich in den Wintergarten auf zwei Stühle gesetzt. Frank nahm die Hand seiner Frau mit beiden Händen.

Er wusste schon die Frage Petras, bevor sie diese aussprach „Das ist doch gut für deine Arbeit.... Aber nein! Dir reicht der Erfolg in der Arbeit nicht. Du musst der große Zampatu sein! Du musst in den Weltraum zu den Aliens und du musst der große Verkünder sein. Hast du schon in die Zeitung geguckt. Mary Welch, deine Mary Welch, ist gesteinigt wurden."

Und der Psychologe sieht in den Augen seiner Frau, *wie Steine in den Wintergarten fallen, wie das Glas splittert und die Kinder sich verletzten, sieht den wütenden Mob vor der Gartentür und wie Kameras die Szene beobachten.*

Frank Lehnert schließt die Augen, drückte ihre Hand und sagte: „Genau das will ich vermeiden. – Hier. – Und anderswo."

Das mit Eva kann ich ihr jetzt nicht sagen. Jemals?

„Also hör zu...."

*

Michael lag mal wieder faul auf seiner Stubencouch. Im Fernsehen lief eine Tennisübertragung, die ihn eigentlich nicht interessierte, aber das Flopp-Flopp ließ ihn ruhig schlummern. Schlafen wollte er nicht, musste doch jeden Augenblick Tina an seiner Wohnungstür klingeln. Sie war für drei Tage wiedereinmal mit Professor Bensch auf einem Kongress. Die Daten der Galaktischen lieferten ständig Stoff für die Wissenschaftler zur Diskussion.

Sonst wohnte das Paar ja in Tinas Wohnung, aber wenn sie nicht da war, bevorzugte er seine kleine Bude.

Jetzt warte ich schon wie ein alter Ehemann auf seine Frau. Eventuell ist sie ja doch erst in ihre Wohnung gefahren und ruft mich gleich an. Verabredet waren wir aber hier. Mensch Michael! Reiß dich zusammen. Da könnten wir ja auch verheiratet sein. Hm, da könnten wir ja auch verheiratet sein? Was spricht eigentlich dagegen. Und für Tinas Steuern wäre es auch gut. Da könnten wir auch ein Kind haben. Und Tinas Karriere? Daran gedacht hat sie schon. Und ich?

In diesem Augenblick klingelt sein Telefon. Reflexartig nimmt er seine rechte Hand aus der Hose. Das konnte Tina nun gar nicht haben, dass er seine Hand in der Hose an seinem Geschlechtsteil hat. Immer wieder hat er ihr erklärt, dass das nichts mit Onanie zu tun hat. Das machen Männer eben so.

„Wenn ich dabei bin, aber nicht!" hatte sie damals energisch geantwortet.

Als er dann den Telefonhörer in der Hand hat, *die gleiche Hand!*, muss er doch lächeln.

Sie sieht es ja nicht. Und ich wische ihn ab – den Telefonhörer.

Doch es ist nicht Tina. Ein Vater eines seiner Spieler entschuldigt seinen Sohn für das nächste Training. Doch Michael hört kaum zu, denn eben war ein Geräusch an seiner Tür, im Schloss der Tür zu hören.

Sie hätte auch klingeln können. Ob sie mich kontrolliert?

Doch die Freude über ihr Kommen verdrängt diese Gedanken. Seinem Telefonpartner wünscht er gute Besserung für seinen Sohn und verabschiedet sich kurz. Noch beim Auflegen des Telefonhörers schießt es ihm durch den Kopf.

Der war ja gar nicht krank; die Familie wollte ins Krankenhaus zur Oma. Egal.

Da ist Tina auch schon in der Wohnung, in seiner Umarmung.

Gut sieht sie, siehst du aus.

Der Druck ihrer festen Brust kurz unterhalb seiner Brust erregt ihn sofort.

„Nun lass mich erstmal ankommen." kichert Tina.

„Wie war es – anstrengend?" versucht Michael runterzukommen.

„Lass mich duschen. Allein! Ich zeige es dir dann. Und, koch mal einen Kaffee."

Als Michael das Rauschen der Dusche hört, entstehen in ihm Bilder seiner Freundin beim Duschen.

Klasse. Ich glaube, ich bin verliebt, und schon seit Monaten. Das also ist Liebe. Wie lange hält das an?

Und lächelnd häufelt er noch einen Löffel Kaffee extra in die Maschine.

Ich kann mir einen Schluck Wasser in meine Tasse tun. Sie trinkt ihn ja so gern schwarz.

Schnell ist der Tisch gedeckt. Gerade als der Kaffee durchgelaufen ist, kommt Tina aus dem kleinen Bad. Beide nehmen auf der Couch Platz, deren Kissen Michael eben noch aufgeschüttelt hatte.

„Das tut gut."

Tina hat schnell einen Schluck vom heißen Kaffee genommen.

„Viel besser als im teuren Tagungshotel, besser als im Flugzeug, besser als im Zug. Und mit dir sowieso."

Noch einen Schluck und Tina schiebt ihre Hand auf seine.

„Hast du eigentlich mitbekommen, was ich dir gesagt habe?"

„Du willst es mir zeigen? Meinst du das?"

Ja. Schließe die Augen, oder schaue ganz fest in die meinen. Schaue!

Und Tina lässt die Erinnerungen an ihre Reise durch ihren Kopf gehen. Michael sieht Bilder, hört Töne und erfährt Tinas Emotionen. Drei Tage dichtgedrängte Erinnerungen. „So kannst du mir dein ganzes Leben erzählen. Doch es ist sehr anstrengend. Und mit dieser Frau hast du das geübt? Das was ich schon immer wollte. Du nicht. Jetzt doch. Muss ich eifersüchtig sein?"

Komisch, ich habe deine Erinnerungen gesehen. Habe die Gespräche mit Vera – so heißt sie doch? – gesehen und trotzdem sage ich so einen Quatsch. Aber so ganz quatschig war es für mich doch nicht.

Ich habe es gesehen. Du hast mich mit Vera händehaltend in einen Kuss verstrickt gesehen. Ganz kurz. Du hast keinen Grund zur Eifersucht. Nicht wegen Vera, nicht wegen einer anderen Frau oder einem anderen Mann.

„Ich glaube, mindestens jeder 10. auf dem Kolloquium war ein Telepath. Ich saß da und habe in den Köpfen spioniert. Vera tat das Gleiche und so trafen wir uns; im Geist und später im Cafe des Hotels. Es war gut, sich mit ihr zu unterhalten. Eine andere Frau mit gleichen Problemen wie ich. Bei ihr war es noch schlimmer. Sie hatte keinen Michael an ihrer Seite. Ich habe ihr von deinem Psychologen"

„das ist nicht mein Psychologe"

„gut, von Dr.Lehnert erzählt. Das hat ihr geholfen. Ich konnte ihr helfen – das hat mir geholfen."

„Ich merke schon : So locker warst du lange nicht."

„Nee, pass auf, jetzt kommt das Beste. Am Tag darauf haben wir uns zusammengesetzt, Bensch hatte nichts dagegen, und wir haben in den Köpfen der Teilnehmer gezielt gelauscht und uns darüber ausgetauscht. Ich musste mir mein Gesicht festhalten vor Lachen. Und am Abend haben wir dann dieselben Herren an der Bar beobachtet."

Michael kann sich die Situation gut vorstellen, sieht er doch in den Gedanken seiner Freundin Fragmente aus ihrer Erzählung und sieht sie jetzt wieder vor Lachen erbeben.

Der Kaffee ist längst zur Hälfte verschüttet. Etwas konsterniert fragt er nun doch.

„Und dein Problem mit der Telepathie und den Männern ist nun erledigt?"

Doch Tina kann sich nur langsam beruhigen. Die Lachtränen aus den Augen wischend erwidert sie, obwohl ihre

Bauchmuskeln immer noch zucken:
„Erledigt nicht. Wenn ich manchmal noch Kotzen muss, oder ich erschrecke, so habe ich mich jetzt zum Lachen überredet. Oder Vera hat mich dazu überredet, oder ich sie oder wir uns beide. Verstehst du das?"
„Das verstehe ich. Das verstehe ich gut. Dazu wollte ich dich eigentlich immer überreden."
„Ich weiß und jetzt verstehe ich es."
Komm, lass uns ein bisschen Kuscheln. Lass uns dabei offen füreinander bleiben. Schenke mir deine Gedanken. Ich schenke dir meine – hemmungslos.

**

Schon seit zwei Tagen verließ der Kardinal sein Arbeitszimmer nur, um die nötigsten Verrichtungen zu erledigen. Telefonate, kamen sie denn nicht vom Heiligen Stuhl, musste sein Sekretär annehmen und abwimmeln. Seit er den Bischöfen seine Gabe offenbart hatte, schrieb er nun an seiner Konzeption über eine Kirche für und von Telepathen, für die neuen Menschen. Und er quälte sich, versuchte er doch, das Vorangegangene nicht zu kritisieren.

So bemerkt er das Klingeln an der Haustür nur im Unterbewusstsein. Das Klopfen an der Tür reißt ihn aus seinen Gedanken.
„Eure Eminenz, die Kriminalpolizei will sie sprechen:" wirft ihn sein Sekretär nun vollends aus seinen Gedanken und so antwortet er barsch,
„Die Kriminalpolizei. Was wollen die von mir. Können sie das nicht erledigen?"
Automatisch liest er in den Gedanken des jungen Mannes, dass die Herren ihn persönlich sprechen wollen.
„Ist gut, bitten sie die Herren herein."
Sofort als die beiden 'ach so unauffälligen' Herren im korrekt

sitzenden Anzug, weißen Hemd und schwarzer Krawatte den Raum betreten, weiß der Kardinal *keine Kriminalpolizei – Geheimdienst.*

„Gottfried, sie können gehen. Die Herren wollen mich allein sprechen."

Und während sein Sekretär das Zimmer mit leicht verwunderter Miene verlässt, wendet sich der Kardinal an die Beiden:

„Was kann ich für sie tun und bitte sprechen sie direkt, kurz, ich habe wenig Zeit."

Der ältere von beiden ergreift auch sofort das Wort und hält dabei seinen Ausweis dem Geistlichen hin.

„Herr Kardinal, Wir kommen vom Staatsschutz. Und ich will es wirklich kurz machen. Aber ein paar Worte seien erlaubt. Bestimmt haben sie die Hysterie um Telepathen in der Gesellschaft in letzter Zeit mitbekommen."

„Hab` ich." unterbricht ihn der Kardinal, der die beiden Beamten vor seinem Schreibtisch stehen lässt.

Ich lasse sie stehen.

„Bitte kommen sie zur Sache. Sagen sie, was sie denken!"

Natürlich entgeht ihm nicht der Blick zwischen den beiden bei seinen letzten Worten.

Sie wissen, dass ich ein Telepath bin, jetzt glauben sie es zu wissen.

„Unsere Behörde interessiert sich für die Telepathie und wir wollten sie bitten, uns zu helfen."

„Sprechen sie aus, was sie denken! Sie haben einen Hinweis bekommen, dass ich ein Telepath bin und ich soll mich einverstanden erklären, ihre Behörde bei der Erforschung des Phänomens zu helfen. Das sollen sie mir sagen. Richtig?"

Beide Beamten nicken.

„Gut. Richten sie ihren Vorgesetzten aus. Ja, der Herr Kardinal ist ein Telepath. Er hat unsere Gedanken gelesen. Und richten sie ihrem Vorgesetzten aus, der Herr Kardinal hat keine Zeit für den Geheimdienst. Eine wichtige Arbeit 'Telepathie und Kirche' beschäftigt den Herrn Kardinal. Sollte die Arbeit fertig sein, bekommt ihr Chef ein Exemplar. Das sollte auch für ihn interessant sein. Geben sie meinem Sekretär ihre Karte, damit er weiß, an wen er die Arbeit schicken soll. Auf Wiedersehen."

Völlig sprachlos ob der Informationen und der beherrschenden Art des Kardinals verlassen die beiden Beamten, 10 cm kleiner als beim Hereinkommen, das Arbeitszimmer, schon jetzt überlegend wie sie das ihrem Vorgesetzten erzählen sollen. Der Kardinal lauscht noch einen Moment in den Gedanken und muss nun doch ein wenig lächeln. Doch ihm ist klar:

Das war nicht der letzte Auftritt des Staatsschutzes auf meiner Matte. Umso schneller muss ich jetzt arbeiten.

„Gottfried!" ruft er durch die geschlossene Tür nach seinem Sekretär. Als dieser seinen Raum betritt, weist er ihm ohne eine Wort zu sprechen einen Stuhl zu.

„Gottfried, ich habe mit Absicht die Gegensprechanlage offen gelassen. Ich möchte ihre Meinung hören. Zum Besuch der Beiden und zum Fakt, dass ich ein Telepath bin."

„Eure Eminenz, ich bin nun seit zwei Jahren bei ihnen und habe in den letzten Monaten bemerkt, dass sie sich verändern. Gerüchte über ihre telepathischen Fähigkeiten waren schon bis zu mir gedrungen. Was soll ich dazu sagen. Es ängstigt mich – das ist keine Angst vor ihnen. Es ist die Angst vor der Erscheinung allgemein."

Der junge Kirchenbeamte stockt, schaut auf seine Hände, den Teppichboden. Es ist wie eine Aufforderung an den Kardinal in den Gedanken des jungen Mannes zu lesen.

„Bei ihrer Mutter ist es also auch aufgetreten. Nun hat ihre Familie Angst, dass es rauskommt, dass sie einen Besuch vom Geheimdienst erhalten. So wie ich eben. Oder schlimmer – ja, ich bin Kardinal. Keine Angst – selbstverständlich werde ich keinen verraten."

Dankbar blickt Gottfried seinen Vorgesetzten an.

„Werden wir alle zu Telepathen?"

„Ich weiß es nicht. Ich weiß nicht einmal, wie viel Telepathen es gibt. Aber es werden mehr. Hören sie ein Rauschen im Kopf?"

„Ja. Aber das war schon immer da. Ich dachte das hat jeder Mensch. Mal lauter, mal leiser."

„Hören sie in das Rauschen hinein. Schauen sie einen Menschen an und versuchen sie ihn aus dem Rauschen heraus zu hören. Und haben sie keine Angst ihn zu hören. – Ich muss jetzt weiter arbeiten."

**

Wir brauchen eine größere Wohnung. Mit einem großen Bett.

Michael zieht vorsichtig seinen linken Arm unter dem Kopf seiner schlafenden Freundin hervor und bewegt die Finger angestrengt. Eingeschlafene Finger kann er gar nicht leiden.

Das Bett ist zu klein. Komisch dass Tina immer so ausweichend wird, wenn ich auf das Thema komme. Bei ihrem Geld wäre das möglich. Mit meinem natürlich nicht. Das Schnarchen direkt an meinem Kopf ist auch blöd lächelt er. Und zum wiederholten Male versucht er ihre Gedanken im Schlaf, ihre Träume zu erhaschen. Doch es gelingt ihm nicht.

Das klappt also nicht. Da muss ich mal Dr. Lehnert fragen.

Das Kribbeln in seiner linken Hand ist verschwunden. Er stützt seinen Kopf mit dieser Hand und betrachtet seine Freundin aus nächster Nähe.

Vorhin waren wir eins. Das ist es also was man unter – eins sein – versteht. Gut, so war es noch mit keiner Frau. Aber ob dazu Telepathie notwendig ist? Was hatte doch der Doktor von verbaler, nonverbaler und paraverbaler Kommunikation erzählt? Das mag ja alles bei einem normalen Gespräch stimmen. Aber beim Ficken kann ich nicht ihre Stimmlage analysieren. Das ist Quatsch. Höchstens unbewusst. Und wie weit ist es da noch zur Telepathie? Ob Tina mich hören kann, wenn ich sie telepathisch anschreie. Aufwachen, aufwachen!

Doch Tina dreht sich nur, galant wie eine Schlange, auf engstem Raum, auf die andere Seite.

*

Obwohl in neuer Funktion war Peter Brode immer noch Mitglied der AGG. In letzter Zeit hatte er sich auf den Sitzungen immer mehr gelangweilt. Die wichtigsten Berichte waren sowieso vorher auf seinem Schreibtisch gelandet.

Lediglich der Bericht des Professor Müllers versprach manchmal Überraschungen. Doch die Nutzbarmachung der 'Hinterlassenschaft' der Galaktischen erwies sich immer mehr als äußerst kompliziert. Die Nutzung der Kernfusion oder die Beherrschung der Gravitation wurde von Woche zu Woche, von Monat zu Monat jedes Mal um weitere Jahre verschoben.

Doch heute war Brode vor der Sitzung gespannt wie ein Flitzebogen. Eiinerseits wollte Professor Rohm über die Besonderheiten des Denkens der Aliens referieren, andererseits wollte der ehrgeizige Geheimdienstler den Kontakt zur roten Eva aufnehmen. Da war zuerst sein privates Interesse, das dienstliche Interesse gaukelte er sich vor – denn eines wusste er: Nie würde er einen Telepathen verraten, würde er sich doch damit selbst entlarven.

Peter Brode hatte auf der letzten Sitzung vorgeschlagen, zum Thema 'Denken der Galaktischen' auch Dr. Lehnert einzuladen. Vehement hatte Professor Rohm dagegen argumentiert.

Der denkt nur an seinen Ruhm. Er will der sein, der das Denken der Aliens erforscht hat. Da interessiert ihn nicht mal seine Aufgabe im Geheimdienst. Einerseits soll Lehnert ausspioniert, ja überführt werden, andererseits geht alles nur um die wis-

senschaftliche Anerkennung. Wie muss Rohm den Lehnert hassen.
Langsam füllt sich der Sitzungssaal.
Die alten Gesichter. Viel herausgekommen ist bisher nicht. Seit dem das Treffen stattgefunden hatte, ist die Bedeutung der AGG Stück für Stück geschwunden. Das Innenministerium hatte jetzt sogar die Leitung dem Wissenschaftsministerium übergeben. Na nicht ganz. Ich sitze hier und Rohm ist wohl auch nur noch halb zu den Wissenschaftlern zu zählen.

Ein wenig stärken diese Überlegungen Peter Brode. Und als der rote Schopf Eva Grünerts durch die Tür weht – *sie trägt die Haare offen* – geht er zielgerichtet auf sie zu. Sonst hatte dieses leichte Drücken in seinen Lenden beim Anblick der attraktiven Frau seine Aktivitäten zur Kontaktaufnahme mit ihr verhindert. Heute kann er das kompensieren.

„Hallo Frau Grünert, kommen sie doch zu mir, ich habe ihnen einen Platz freigehalten."

Verwundert über diese überfallartige Kontaktaufnahme des jungen Mannes schaut Eva Peter Brode in die Augen und versteht.

Bitte, ich will mit ihnen reden und ich weiss, dass sie mich hören.

Halb freundlich – halb ironisch nimmt Eva den telepathischen Kontakt auf.

Sie wissen das. Haben sie mich etwa belauscht?

Und Eva ergötzt sich an dem wortlosen Stammeln des Beamten.

So etwas nennt man dann wohl Gedankenstottern. Warum denke ich jetzt an Frank? Der junge Mann hat mich doch nur zu seinem Platz gebeten. Eigentlich ist, war, er mir ja unsymphatisch. Aber er ist ein Telepath. Ein Verbündeter. Dass er beim Geheimdienst, ein Spitzel, ist, weiß hier jeder. Na und. Eventuell gar nicht schlecht für mich.

Die blitzschnell durch den Kopf schießenden Gedanken Evas hatte Peter Brode ob seiner kurzen Verwirrtheit nicht folgen können. Dankbar nahm er ihre Worte „Das ist schön. Kommen sie, gehen wir zu ihrem, unseren Plätzen. Ich muss mich noch ein wenig vorbereiten. Das Wissenschaftsministerium will gleich im Anschluss eine Pressekonferenz geben."

Ganz Gentleman bringt Peter Brode seine 'Eroberung' zu seinem Platz. Angestrengt lauschte er in den rot gelockten Kopf. Doch Eva, geübt in der telepathischen Verständigung, kann seine Gedanken, die Suchenden und die Bedrängenden leicht abwehren.

Jetzt nicht!

Eva nimmt Platz und beschäftigt sich mit den Tagungsunterlagen.

Jetzt nicht!

Hat sie für mich gedacht? Jetzt nicht – also nachher. Gut ich kann warten. Das ist schon toll, wie sie ihren Kopf für meine Gedanken einfach zumacht. Muss ich unbedingt lernen, oder kann ich das schon. Ich brauche unbedingt einen Telepathen, mit dem ich mich unterhalten kann. Eva Grünert? Will sie das?

Endlich, die Mitglieder der AGG haben schon längst Platz genommen, kommt auch der Staatssekretär des Wissenschaftsministeriums. Ein Herr Dr. Fritz. Im äußeren Bild eine Mischung aus typischem Wissenschaftler und korrektem Ministerialbeamten. Schwarze Schuhe und Hose, schwarzer modischer Pullover und darunter ein weißes Hemd hoben von Anzug und Krawatte eines „normalen Beamten" ab. Natürlich kokettiert seine Kleidung mit seinen kurzen schwarzen Haaren und dem ebenso schwarzen Dreitagebart. So fragen sich die Menschen, die ihm begegneten, wie kommt ein so typisch südlicher Mensch zu so einem Namen. Die manchmal listigen, manchmal klugen dunklen Augen hinter der schwarzen Hornbrille lassen aber eine Frage diesbezüglich im Halse stecken bleiben.

Irgendwie mag ich den Typ. Dass der sich im Ministerium halten kann. Muss doch mal hören, ob er auch denkt, wie er aussieht.

Und Eva versucht die Gedanken des im Präsidium sitzenden Mannes zu erhaschen.

Hoppla! Ein Black Hole. Wenn er denn nicht wirklich gar nichts denkt, kann er sich gut abschirmen. Er muss Telepathen hier unter uns vermuten.

Sie haben Recht. Ich habe auch nichts gespürt.

Verwundert schaut Eva auf Dr. Fritz und merkt aber fast gleichzeitig, dass diese Gedanken von ihrem Nachbarn kamen. In ihrem Forschen nach dem Geist auf dem Podium hatte sie ihre Gedanken auch für Peter Brode geöffnet.

Vorn, am Präsidium wird gerade die Tagesordnung durchgegangen und diskutiert. So kann sich Eva ihrem Nachbarn widmen.

Gut Herr Brode, sie sind also auch Telepath. Und nun, wollen sie die ganze Zeit in meinen Gedanken sitzen. Hier auf der Sitzung. Sie haben ja eben gemerkt, was dann passiert. Lassen sie uns zwei Punkte verabreden. Erstens: Sie wollen sich mit mir verständigen. Gut. Wenn sie wollen, gehen wir beide heute Abend aus. Nachher geht es nicht – da ist die Pressekonferenz. Danach können wir beide ungestört miteinander reden. Reden, Verständigen! Und zweitens: jetzt lassen wir uns gegenseitig in Ruhe.

Einverstanden jubiliert Peter Brode und unzählige Visionen des kommenden 'Dates' schießen durch seinen Kopf.

Reden, Herr Brode! Entschuldigung. Ich lausche nicht mehr.

Und wie schon vorhin amüsierte sich Eva über die Unsicherheit des sonst so aalglatten Beamten.

Erwischt mein Lieber! Das muss er noch lernen. Eigentlich wäre es aber schade, wenn ein jeder seine privatesten Gedanken nicht mehr denken könnte. Wenn jeder Angst hätte – seine Phantasien würden öffentlich, wären die Menschen sehr arm. Ob er das Himmelbett zu Hause hat, auf dem ich eben lag, Beine und Arme ausgestreckt, ein wenig gespreizt, mein ganzer Körper mit roten

Rosenblätter teilweise bedeckt. Da hat er ein tolles Bild von mir in seinem Kopf. Komisch, nicht mal die Fesseln stören mich. Es wird seine Phantasie bleiben. Jetzt ist es auch meine. Irre. Hätte er dieses Bild mir beschrieben – hätte ich ihm eine geknallt. Wenn die Menschen alle voneinander wüssten, was sie so über einen denken, da würden ganz schön die Hände und Fäuste fliegen. Oder auch nicht, ich habe ihm ja auch keine geknallt. Schau an, der Brode!

Lächelnd, aber fast unwillig und mit einem kaum merklichen Kopfschütteln wendet sich die Journalistin wieder der Tagung zu. Bis jetzt war noch nichts, über die verteilten Tagungsmaterialien hinausgehendes besprochen worden. Die Kurzberichte, auch von Professor Müller, waren nicht pessimistisch, aber auch nicht optimistisch. Alle warteten auf Professor Rohm. Der hatte ja seinen Auftritt richtig angekündigt und das 'Denken der Aliens' als Haupttagespunkt festlegen lassen.

Arschgeige! Frank wurde nicht mal eingeladen. Arschgeige, auch Dr. Fritz, der das zulässt.

Plötzlich spürt Eva den Blick von eben diesem Dr. Fritz auf sich ruhen. *Aber keine Gedanken.*

Eben wurde Professor Rohm an das Tagungspult gerufen.

Ganz im Bewusstsein seiner Bedeutung gockelt er an das Pult. Sein grauer Anzug wirft keine Falte. Seine Entschlossenheit kommt in seiner Körpersprache und dem verkniffenem Lächeln zum Ausdruck. So breitet sich Erwartung im Saal aus. Eva kann nur wenig, immer die gleiche Stereotype, wie eine Endlosschleife, *Verdammte Mutanten – na wartet!* in den Gedanken des Professors vernehmen. So wächst auch ihre Spannung fast körperlich.

Professionell beginnt der Wissenschaftler seine Ansprache.

„Herr Staatssekretär, meine Damen und Herren!

Das Thema meiner Ausführungen lautet, wie sie alle wissen, das – Denken der Aliens. –

Zu diesem Punkt äußere ich mich nicht das erste Mal und mein sehr geschätzter Schüler und Kollege, Herr Dr. Lehnert, hat ihnen auch schon dazu berichtet. Doch heute, meine Damen und Herren, sehe ich mich genötigt, aufgrund meiner neuesten Forschungsergebnisse, sie, meine Damen und Herren, sie und die ganze Gesellschaft auf eine Gefahr hinzuweisen. Eine Gefahr, die sie, die mich, uns alle, ja unsere gesamte Gesellschaft bedroht."

Gekonnt nimmt er seine Brille vom Kopf und blickte versonnen in sein Publikum, wartet auf die Wirkung seiner Worte.

„Und ich bedaure es zutiefst, obwohl ich darum gebeten habe, dass die Presse nicht direkt zu dieser Beratung eingeladen wurde."

Was ist jetzt los. – Was macht der jetzt? Das war nicht abgesprochen!

Die Gedanken der Journalistin und des Geheimdienstlers – nebeneinandersitzend – ähneln sich.

„Ich habe hier in diesem Gremium, und anderswo, schon mal auf die Gefahr hingewiesen. Doch ich fand wohl damit nicht die Beachtung, die meine Warnung verdiente. Ja manche werden mich wohl belächelt haben. Aber einige von uns," wieder ging der Blick des Wissenschaftlers über seine Zuhörer „einige von uns werden ihre Pläne zur Übernahme der Macht durch die Telepathen, den Mutanten, forciert haben."

Hatte bis eben atemlose Stille im Raum geherrscht, ist jetzt das beim letzten Satz angeschwollene Gemurmel zu Tumult generiert. Dem Staatssekretär, Dr. Fritz, gelingt es aber schnell, wieder Ruhe im Saal herzustellen, so dass Professor Rohm fortfahren kann.

„Ja, meine Damen und Herren, eventuell sind es die Mutanten hier im Raum, die am lautesten protestieren."

Wieder musste Dr. Fritz mit Klopfen auf den Tisch Ruhe in den Raum bringen.

„Sollte ich sie schockiert haben, so war das meine Absicht.

Zwei Punkte möchte ich im Wesentlichen vortragen, die von der Gefahr des Denkens der Aliens ausgehen.

Erstens: Fast ein Jahr ist es her, dass wir alle wie gebannt, die Stimme der Aliens in unseren Köpfen hörten und sie gleichzeitig im Fernsehen im All, nahe unserem Planeten sahen. Gar wundersam kamen uns die Berichte über ihre schnelle Entwicklung zur hoch stehenden wissenschaftlich-technischen Macht vor. Und der Grund für ihre schnelle Entwicklung sollte ihre Art der Kommunikation sein. Keine Geheimnisse – kein Krieg. Mir kam schon damals der Gedanke – vorgegaukelte Utopien – bewusste Lüge.

Sie erreichten nach ihren suggestiven Berichten – und was anderes war das nicht – eine Gesellschaftsordnung, deren Anfänge auf unserem Planeten wir vor wenigen Jahrzehnten real und zu Recht beseitigt haben.

Ihre Berichte über ihre Entwicklung war ein Angriff auf unseren Planeten. Schlimmer als jede im Vorfeld des Kommens der Alien befürchtete Waffe. Atombomben, Laser und was weiß ich, hätte die Menschheit überstanden. Wir hätten uns verteidigt. Aber nun ist ein Virus in unseren Köpfen – der die Invasion der Aliens vorbereitet. So schnell wie sie verschwunden sind, werden sie wieder hier sein und uns alle zu Sklaven machen."

Die Zuhörer sind nun völlig verunsichert. Hier und da ist ein nervöses Lachen zu hören, Murren aus einer anderer Ecke, zynische Bravorufe. Rohm nutzt die relative Stille und fährt fort: „Und geködert haben uns die Galaktischen, wie manche sie liebevoll bezeichnen, mit Versprechen auf Kernfusion und Antigravität. Was dabei herauskommt haben wir ja gerade von Professor Müller erfahren. Schauen sie sich doch um. Überall und fast täglich entstehen neue Sekten, die sich das Leben der Aliens als Vorbild nehmen. Gott wird verleugnet und die Aliens sind die neuen Götzen des Pöbels."

Jetzt sieht sich Dr. Fritz den Professor gezwungen zu unterbrechen.

„Herr Professor, ich bitte sie, ihren Vortrag auf wissenschaftliche Fakten zu beschränken. Ihre bisherigen Aussagen sind auch mir nicht unbekannt. Wir alle haben solche Aussagen, in der einen oder anderen Form schon mal gehört. Bitte berichten sie über ihre Arbeit." Der Staatssekretär erntet Beifall vom Publikum und einen zynischen Blick von Rohm. Letzterer fährt dann auch zugleich fort.

„Es ist mir schon klar, dass diese Wahrheiten, so klar ausgesprochen nicht überall die Zustimmung finden. Wenn ich jetzt aber zum zweiten Punkt komme, wird es vielen von ihnen wie Schuppen von den Augen fallen. Also zweitens, und hier beginne ich mit meinem Forschungsgebiet. In den letzten Monaten häufen sich in den Medien Berichte über die unglaublichsten, ich nenne es mal, seelischen Phänomene. Leute fühlen sich in ihren Gedanken belauscht, andere haben Präkognitionen. Es wird über Menschen berichtet, die Dank ihrer Gedankenkraft Gegenstände bewegen, selber im Raum schweben, oder Gegenstände verschwinden lassen. In anderen Ländern mehr, aber auch bei uns. Ich und mein Institut haben diese Phänomene untersucht. Und, sie sind samt und sonders erlogen, erfunden oder beruhen zumindest auf Täuschungen."

Im Saal machte sich wieder Unruhe breit. Aber diesmal ist eine Unruhe der Entspannung und Verwunderung. Das hatte nach dieser Einlassung keiner erwartet.

Peter Brode und Eva Grünert blickten sich wortlos an.

Worauf will er hinaus? – Ich weiß es nicht.

Der Redner lässt noch etwas Zeit verstreichen, indem er auf seine Zuhörer wie ein Übervater lächelnd von oben herab blickt. Dann aber fährt er mit einschneidender Stimme fort. Die ersten drei Wörter leise, doch für jeden hörbar:

„Bis auf eines," jetzt laut: „unter uns sind Telepathen und es werden mehr. Es haben sich in meinem Institut Menschen gemeldet und wir haben Leute separiert, die Gedanken anderer lesen können, ja, sich sogar telepathisch unterhalten können. Und für die Zweifler unter ihnen hier die Videoaufnahmen."

Langsam fährt das Licht im Saal herunter und an der Stirnseite des Konferenzsaales, hinter aber noch über dem Podium senkt sich eine Leinwand herab. Kurze Filme zeigen den Tagungsteilnehmern Beispiele telepathischen Denkens. Einige Personen im Film geben Statements ab, dass sie freiwillig an den Versuchen teilnahmen oder berichten von der Entstehung ihrer Gabe.

Zehn Personen zählt Peter Brode. Fünf kannte er aus den Berichten, fünf sind für ihn neu.

Verdammt, das war so nicht abgesprochen. Bleckenbush wird verrückt – oder wurde ich einfach wieder nur übergangen, oder bewusst, weil ich ein Telepath bin. Noch kann man das alles wie beim ersten Mal herunter halten. Es wird aber schwer. Diese verdammten Wissenschaftler.

Der Film endete und das Licht ging an. Professor Rohm fuhr mit einem überlegenden Lächeln fort.

„Ja, meine Damen und Herren. Einige werden mir immer noch nicht glauben. Wenn sie einem Wissenschaftler nicht glauben, so glauben sie bestimmt einem Mann Gottes."

Wieder wird es dunkel im Raum. Auf der Leinwand erscheint in Überlebensgröße der ihnen allen bekannte Kardinal Lutzinger. Es ist als ob er direkt zu den Anwesenden spricht.

„Gut. richten sie ihren Vorgesetzten aus. Ja, der Herr Kardinal ist ein Telepath. Er hat unsere Gedanken gelesen. Und richten sie ihrem Vorgesetzten aus, der Herr Kardinal hat keine Zeit für den Geheimdienst. Eine wichtige Arbeit 'Telepathie und Kirche' beschäftigt den Herrn Kardinal."

Das Licht geht an, die Leinwand verschwindet in der Decke. Professor Rohm genießt sichtlich seine Bestätigung, die er vor allem im Auftritt des Kardinals hat. Die eisige Ruhe wird von einer Stimme aus der letzten Reihe unterbrochen.

„Ist der Mann denn verhaftet worden?".

Peter Brode musste sich nicht umdrehen, um zu wissen, wer diese Bemerkung fallengelassen hat.

General Ehrhardt Koch. Wer hat denn den eingeladen? Ist der noch Mitglied der AGG? Das sieht mir ganz nach einer Inszenierung aus.

Noch bevor der junge Mann diesen Gedanken weiterführen kann, vernimmt er akustisch und mental ein Aufstöhnen der Anwesenden, ist doch die Mehrzahl der Mitglieder der AGG seit einiger Zeit Wissenschaftler. Diese Woge der Ablehnung lässt den General entgegen seiner sonstigen Impertinenz verstimmen. Doch Professor Rohm nimmt den Faden auf.

„Wir, ich als Wissenschaftler sowieso nicht, haben keine rechtlichen Grundlagen, Telepathen in Gewahrsam zu nehmen, uns zu schützen. Oder sie, meine Damen und Herren, zu schützen. Stellen sie sich nur folgendes mal vor: In irgendeiner Werkhalle oder auf dem Bau wird bekannt, dass ein Kollege ein Telepath ist. Der wird doch niedergemacht. Oder, Herr General, da sie gefragt haben, in der Armee."

Für Sekunden lässt Professor Rohm seine Zuhörer sich die Bilder von Telepathen neben ihnen malen. Und er denkt an die Beratung vor einem Monat.

Genau das habe ich ihnen vor vier Wochen gesagt. Angelächelt haben sie mich. Jetzt geht ihnen der Arsch auf Grundeis. Der arme Brode. Guckt wie ein Muhkälbchen. Jetzt will der mich wahrscheinlich am liebsten verhaften. Ich hätte es ihm ja gesagt. Aber Bleckenbush war dagegen. Mitarbeiter müssen geprüft werden.

Schnell nimmt er nun den Faden wieder auf.

Und jetzt weiter ran

„Vor wenigen Minuten haben mir einige von ihnen noch Stammtischparolen vorgeworfen. Jetzt habe ich ihnen den Beweis der 5. Kolonne der Aliens geliefert. Sie, die Aliens, als Telepathen haben den Bazillus in die Köpfe der Menschheit gesenkt, verschrobene unmenschliche Ideen und die Entstehung von Mutanten. Dabei sind die im Film gezeigten bestimmt nur die Spitze des Eisberges. Sind es Hunderte, Tausende oder Hunderttausende? Ich weiß es nicht. Es werden mehr. Das weiß ich. Wie die Ansteckung funktioniert, in manchen Sekten soll es Erleuchtung genannt werden, wissen wir noch nicht.

Das menschliche Gehirn ist viel zu kompliziert, als dass es in kurzer Zeit von einem menschlichen Gehirn erforscht werden kann – wenn überhaupt.

Ich denke und hoffe hier auf die Unterstützung der AGG, auf ihre Unterstützung meine Damen und Herren, wir brauchen entsprechende Gesetze. Wenn das zu lange dauert, können Notverordnungen in kurzer Zeit helfen. Wir brauchen die unbedingte Meldepflicht telepathischer Erscheinungen. Ärzte und Psychotherapeuten müssen von ihrer ärztlichen Schweigepflicht enthoben werden und die Telepathen müssen isoliert werden. Kurz und gut, ich plädiere dafür, dass Telepathie als Seuche eingestuft wird und das Seuchenschutzgesetz voll zur Anwendung kommt."

Es herrschte atemlose Stille, dann wird der Saal zur Hölle, der auch die kühle Art des Staatsministers Fritz keinen Einhalt gebieten kann.

Zwischenrufe, Zustimmungen und Schmähungen verhinderten ein weiteres Sprechen durch Professor Rohm. Nur wenige sitzen ruhig auf ihrem Platz. Zu ihnen gehören auch die attraktive Journalistin und der junge Geheimdienstbeamte. Keinem in der aufgeregten Meute fallen die beiden auf, die sich lange, wie zwei Verliebte, nur nicht lächelnd, in die Augen blicken.

Du, Telepathen duzen sich, du hast davon gewusst. Bist Teil des Ganzen.

Ja und nein. Ich soll den Umgang mit Telepathen für den

Geheimdienst koordinieren. Von dem Vorschlag Rohms habe ich nichts gewusst. Warum weiß ich nicht.

Aber du bist Telepath. Haben sie denn keine Angst vor dir.

Sie wissen es nicht. Sie dürfen es nicht wissen. Wenn das rauskommt...

Oh Gott, was musst du für eine Angst haben.

Treffen wir uns trotzdem heute?

....Gut, es bleibt dabei. Wenn ich nicht gleich verhaftet werde. Nein. ich verrate keinen... Ich kann ja keinen verraten.

Gut, heute Abend. Es wird nicht späht. Hier geht es sowieso nicht weiter und die Pressekonferenz werde ich wohl allein führen. Es wird ein Bulletin werden.

Nach und nach kehrt Ruhe in der Tagung der AGG ein. Die Gemüter beruhigen sich. Dr. Fritz ist wieder ganz der schwarze über allem erhabene Mann. In seinem Fazit, die Beratung dauerte gerade mal 180 Minuten, schiebt er die Verantwortung von seinem Ministerium und damit auch von der AGG weg.

„Es wäre gut gewesen, wenn Herr Professor Rohm, dem ich für seine Ausführungen, wie auch allen seinen Vorrednern, danke, im Vorfeld der heutigen Beratung, seine Schlussfolgerungen mit den zuständigen Ministerien, zu denen er meines Wissens doch gute Kontakte hat," und über seine Brille schaute er nun wieder schelmisch auf Professor Rohm hinüber, der immer noch am Rednerpult steht „wenn der verehrte Herr Professor seine doch drastischen Schlussfolgerungen seiner wissenschaftlichen Arbeit mit dem Innen- und dem Gesundheitsministerium abgestimmt hätte. Hier gehört jetzt seine Arbeit hin. Punkt! Deshalb werde ich, wenn sie einverstanden sind, die heutige Pressekonferenz mit unserer verehrten Mitstreiterin, Frau Grünert, so in Form eines Bulletins, allein bestreiten und die wichtigsten, heute hier aufgelaufenen Informationen, verlauten lassen. Die Schlussfolgerungen Professor Rohms, seine beiden Gefahrenherde durch die Galaktischen werden dabei nur angedeutet werden können. Das andere überlasse ich, wie schon gesagt, den zuständigen Ministerien. Und für heute machen wir Schluss, die Einladung zur nächsten AGG geht ihnen rechtzeitig zu. Einverstanden?"

Es brauchte nicht abgestimmt zu werden, über den Beschluss des Staatssekretärs sowieso nicht. Aber Dr. Fritz verbreitete gern mal den Eindruck von Demokratie.

Jetzt ist es Rohm, der wie angewurzelt am Rednerpult steht, erst enttäuscht und wie zusammengefallen, doch dann sich immer mehr aufblähend, nach Worten ringend.

Dr. Fritz sieht die Gefahr in Form eines aufgeblasenen Professors auf sich zukommen. Doch wie schon beim Verteilen der Verantwortung wählt er auch hier die Flucht. Bei ihm sieht es aus wie ein eleganter Abgang. Noch ehe der begossene und aufgeblasene Professor wieder zu Worten findet, hat der Staatssekretär, gefolgt von Eva Grünert, den Saal durch die Tür am Podium verlassen. Andere Teilnehmer stehen schon in der Ausgangstür. Und wieder klappt Rohm in sich zusammen.

Es war die falsche Strategie. Bestimmt ist dieser Fritz auch so ein Telepath.

Dr. Fritz leitete die Pressekonferenz souverän.

Eva hatte die Vorlage dafür schon vor der Tagung, natürlich ohne die 'Sensation Professor Rohm', anhand der eingereichten Materialien ihrem neuen nominellen Dienstherrn vorbereitet. Die Telepatenangelegenheit behandelte Dr. Fritz als einen normalen Tagesordnungspunkt. Von einer Bedrohung der Gesellschaft spricht er nicht. Fragen sind an diesem Tage nicht vorgesehen.

Trotzdem ist der Vortrag Professor Rohms das Titelthema der am nächsten Wochenende erscheinenden Ausgabe der größten Boulevardzeitung. Doch das wissen weder Eva, noch ahnen es zu diesem Zeitpunkt die anderen Telepathen.

Eigentlich wollte Eva nach der Pressekonferenz sofort mit Frank Lehnert telefonieren. Doch irgendetwas hielt sie davon ab.

Er soll bloß nicht denken, ich verfolge ihn. An unserem Plan ändert sich nichts. Die Kollegen habe ich heiß gemacht. Ich spreche erst mit dem Brode. Der könnte etwas zu möglichen Reaktionen seiner Dienstherren sagen.

Sie nahm ihr Telefon und wählte die vor zwei Stunden neu gespeicherte Nummer des jungen Mannes.

Zum ersten Mal treffe ich mich mit einem jüngeren Mann. Komme ich ins Alter? Quatsch!

Doch ein wenig Unsicherheit bliebt bei ihr zurück.

**

„Du schreibst und schreibst und keiner dankt es dir."

Petra Lehnert ist von hinten an ihren, vor den Schreibtisch sitzenden Mann, getreten. Ihren rechten Arm legt sie auf seine Schulter. Eigentlich sollte der Satz ein Witz sein, den sie beide sich vor Jahren bei der Anfertigung ihrer Diplomarbeiten gegenseitig mehr als Aufmunterung gesagt hatten. Doch Frank lächelt nur müde, griff ihren Arm und schaut durch das große Fenster in seinen üppig wuchernden grünen Garten.

Die Farbe Grün in ihren unterschiedlichen Schattierungen tut gut. Petras Arm tut gut. Ihre Zuversicht ist gespielt. Sie hat Angst um mich, um sich, um die Kinder, um uns. Noch immer ist sie keine Telepathin. Immer wieder erinnert sie sich, als sie durch meine Augen die Galaktischen gesehen hat. Gut, dass sie durch meine Augen Eva nicht gesehen hat. Oder? Was wäre wenn? Ich habe das Bild von Eva immer wieder vor mir. Auch wenn ich mit Petra schlafe. Ist das verwerflich? Ist das normal? Wenn ja und ja, gibt es noch immer während Liebe zwischen Telepathen? Und diese Fragen will ich beantworten. Auf den Punkt gebracht heißt das ja: Gibt es Liebe ohne Lüge?

Ganz in Gedanken greift der Psychologe zu seiner Zigarre.
„Ich gehe ja schon. Wir fahren dann." weckt Petra Lehnert ihren Mann aus seinen Gedanken.
„Entschuldigung..."
„Ich weiß, ich weiß. Aber verabschiede dich von uns, von mir und deinen Kindern. Du schickst uns ja zwei Wochen zu meiner Schwester. Die Kinder sagten mir, du denkst, es könnte länger werden?"
„Die Kinder müssen dir nicht sagen, was ich denke! Eventuell war bei mir die Befürchtung, es könnte länger dauern. Aber wenn ich das so denken würde, hätte ich es dir gesagt. Man spricht nicht jeden Gedanken aus. Der Gedanke ist nicht das Denken."
Er schaut seiner Frau in die Augen.
„Du weißt, was ich meine. Blicke ich in die Zukunft, so sehe ich mich als König, sehe mich erschossen, inhaftiert, interniert. Ich sehe innerhalb von Sekunden zig verschiedene Möglichkeiten. Schaue ich in die Köpfe anderer, lese ich ihre Gedanken, ist es sehr schwer für mich, die Gedanken anderer zu ordnen – das Denken zu erfassen. Denkt der andere für mich, also, er will sich mit mir telepathisch verständigen, so geht das."
„Ich kann das nicht für dich tun. Wie ist das bei anderen Frauen?....Liebst du mich noch?"
Frank hat sich nun doch auf seinem Schreibtischsessel herumgedreht und ist aufgestanden. Fest umarmt er sie.
„Das weißt du doch."

Die feste Umarmung vermeidet den Blick in ihre Augen.
Ich weiß es jetzt nicht.
Seine Frau kann die Botschaft nicht hören, aber sie spürt sie – beide sind die Hälfte ihres Lebens zusammen. Petra kennt auch die Worte, die jetzt von ihm kommen im Voraus „Ich

möchte, dass ihr in Sicherheit seid. Zwei Wochen. Eventuell werden es drei, höchstens vier. Dann fahren wir beide, nur wir beide, irgendwo hin." In diesem Augenblick klingelt es an der Haustür. Carlo schaut durch die Zimmertür und ruft:

„Mutti, das Taxi ist da. Schüß Vati."

Der Psychologe drückt seine Frau noch fester an sich und lässt sie dann frei. Sie zieht seinen Kopf nach unten und küsst ihn auf die Stirn, blickt ihm in die Augen.

„Ich sehe dich dann also im Fernsehen."

**

Für Michael war es das letzte Training mit seiner Jugendmannschaft vor dem Wochenende. So richtige Lust hatte er keine. Mit Carlo fiel sein stärkster Spieler aus.

Da trainiert man das ganze Jahr und 3 Tage vor dem Höhepunkt ist der beste Spieler nicht dabei. Lehnerts waren richtig unwirsch, als ich fragte, ob denn die Reise nicht zu verschieben sei. Mein Gott, der Alte hat richtig Angst um seine Kinder. Wenn er sich outen will, so werden sie doch nicht gleich seine Kinder kidnappen. Tina und mich will er auch raushalten.

Seine Mannschaft ließ er 800m Freistil Querbahnen einschwimmen. Die Mundwickel hatte er inzwischen wieder nach oben gezogen. Er selbst kannte es ja, 'wenn der Trainer vorher schon 'ne Fresse zieht, kannst´e das Training gleich vergessen'. Intensiv beobachtete er nun Peer und Bernd.

Beide schwammen nebeneinander und schauten sich immer wieder in die Augen. Nein, schwul sind die nicht. Sie verständigen sich telepathisch. Wie zufällig stellte er sich in ihrer Nähe an den Beckenrand. So erhaschte er auch die Bestätigung seines Verdachtes. Noch holprig verständigten sich die beiden Vierzehnjährigen mittels ihrer Gedanken.

Hast du die Fresse von Michael gesehen?

Der ist traurig, dass Carlo am Wochenende nicht mitspielt. So etwas habe ich in seinen Gedanken bemerkt.

Ach, ich dachte seine Freundin hat ihn mal wieder im Bett fertig gemacht.

Das kann auch sein. So richtig kommt man bei ihm nicht rein. Aber du wirst Recht haben. Mann, oh Mann – das wäre eine Freundin für mich.

Der Trainer der Beiden stand wie angewurzelt am Beckenrand, wusste nicht ob er lachen oder weinen sollte.

Diese kleinen Wichser! Na ja, vor ein paar Jahren ging es mir selbst so. Manchmal denke ich an Tina immer noch wie die beiden. Irre. Hmm, also noch zwei Telepathen in der Mannschaft. Carlo ist weg. Mal sehen, was Peer und Bernd so drauf haben.

ACHTUNG IHR BEIDEN WICHSER. STILLGESTANDEN UND RAUS AUS DEM WASSER.

Das Ergebnis seines telepathischen Befehls war dramatisch. Den beiden Jungen war wohl unter Wasser der Mund offen geblieben. Sie hatten furchtbar Wasser geschluckt. Doch schon bald, die beiden husteten immer noch, konnte Michael schon wieder Verständigungsversuche zwischen den beiden vernehmen.

RAUS AUS DEM WASSER, HABE ICH GESAGT.

Jetzt hatten die beiden verstanden und kamen wie begossene Pudel, *zwei begossene Wasserballer,* aus dem Wasser.

HINSETZEN.

Ängstlich ihren Trainer anguckend setzten sich beide auf die Aufwärmbank. Michael schickte die anderen Spieler zu deren Verwunderung das zweite Mal auf die 800 Freistil Querbahn.

„So, ihr beiden denkt also, meine Freundin macht mich fertig und ihr wärt der bessere Freund für sie."

Das Ergebnis dieser Worte ähnelte dem Befehl, als die beiden noch im Wasser waren. Ihnen blieb die Luft weg. Michael ließ sie noch eine Weile husten. Dann berührte er sanft ihre Gedanken.

Ist ja gut. Das war gemein von mir. Ich sehe es ein. Beruhigt euch. Ganz ruhig.

Die Jungs kamen zur Ruhe.

Wie lange könnt ihr euch so unterhalten, wie lange könnt ihr schon die Gedanken anderer lesen?

Der eine antworte *zwei,* der andere *eine Woche.*

Und wer weiß davon?

Unsere Eltern.

Und meine Geschwister, die können das auch.

Könnt ihr euch vorstellen, ihr merkt ja, ich kann es auch, dass wir das im Spiel ausnutzen können?

Peer und Bernd waren begeistert.

Sofort stellte Michael sein Training um und übte im Spiel mit den beiden, seine Anweisungen umzusetzen und den Gegner im richtigen Moment zu 'belauschen'. Er zeigte den beiden aber auch, wie sie ihre Gedanken vor anderen Telepathen schützen können. Michael war begeistert.

Tina verdarb Michael am Abend dann die Laune. Ganz euphorisch erzählte er seiner Freundin von den neuen Telepathen in seiner Trainingsgruppe. Sie schüttelte skeptisch den Kopf.

„Wenn das Dr. Lehnert wüsste."

„Dr. Lehnert, Dr. Lehnert. Ist er der Oberguru der Telepathen?"

Michael ist manchmal doch noch ein Kleiner.

Das habe ich gehört!

Ich weiß.

Und beide fielen sich lachend in die Arme.

**

„Ich hatte dir doch gesagt, dass der Auftritt in der AGG nichts bringen wird."

„Du kannst mir das nicht verbieten" fährt Professor Rohm den in seiner Wohnung im Kaminzimmer ihm gegenübersitzenden Stellvertretenden Innenminister Roth an.

„Keiner will dir was verbieten und ich schon gar nicht. Wir müssen das Geheimnis der Telepathen entschlüsseln. Schnell! Männer wie wir müssen als Telepathen diese Gesellschaft beherrschen. Wir müssen den Telepathen vorstehen. Alles andere, Internierung und so, ist Quatsch. Stell dir vor; 60% der Bevölkerung sind Telepathen. Die kannst du doch nicht verhaften. Deswegen musst du das Geheimnis lüften und uns zu Telepathen machen. Da kannst du doch nicht eine Hexenjagd eröffnen. Das doch nicht. Wenn wir sie nicht aufspüren können, ihnen nichts nachweisen können, dann können wir sie nicht beseitigen. Und nach solchen Hetztiraden wie auf der AGG beseitigen sie dich letztendlich. Uns beseitigen sie. Oder glaubst du wirklich an die 5.Kolonne der Aliens?"

Professor Rohm nimmt einen großen Schluck aus dem großen Cognacschwenker bevor er antwortet.

„Ach Quatsch Roth, dass aus den Menschen irgendwann Telepathen werden, wird schon lange vermutet. Auch von seriösen Wissenschaftlern wie mir. Eventuell hat die Botschaft, du weißt ja, dass ich das vermute, wie ein Katalysator gewirkt. Doch wenn ich Professor Müller nach der Beschaffenheit der Nachricht der Aliens frage, da blickt der mich so blöde lächelnd an.

Der weiß was ich denke und er will es mir nicht verraten. Da muss ich doch an eine Verschwörung denken."

„Du bist paranoid, wissenschaftlich paranoid."

„Und das sagt mir einer, der von Berufs wegen paranoid sein muss. Prost."

„Prost. Übrigens, dein Freund, Dr. Lehnert hat ein Buch geschrieben und stellt das Manuskript am Sonntag in seinem Verlag vor."

„Ich fasse es nicht. Mein Freund! Hätte ich nicht diese Scheiß-Grippe gehabt, wäre er immer noch der kleine Dr. Lehnert, ein mittelmäßiger Psychotherapeut aus der Provinz.

Und jetzt stellt der sein Buch vor."

Der Stellvertretende Minister blickt spöttisch auf seinen Freund.

„Mensch, ärgere dich nicht mehr. Übrigens, die rote Eva ist seine Geliebte."

Die Reaktion seines Freundes hat er geahnt.

„Hör jetzt auf. Ich kann nicht mehr. Aber ab Sonntag wird man wieder meinen Namen kennen. Da nützt Lehnert eine Vorstellung im Verlag nichts mehr."

„Wieso? Wovon redest du?"

„Wieso. Ganz einfach, ich habe mein Manuskript von der Sitzung der AGG der Boulevardzeitung gegeben. Das kommt am Sonntag."

„Bist du des Teufels?!"

Beim hastigen Aufstehen, kippt das Glas mit dem teuren Cognac über die bis dahin jungfräuliche weisse Decke des Kamintisches. Ohne weiteren Gruß verlässt der hohe Beamte das Haus des Wissenschaftlers. Noch im Auto versucht er mit dem Chefredakteur der Zeitung zu telefonieren.

Nach dem ersten Gespräch versucht er auch noch, die Verlegerin zu erreichen. Doch auch dieses Gespräch verläuft für ihn unbefriedigend. Sein Chef, Minister Bleckenbush, nimmt die Nachricht scheinbar gelassen entgegen.

Es ist dunkel, als ihn sein Chauffeur mitten durch die halbwegs beleuchteten Straßen der Hauptstadt zu seinem Haus fährt. Und es nieselt. Eigentlich schaut Roth nicht aus dem Fenster. Die Menschen auf den Gehwegen sind ihm egal. Doch zwei glaubt er mit einem Mal zu erkennen.

Das gibt es doch nicht. Brode und die Grünert unter einem Schirm.

**

Stundenlang hatten Eva Grünert und Peter Brode im Restaurant gesessen. Das war schon die zweite Verabredung. Beim ersten Mal, gleich nach der AGG hatte ein Anruf von Bleckenbush Peter aus dem 'Date' gerissen. Der stellvertretende Minister wollte den persönlichen Eindruck Brodes vom Auftritt des Professors erfahren. Die vorsichtig von Brode vorgetragene Frage der Abstimmung mit ihm, beantwortete Bleckenbush mit eben dieser Rolle, des unvoreingenommenen Beobachters, der er in diesem Fall sein sollte.

So hatten sich Eva und er nur kurz verständigen können. Doch es hatte für ein weiteres 'Date' gereicht. Und es wurde ein wunderbares Essen. Peter Brode hatte von seiner Sekretärin, der schönen Frau Liebesam, sich die Adresse eines verträumten Restaurants in eine der Nebenstraßen des Stadtkerns der Hauptstadt geben lassen. Ihren etwas traurigen Blick sah er nicht, als er ihr den Auftrag gab, einen Tisch für Zwei dort reservieren zu lassen. Eva hatte absichtlich ihm die Wahl überlassen.

Sonst hätte sie den jungen Mann noch in 'Ihr' Café geschleppt. Das wollte sie dann doch nicht. Sie fand den Abend erfrischend. Es war eine völlig andere Welt, die sie aus den Worten und Gedanken des jungen Beamten erfuhr. Einerseits faszinierte sie die Welt des Geheimdienstes, andererseits ließen die Berichte des jungen Mannes sie erschauern.

Aber immer wieder spürte sie sein Begehren. Natürlich wusste sie um ihre Wirkung auf Männer. Gerd Blume und Frank waren nicht ihre ersten Männer. Als Telepathin waren ihr die anzüglichen Gedanken der Männerwelt nicht entgangen. Doch diese fast 'männliche Jungfrau' war etwas Neues. Nach anfänglichem Zögern hatten beide die Gedanken für den anderen geöffnet. Für Eva war das eine Voraussetzung für ihr Gespräch überhaupt – schwang in ihren Gedanken doch immer noch die Angst vor einem Verrat durch den eigentlich professionellen Verräter mit.

Es muss ein furchtbarer innerer Konflikt sein, die verfolgen zu müssen, die so denken wie du. Zumindest formal so denken wie du.

Ja. Was soll ich machen. Kündigen kann man beim Geheimdienst nicht. Was sollte ich auch sonst machen. Und meine Kollegen sind doch nicht alle schlechte Menschen.

Schlechte Menschen, schlechte Menschen. Wer ist schon ein schlechter Mensch. Deine Aufgabe hat dich verbogen.

So einfach ist das nicht. Gleich nach meinem Studium kam ich als Sekretär zu General Koch. Der war vor drei Jahren noch eine Persönlichkeit für mich. Jetzt sehe ich in ihm nur noch einen Arsch. Nach drei Jahren!

Na ja, mit 28 sind ja noch nicht alle Hoffnungen bei dir begraben.

Hör auf. Du mit deinen, wie alt bist du eigentlich? Darf man das fragen.

Darf man nicht. Eh lass das! Ich sag's dir ja. 33 mein Sohn.

„Jetzt bist du wohl von mir enttäuscht. Eine alte Frau verführt einen jungen Mann."

„Na ja, wenn du mich wirklich verführen willst..."

„So war das nicht gemeint, du junges Ekel!"

Der Abend, die paar Stunden im Restaurant vergingen für beide in Windeseile. Tiefgreifende Gedanken und flapsige Worte wechselten sich ab. Je näher sie sich kennen lernten, je tiefer der Einblick in die Welt des anderen wurde, desto mehr wuchs die Neugier aufeinander. Bei der zweiten Flasche Weißwein, bei dem sie nach dem Fisch geblieben waren, hielten sie sich gegenseitig ihre Hände über dem Tisch. Bei den flapsigen Worten wurde schon mal ein Finger des anderen leicht nach außen gebogen oder in den Daumenballen gekniffen. Es kam der Augenblick, in dem beide diese kindisch anmutenden Mätzchen als unbewusstes Vorspiel zu einem tiefen sexuellen Verlangen erkannten. Ohne eine Grenze aufzubauen, zeigten sie sich gegenseitig ihr Verlangen, Vorstellungen von sexuellen Praktiken, die nie in Worte zu kleiden wären. Evas

Stimme war heiser als sie den Kellner rief „Der Herr möchte zahlen." Als sie aus dem Lokal traten nieselte es leicht. Die Kühle half Eva kurz und unbemerkt für Peter Brode, der laut fluchend mit dem Öffnen des Klappschirms kämpfte, für sich und nur für sich zu denken.

Jetzt muss ich aufpassen, dass ich nicht jeden Telepathen der mir über den Weg läuft, flachlege.

Doch der eigenartige, angenehme Druck in ihren Lenden, die Wärme dazwischen, unterdrückte ihre Bedenken.

*

„Eh, du brauchst nicht stolz zu sein, mit einer älteren Frau geschlafen zu haben."

Schlagartig dreht Peter Brode sich im Bett herum. Eben noch war er sich völlig sicher, dass seine neue Eroberung noch schläft.

Guten Morgen! Muss ich jetzt immer aufpassen, dass mir keiner in meinem Kopf sitzt und mich belauscht?

Weiß ich nicht. Dr. Lehnert sagt...

Dr. Lehnert. Immer wieder Dr. Lehnert.

Mann. Bist du jetzt eifersüchtig oder kannst du ihn einfach nicht leiden?

„Wissenschaftler, gar noch Psychofritzen sind mir schon immer suspekt. Du hast mir gesagt, du liebst ihn nicht und er liebt dich nicht. Aber immer wenn du an ihn denkst, von ihm sprichst, geht so ein inneres Leuchten in deinem Kopf an."

„Peter, ich habe mit ihm geschlafen und ich habe mit dir geschlafen. Das gibt weder dir noch ihm Recht auf Eifersucht. Ich weiß nicht, ob ich dich liebe. Du weißt nicht, ob du mich liebst. Und versuche nicht mir und dir etwas anderes einzureden. Höre jetzt zu."

„He, du bist nicht meine Mutter"

„Das war jetzt unpassend!"

„Verzeihung"

„Also Frank sagt," mit Absicht nimmt sie jetzt den Vornahmen des Psychologen und weidet sich an dem blöden Gefühl im Bauch des Mannes in ihrem Bett „zurzeit ist noch eine räumliche Nähe notwendig, um die Gedanken des anderen zu lesen. Das kann sich aber noch ändern. Du hast damals, wie du sagtest, Telepathen im Raum der AGG gespürt. Dr. Lehnert berichtete von einem eigenen Erlebnis, also seine Frau, die über tausende Kilometer hinweg durch seine Augen schauen konnte. Und sie ist keine Telepatin. – Noch nicht."

Du liebst ihn. Ein wenig zumindest.

„Ich rede mit dir in meinem Bett nicht über andere Männer. Du reichst mir."

Plötzlich verzieht sie ihr Gesicht und fletscht die Zähne, ergreift mit fester Hand das schlaffe Glied ihres Bettgenossen, kommt mit ihrem immer noch zähnefletschenden Mund ganz nahe an den Penis ihres Bettgenossen. Durch die geschlossenen Zähne presst sie gefährlich,

„Und wenn du damit nicht aufhörst beiße ich das kleine Ding hier ab, lege es in ein Glas mit Formalin und stelle es wie die 567 anderen in mein Kellerregal."

Der kurze Schreck lässt kein Blut in sein Glied. Und noch bevor die Blockade überwunden ist, hat Eva sich aus dem Bett geschwungen, verschwindet lachend im Bad.

„Wir müssen zur Arbeit."

Noch benommen bleibt Peter Brode einen Augenblick liegen und hört das für den frühen Morgen unpassende laute Geplatsche.

Also können sich Telepathen auch noch mächtig überraschen. Diese Eva!

Lächelnd schaut er auf sein verschont gebliebenes Glied, das langsam wieder seine normale Größe annimmt.

**

Die rote Robe des Kardinals nimmt sich fremd in der sonst durch Maßanzüge oder bunte Kleider bestimmten VIP-Lounge des Flugplatzes aus. Die Longe selbst ist wohl deshalb so schlicht gestaltet, damit sich die Personen in den Vordergrund gehoben fühlen. Der Kardinal findet die durch seine Kleidung bestimmte Isolation als sehr angenehm. Es gab Flüge, bei denen er bewusst das Gespräch mit anderen, nicht dem Klerus zugehörigen Menschen suchte. Diesmal nicht. Er hielt seine Augen geschlossen und mahnte damit auch die anderen zur Ruhe. Es passierte sonst schon mal, dass der Gratissekt für die besonderen Personen, ihre Zungen überproportional, für andere unangenehm, lockerte.

Die Augen hat der Kardinal geschlossen, doch aufmerksam hört er in die Gedanken der Leute. Die Inhalte interessierten ihn dabei kaum. Er sucht nach Telepathen.

Hier im Raum sind 18 Personen. Wie viele davon sind Telepathen? Wenn ich denn von einer neuen Kirche spreche, müssen doch Menschen, Zahlen und Entwicklungen dahinter stehen. Was soll ich denn im Heiligen Stuhl sagen. Dass ich, mein Sekretär und seine Mutter Telepathen sind und wir deshalb die Kirche reformieren müssen?

Drei Gehirne kann er als telepathisch erkennen. Zwei berühren ihn, doch er weiß nicht, ob diese zu den dreien gehören.

Hallo, roter Mann, können sie mich hören?

Diese ungewöhnliche Frage lässt den Sechzigjährigen, in Ehren ergrauten Geistlichen seine Augen öffnen. Ihm gegenüber sitzt ein kleines Mädchen in einem roten Kleid mit einer schwarzen Pelzstola, über die ihre blonden Locken fallen. Das Kind blickt ihn fragend an.

Bist du das?

Doch die Frage hat sich schon erübrigt, denn schon ist der Kontakt hergestellt. Es entwickelt sich ein stummes Gespräch, wie es denn zwischen einem Kardinal und einem kleinen

Mädchen sein kann. Die, wie ihre Tochter elegant gekleidete Mutter, eine Dame, ist in einem Gespräch mit einer ebenfalls auffällig elegant gekleideten Frau mit schwarzer Hautfarbe vertieft. Frage um Frage versucht der Geistliche dem kleinen Mädchen in freundlicher Art zu stellen. Und dabei geht es vor allem um ihr Denken.

Und deine Mami und dein Papi können mit dir auch so reden?

Am Ende der letzten Frage reißt plötzlich die Mutter ihre Tochter unsanft am Arm und dem Kardinal zugewandt sagt sie böse „Das geht sie nichts an. Hören sie bitte damit auf."

Die Mehrzahl der sehr bedeutenden Personen blicken verwundert auf die Frau und dann auf den Kardinal, den sie anfunkelt. Und völlig unverständlich hören sie ein leises „Verzeihung" vom Geistlichen. Aber schnell herrscht wieder die gewohnte angespannte, halb ausgelassene, durch die Anwesenheit des Kardinals etwas gedämpfte, Atmosphäre im Raum.

Der Geistliche selbst sieht seiner Begegnung mit dem heiligen Vater optimistischer entgegen.

Auch er kann ja schon ein Telepath sein.

**

Entsetzen macht sich im Kopf des Kanzlers breit. Was ihm da der Innenminister Bleckenbush präsentiert, treibt ihm die Schweißperlen ins Gesicht.

„Wenn ich dich richtig verstehe, wird ab Sonntag das Kesseltreiben gegen die Telepathen beginnen. Hast du denn nicht gesehen, was das in Übersee für Auswüchse hatte."

„Mein Stellvertreter meinte, der Professor Rohm sei nicht mehr zu bremsen. Und Chefredakteur und Verlegerin zeigten keine Kompromissbereitschaft."

„Hast Du deinen Laden gar nicht mehr im Griff?"

„Pressefreiheit! Du willst doch der liberale Kanzler sein."

„Mein Gott, heute ist Freitag. Jetzt erreiche ich auch keinen mehr. Verdammte Wohlstandsrepublik.. Ich will einen Maßnahmeplan. Von dir, von allen Ministerien. Am Montag ist außerordentliche Kabinettssitzung. Keiner soll mir mit verlängertem Wochenende oder Urlaub kommen."

Fast entgeistert schaut der Minister seinen Vorgesetzten an. Diese Reaktion hat er nicht erwartet.

Gerade in diesem Augenblick kommt der Sekretär des Kanzlers durch die Tür und bringt eine Videokassette mit.

„Chef schauen sie mal, was eben gesendet wurde."

„Jetzt nicht! Ich habe keine Zeit."

„Herr Kanzler, es betriff glaub' ich, den springenden Punkt."

„Was? – Na gut."

Und was er dann im Fernseher sieht, verschlechtert seine Stimmung weiter. Es war eine Ankündigung der Sonntagsausgabe der eben besprochen Boulevardzeitung. '5. Kolonne der Aliens' und 'Versklavung der Gehirne', 'Regierung deckt telepathische Monster' sind Schlagwörter, die auch in seinem Gedächtnis sofort haften. Den zweiten Trailer aus dem gleichen Verlag, eine Ankündigung des Buches, des durch den Kontakt berühmt gewordenen, Dr. Lehnert nimmt der Kanzler kaum noch war. Jetzt gilt es zu handeln, noch bevor die Opposition selbst Maßnahmen vorschlägt.

Erst spät am Abend, in seiner Wohnung, kommt der Regierungschef im Bett neben seiner Frau langsam zur Ruhe. Nur kurz kann er sie über die Aufregung des Tages informieren. Ihre letzte mehr als Feststellung leise gemurmelte Frage, bringt seine Zerrissenheit auf den Punkt.

„Und nun, willst du dich selbst verhaften lassen?"

Er grübelt hierüber die ganze Nacht, ohne eine Antwort zu finden. Dabei hat er in den letzten vier Wochen Dinge erfahren, erfahren müssen, die die halbe Regierung und Opposition hinter Gitter gebracht hätte.

Hätte.

So gegen 4.00 Uhr, er hat sich die ganze Nacht hin und her geworfen., weckt er seine Frau.

„Doreen, du musst was für mich erledigen."

Nur langsam erwacht seine Frau. Ihr Blick zur Uhr lässt sie stöhnen.

„Jetzt? Was soll ich jetzt für den allmächtigen Kanzler erledigen. Jetzt um 4.00 Uhr."

„Nicht jetzt, aber heute. Du erinnerst dich doch an den Dr. Lehnert."

„Den Psychologen, der die Aliens traf? Soll der dich in den Schlaf wiegen?"

„Jetzt mal ernst. Der gibt am Sonntag eine Pressekonferenz, hör zu ....".

Noch mitten in der Nacht, erläuterte der Kanzler seinen Plan.

***

General Fletscher stand mitten in der Nacht vor dem Spiegel seines Badezimmers. Immer wieder versuchte er mit Kamm, einem Haarschneider und Gel, seine Haare in eine kantige Form zu bringen. Sie wurden einfach grau und dünn.

Sollte ich mir eine Glatze zulegen? Ich bin noch nicht alt!

Vor einer Woche hatte ihn seine Entlassung aus der Armee mitten aus der Arbeit am großen Laser gerissen. Ein Jüngerer *ein Wissenschaftler im Generalsrang, mit Brille,* sollte sein Nachfolger sein.

Ein General mit Brille!

Nur kurz schaute Fletscher auf die auf der Spiegelkonsole liegenden Kontaktlinsen, die er unbemerkt für alle, seit 15 Jahren trug. Unbemerkt insbesondere für seine Untergebenen. Doch eigentlich, so vermutete der General, nun General a. D., war sein Alter nicht der Grund seiner Entlassung.

Er hätte gut und gerne noch Jahre seinen administrativen

Job am Projekt Laser der Navy ausfüllen können. Doch, es hatte schon vor Monaten angefangen. Nach und nach verschwanden alle Personen, die in irgendeiner Form am 'Projekt Alien' beteiligt waren. Von heute auf morgen waren sie nicht mehr da. Umgezogen hieß es.

Doch die Navygerüchteküche sprach von Experimenten mit den Menschen. Auf irgendeiner Basis in der Wüste oder einem Flugzeugträger, keiner wusste es genau. Fletscher hatte versucht, den Weg der Kameraden zu verfolgen. Doch es gelang ihm nicht.

Natürlich lieferte die Gerüchteküche auch die Gründe für das Verschwinden der Offiziere und Soldaten. Sie sollten Mutanten sein. Infiziert durch die Aliens.

Fletscher selbst musste drei Untersuchungsausschüsse über sich ergehen lassen. Immer wieder wurde er über seine telepathischen Kräfte befragt. Immer wieder konnte er die Wissenschaftler und seine Vorgesetzten von seiner Normalität überzeugen.

Voller schwerer Gedanken schaut er in den Spiegel.

Die Haare sind nicht mehr das was sie waren. Aber warum mache ich das. Ich brauche nicht zum Dienst. Ich bin doch aber normal. Scheiß Aliens, Ich wollte sie gleich vom Himmel holen. O.k., das hätte nicht geklappt, aber sie hätten gewusst, wir sind nicht ihre Brüder im Geiste. Ich muss es nur weiter verschweigen. Keiner kann mir was.

Das Rauschen in seinem Kopf, im Ohr, hatte schon früh angefangen – lange vor seinem Dienst auf der Raumstation. Doch so etwas wird den Ärzten nicht gesagt. Karriere ist wichtiger. Separieren von Stimmen aus diesem Rauschen heraus gelang dem General Fletscher erst später, nach der Episode im All. Keiner hatte davon erfahren. Zwar hatte er anfangs, vom Reiz des Neuen angetan, immer wieder in den Köpfen seiner

Mitmenschen gelauscht, hatte auch andere Telepathen gefühlt. Aber gerade diese Erfahrung hatten seine Gedanken in ein Schneckenhaus geführt.

Keiner kann mir was.

Doch nun war er trotzdem auf dem Abstellgleis. Beruflich und nur das zählt für ihn.

Plötzlich hört Fletscher vor seinem Haus ein Auto, *nein zwei*, halten.

Morgens um 4.00 Uhr halten hier keine Autos. Was ist hier los? Die wollen zu mir.

Automatisch versucht er, die Gedanken der Insassen der Autos zu erfassen. Doch es gelingt ihm nicht.

Wenn ich sie sehen könnte!

Da klingelt es schon an der Haustür seines Vorstadthauses. Voller böser Ahnungen geht der General in Jeans und Unterhemd zur Haustür. Als er öffnet, begrüßten ihn zwei Beamte höflich.

„Guten Morgen, Herr Fletscher." und hielten ihm ihre Geheimdienstausweise unter die Nase.

Zwei Mann und zwei Autos. Vor einer Woche hätten sie mich noch mit Herr General angesprochen. Verdammte Scheiße, was soll das?

„Was soll das?"

„Können wir reinkommen. Wir wollen die Bewohner und ihre Frau nicht wecken."

„Meine Frau ist nicht da."

„Umso besser."

Die beiden jungen Beamten in schwarzen Anzügen, die wohl nur aus Gründen der frühen Tageszeit ihre Sonnenbrillen abgenommen haben, drängen sich an Fletscher vorbei ins Haus. Konsterniert auf die beiden vor seinem Haus parkenden Limousinen blickend, schließt der ehemalige General die Tür. Die Beiden haben den Weg in den Salon schon gefunden und warten stehend auf ihn.

Schnell hat der eine einen gefalteten Zettel aus seiner Jackentasche gezogen und Fletscher überreicht. Gleichzeitig leiert der andere.

„Im Interesse der nationalen Sicherheit bitten wir sie, mit uns zu kommen. Bitte packen sie ein paar notwendige persönliche Sachen, Zahnbürste und so."

Immer noch steht Flechter ungerührt vor den beiden Beamten. Nur kurz hat er auf die A4 Blätter in den Händen des Beamten geschaut.

Stumm schauen sich die drei im Raum stehenden Männer an.

„Bitte." sagt der mit den Zetteln.

Fletscher fängt an sich innerlich aufzuplustern und unbewusst hört er in die Köpfe der Beamten.

Nun schau einer den alten Mann an. Das soll vor einer Woche noch ein General gewesen sein. Armes Schwein. Das übersteht der nicht. Wenn die mit dem fertig sind, geht der nur noch als Penner durch. Wenn überhaupt.

Abrupt unterbricht Flechter sein Aufplustern und fällt körperlich und geistig zusammen.

„Wenn die Herren solange Platz nehmen. Ich rufe meinen Anwalt an."

„Keinen Anwalt!"

„Gut, ich packe ein paar Sachen."

Als er sich umdreht und ins Nebenzimmer gehen will, sagt der Beamte ohne Zettel,

„Ich begleite sie, Vorschrift."

Doch mit einem Hinweis, einen müden Wink, auf den Waffenschrank, in dem hinter dicken Glasscheiben ein Sturmgewehr und eine große Armeepistole zu sehen ist, wehrt der General eine Begleitung ab.

„Was denken sie, ich hole meine persönlichen Sachen aus dem Bad."

Einmal festgebissen in den Köpfen ist es für Fletscher leicht, die beiden zu belauschen.

Die beiden sind keine Mutanten. Wenn sie das wären würden sie mich nicht gehen lassen. Oder doch? Und was denken sie? – 'Verdammter Mutant. Wie der sich verstellen kann.' – 'Ein armes Schwein. Da holt der nun seine Haarbürste und in ein paar Stunden hat er gar keine Haare mehr. Wenn er Pech hat, haben sie schon morgen seinen Schädel geöffnet. Als ehemaliger General hat er eventuell noch Sonderrechte.'

Prüfend schaut sich der ehemalige General in den Spiegel.

Bin ich wirklich schon so alt. In Uniform habe ich mich bedeutend jünger gefühlt. Die Pension werden sie meiner Frau nicht wegnehmen. Die Kinder kommen allein zurecht.

Ohne zu zögern greift er in den Wäscheschrank. Hier hat er seit dem die Kinder aus dem Haus sind – seine Frau hat es einfach geduldet – eine Pistole, ein Mitbringsel aus dem letzten Wüstenkrieg, versteckt. Sie ist immer geladen. Ohne zu zögern hält er die Mündung an die Schläfe.

Verdammtes Gehirn. Ich blase dich weg.

Fletscher lächelt, als der Schuss sich aus der großkalibrigen Waffe löst. Das Objekt der wissenschaftlichen Begierde der Mutantenforscher verteilt sich im Bad. Beide Beamte schauen sich sprachlos an. Dann simultan „Verdammte Scheiße" eilen sie ins Bad.

***

„Und, hast du mit ihm geschlafen?"

„Das geht dich nichts an. Hast du mit deiner Frau geschlafen?"

„Du hast Recht, das geht uns nichts an. Aber wenn du mit einem Geheimdienstmann zusammen bist, noch dazu mit einem jungen Schleimer der gegen uns ermittelt, so muss ich doch nachfragen."

Frank hat beim letzten Satz die Stimme am Telefon erhoben,

nimmt den Hörer vom Ohr und schaut stellvertretend für Eva böse auf sein Handy. Das Handy, das er sich von seiner Tochter geborgt hatte.

„Lass gut sein Frank. Wir wissen, du liebst deine Frau und wir beide haben uns gern. Du hast bestimmt den Trailer über den Mutantenartikel von Professor Müller gesehen. Das wird unsere, deine Veranstaltung, noch aufwerten. Und da ist noch was, aber das sage ich dir nicht am Telefon. Nur: Ganz oben hat sich eingeschaltet."

„Damit kann ich zwar nichts anfangen – du wirst es schon machen. .... Ich soll also nicht schon morgen kommen und bei dir übernachten?"

„Peter Brode ist bei mir."

„O.k. halt die Ohren steif."

Oder was sonst auch immer bei deinem Peter.

„Du auch."

Über diese Entfernung kann Eva die Gedanken des Psychologen nicht lesen. Sonst hätte sie gelächelt.

Das wäre es noch gewesen, wenn der mir morgen den ganzen Tag vor die Füße laufen würde. Ich muss noch mit soviel Kollegen reden, Redaktionen aufsuchen. Der Lektor ist wirklich gut. Wie der das Filmmaterial mit Frank in der Wohnung irgendeines Michaels aufbereitet hat. Ich weiß nicht mal, wer dieser Michael ist. Richtig konspirativ. Dieser blöde Professor Müller wird außer sich sein, wenn am Sonntag nach seinem Artikel nur die zweite Reihe bei ihm erscheint und die erste bei Frank ist. Der kriegt einen Herzinfarkt. – Soll er doch.

Frank Lehnert schaut immer noch versonnen auf das Handy.

Ob es wieder anders sein wird, wenn wir unsere Gedanken spüren.

Er schüttelte seinen Kopf, zieht die Stirn in Falten und wendet sich seinem Laptop zu. Noch einmal lässt er den Film ablaufen, hört seine Worte, die kommentierend die Bilder erklären.

Bilder, die eigentlich schon die ganze Welt gesehen hat. Die sollen es bringen? Auch. Übermorgen. Und danach?

**

Tina und Michael halten sich an den Händen. Hier in Evas Wohnung, können sie ungestört und ungehemmt ihre Gedanken austauschen.

Sie konnten sich zwar gegenseitig ihre Gedanken zeigen, aber eine Verschmelzung gelang bisher nur im Zustand der sexuellen Ekstase. Sonst nicht. Das war in Ordnung so für beide. Sie hatten sich darüber schon öfter unterhalten. Jeder wollte Individuum für sich sein. Dazu gehörte für beide auch die Unversehrtheit der Gedanken.

Wenn du in der Hauptstadt bist, kannst du Lehnert ja bei seinem Auftritt besuchen. Ich weiß gar nicht, was der in meiner Wohnung getrieben hat. Fast zwei Nächte haben er und so ein Mensch aus der Hauptstadt das ganze Wohnzimmer mit irgendwelchem Computerzeugs vollgestellt.

Michael, ich halte ein Referat. Ich habe mit mir zu tun.

Schon gut. Ich weiß ja. Ich wäre hingefahren. Aber morgen spiele ich selbst und Sonntag haben meine Jungs Regionalmeisterschaften.

Es ist immer wieder herzerfrischend wie ernst du das mit deiner Mannschaft nimmst. Ohne einen Pfennig dafür zu bekommen. Dein Studium beenden wäre auch nicht schlecht.

Mach`,mach` ich. Warten wir mal den Sonntag ab.

Was soll da sein? Denkst du, es wird der Mutantenstaat mit dir als Sportminister ausgerufen?

Ach lass! Reden wir am Montag.

„Ich gehe zum Training, sehen wir uns noch?"

„Ich fahre in einer Stunde. Komm gib mir einen Kuss."

***

Zum wiederholten Male las Professor Müller die Berichte der Abteilungsleiter seines Physikalischen Instituts.

Noch immer keine Resultate über die Beschaffenheit der Gehirnwellen, mit denen sich die Galaktischen verständigt haben. Man denke nur, sie erreichen uns damit über eine Entfernung von zwei Lichtjahren. Wir alle haben sie gespürt, als sie dann mit ihrem sonderbaren goldenen Schiff im Orbit zu uns sprachen. Und? Nichts! Auch in ihren übermittelten Aufzeichnungen findet sich kein Wort, kein Hinweis darauf. Ja, als ob sie es ausradiert haben.

Als ob er das Gewicht der Berichte prüfe, nahm er die drei Hefter in die Hand. Die entsprechenden CD's lagen auf dem Tisch.

Nun gut, gebe ich sie weiter und die entsprechenden Abteilungen auch.

Es schmerzte dem Physikprofessor, drei Abteilungen dem Institut für angewandte Psychologie abzugeben.

Wenn der Professor Roth nicht so ein Arsch wäre. Erst sein Auftritt in unserer Kommission, dann seine Ankündigung von seinem Artikel, der übermorgen kommen soll und jetzt bekommt der noch solche Befugnisse. Es regiert der Wahnsinn. Die werden doch keine Pogrome inszenieren. Ich schütze meine Angestellten.

Zwei Assistenten hatten ihm berichtet, über telepathische Fähigkeiten zu verfügen. Der Professor hatte sie in seinem Büro unter vier Augen getestet. Das war schon vor Wochen. Er hatte ihnen Verschwiegenheit empfohlen. Noch wusste keiner in welche Richtung die Angelegenheit läuft. Gerade gestern hatte er einen dankbaren Blick von einem dieser Assistenten erhalten.

Oder hätte ich sie als Forschungsobjekte nutzen sollen?

***

Eigentlich ein ganz normaler Sonnabend.

In der Druckerei lief der große Artikel des Professor Roth auf riesigen Maschinen, wurde nochmals Korrektur gelesen. Korrektur auf Rechtschreibung, nicht auf Inhalt.

Sybill Fletscher erfuhr vom Tode ihres Mannes – Herzinfarkt.

Einige Ureinwohner des südlichen Kontinents klagten am Grab von Mary Welch.

Peter Brode traf sich mit seiner Sekretärin, der schönen Frau Liebesam, in seinem Büro. Er hatte sie zur Arbeit bestellt. Sie wusste, dass er nicht arbeiten wollte. Er wusste, dass sie es wusste.

Ehrhard Koch genoss seinen unerwartet schnell erreichten Ruhestand. 'Muttchen' öffnete ihm ein Bier zum Fußballspiel am Nachmittag.

Der Kardinal erfuhr vom Heiligen Vater von seiner sofortigen Abberufung. Gleichzeitig war er zur Leitung einer Arbeitsgruppe Telepathie und Kirche berufen worden. Beide Kirchenfürsten brauchten für ihr Gespräch unter vier Augen keine Worte.

Tina hielt ihr Referat auf der Tagung in der Hauptstadt.

Michael verschoss einen Strafstoß und seine Mannschaft verlor das Pokalfinale.

Petra besuchte ein Museum mit ihren Kindern. Nur weil die beiden um die Gedanken ihrer Mutter wussten, waren sie an diesem Tage ihrem Wunsch gefolgt. Sie leisteten Beistand.

Die rothaarige Eva organisierte mit ihrem Kollegen aus dem Verlag die morgige Pressekonferenz.

Professor Roth verfolgte genüsslich die ixte Wiederholung der Ankündigung seines morgen erscheinenden Artikels und bereitet sich auf den Ansturm der Journalisten vor.

***

Völlig ruhig, ja entspannt, saß Frank Lehnert vor dem großen Fenster in seinem Wohnzimmer. Der Rotwein und die Zigarre schmeckten ihm auch am Nachmittag. Dies ging natürlich nur, wenn seine Frau nicht im Hause ist.

Wie es ihr wohl geht? Bestimmt ist sie aufgeregt. Gut, dass sie nicht bis ins Letzte Bescheid weiß. Susann und Carlo haben die Tickets für den Flieger – wenn es schief geht. Ob Petra einfach so mitfährt? Morgen werden wir sehen! Ganz ruhig. Ganz ruhig.

***

Die Sonntagsausgabe der großen Boulevardzeitung ist Minuten nach ihrem Erscheinen auf den Bahnhöfen und in den Bäckerläden der Hauptstadt ausverkauft. Selbst die Straßenverkäufer boten keine mehr an. Frank Lehnert muss bei seiner Fahrt mit dem Taxi vom Bahnhof nur müde darüber lächeln. In seiner Provinzstadt hatte er vor seiner Abfahrt ein Exemplar bekommen.

Vorn auf dem Beifahrersitz, neben dem Fahrer lag ebenfalls ein Exemplar. Doch der Taxifahrer dachte an die bevorstehende Hochzeit seiner Tochter. Also sprach der Psychologe den Taxifahrer an.

„Na, haben sie schon gelesen?"

„Habe ich"

„Und was halten sie davon?"

„Ach wissen sie, vor Jahren wurde immer vor UFO´s gewarnt. Nun waren die da und nichts ist passiert. Na ja, von den Stimmen im Kopf mal abgesehen. Das war schon echt gruselig. Nun sind es eben die Telepathen. Was sollen die schon in meinen Kopf gucken. Meine Frau sagt immer, da ist eh nichts drin. Da brauchen s´e mal wieder über einen ´ne Schlagzeile. Mal ist es ein Sänger, mal ist es ein Fußballer, nun ist es ein Professor."

„Das ist auch wahr. Aber wenn ich ihnen sagen würde, ich

sei ein Telepath."

Der Wagen steht an einer roten Ampel, so dass der Taxifahrer sich umdrehen kann. Er schaut den Psychologen an, schaut ihm in die Augen:

„Dann würde ich sagen, gut dass ich die kürzeste Strecke zum Verlagshaus genommen habe. Sonst hätten sie mich wohl entlarvt."

Und machen sie sich nicht ins Hemd, Herr Dr. Lehnert, was denken sie sich denn, wie viele Telepathen ich so durch die Gegend kutsche. Und jeder will prüfen, ob ich betrüge. Mit mir nicht. Da denke ich immer an die Hochzeit meiner Tochter. Und nichts für Ungut, Herr Doktor.

Die Gedanken hatte der Psychologe vernommen, als der Fahrer sich schon längst wieder nach vorn gedreht hatte und sein Fahrzeug in Bewegung setzte.

Der Taxifahrer wunderte sich gar nicht, dass sein Fahrgast in ein befreiendes Lachen ausbrach.

Als das Taxi in die Einfahrt des Verlagshochhauses einfuhr, stockte Frank der Atem.

Eva hatte zwar von einer starken Medienpräsens gemunkelt und der Lektor die Verlegung seiner Präsentation in den großen Saal avisiert, doch das was er jetzt sah, überstieg seine kühnsten Erwartungen, seine Befürchtungen. Da waren Übertragungswagen nicht nur der staatlichen und privaten Sender. Auch ausländische Sender hatten ihr Equipment vor und im Foyer des Hauses installiert. Eine Meute von Journalisten wartete.

Die warten auf mich. Nein, nicht schon vorher. Am besten komme ich über die Tiefgarage rein.

Der Taxifahrer verstand ohne Worte und lenkte das Auto an der Auffahrt vorbei zum Hintereingang. Als dann Franks Handy klingelte und Eva ihm aufgeregt empfahl, wenn er denn ankommt, doch lieber den Hintereingang zu nutzen, sagte er nur kurz „Schon geschehen."

Dort angekommen, wartete sein Lektor schon auf ihn. Noch beim Bezahlen hörte er mit Spott versehen, *Du kommst nicht zu spät.*

Der Taxifahrer antwortete für ihn, *Schneller ging's wirklich nicht.*

„Ein guter Anfang für unseren Event" lachte nun der Lektor. In das Lachen fielen Frank und der Taxifahrer ein.

„Wenn das den ganzen Tag so geht, eben lachte ich noch im Taxi, haben wir gewonnen."

„Ja, irgendwer scheint es gut mit uns zu meinen. Gestern Morgen war vom Innenministerium ein Verbot unserer Pressekonferenz in den Verlag gefaxt worden. Eine Stunde später kam die Aufhebung des Verbotes. Beide Faxe gingen natürlich auch den Redaktionen zu. Das macht sie heiß. Irgendwer ganz oben scheint es gut mit dir zu meinen."

Und mit dem Zeigefinger zeigte der Lektor noch einmal in den Himmel.

„Gehen wir in mein Zimmer."

Hier angekommen stand schon Kaffee auf dem Tisch, eine Zigarre lag auf dem Aschenbecher. Auf dem Monitor war der sich füllende Saal zu sehen. Eva, die fast jeden Gast mit Handschlag begrüßte, Fernsehteams auf ihren Platz delegierte.

„Wir fangen an wie abgesprochen. In 10 Minuten geht's los. Du hast also dann noch genau 18 Minuten Zeit"

„28 Minuten – da rauche ich doch die gute Zigarre."

**

Das kann doch nicht sein.
„Das kann doch nicht sein." schrie Professor Rohm seinen Fernseher an. Da hält mein ehemaliger Schüler eine Pressekonferenz und die ganze Journalistenmeute stürzt sich auf ihn.

Seit zwei Stunden saß er schon am Telefon und nahm

Glückwünsche für sein couragiertes Auftreten in der Zeitung entgegen, ließ sich als Nazi beschimpfen und verabredete Interviews mit Redaktionen. Doch eigentlich hatte er mit mehr Medien gerechnet. Und nun dies. Da kündigte der erste staatliche Fernsehsender die Liveübertragung der Pressekonferenz mit Dr. Frank Lehnert an.

Als der Professor zum Zweiten schaltete, sah er die gleiche Ankündigung. Und auch noch auf zwei Privatsendern.

Jetzt reichts!

Nachdem es fast zwei Stunden andersherum war, dass nämlich er zum Hörer griff, um ein Gespräch entgegenzunehmen, griff er diesmal energisch zum Telefon, um anzurufen.

Die Nummer des Dr. Roth vom Innenministerium war gespeichert, doch er hämmerte die Tasten, als ob die Verständigung über Buschtrommeln hergestellt werden sollte.

Sein Telefonpartner war auch sofort am Hörer.

„Dr. Roth."

„Hier Professor Rohm, schaust du Fernsehen?"

„Nein. Aber ich mache gleich an. Dein Dr. Lehnert gibt eine Pressekonferenz zu seinem Buch."

„Mein Dr. Lehnert! Der gehört doch zur Mutantenmafia! Ihr müsst das verbieten. Und zwar sofort."

„Nun mal langsam. Erstens haben wir das versucht, doch es kam ein Widerruf von ganz oben."

„Etwa von Minister Bleckenbush?"

„Von ganz oben, habe ich gesagt und zweitens, was soll denn passieren? Schau dir doch das ganze erstmal an."

„Das werd´ ich!"

Hochrot springt der Professor auf, nimmt seinen Mantel und verlässt seine Wohnung, um gleich darauf an der Tür zu klingeln. Seine Frau öffnet und sieht in fragend an. Doch der Professor stürmt aufgeregt in das Wohnzimmer. Seine Frau kann nur sehen, dass er aufgeregt am großen Schrank nestelt. Schon hat er die Wohnung wieder verlassen.

***

„Es geht los. Schauen wir uns den ersten Teil von hier an?"

Frank nickt dem Lektor zu und zeigt auf seine erst halb abgebrannte Zigarre. Beide schauen auf den Monitor.

Im großen Saal geht langsam das Licht aus. Mit dem Schwenken der Vorhänge wird eine kinogroße Leinwand enthüllt. Das Licht ist aus, im Saal wird es still. In den nächsten 18 Minuten werden die im Saal anwesenden Journalisten und Gäste des Verlages nochmals die Ereignisse sehen, die sie fast alle vor einem Jahr live an den TV-Geräten erlebten. Doch diesmal ist es ein Zusammenschnitt und alle können die Gedanken der Agierenden vernehmen. Frank hat seine Gedanken selbst synchronisiert. Die Gedankensprache der Galaktischen, wenn sie denn nicht wie damals orginal in der Stimme des Psychologen vom Raumschiff hervorgebracht wird, wird von einer dunklen Frauenstimme übernommen.

In das Dunkel des Saales hinein ertönt über die Lautsprecher die Stimme Frank Lehnerts. Die Zuschauer können sofort zwischen den jetzt hinein synchronisierten Gedanken, dem Originaltext und dem Kommentar unterscheiden. Und zum Beginn nur die Stimme des Psychologen im dunklen Saal:

Da stehe ich nun kurz vor dem Ereignis meines Lebens und bin ganz ruhig. Gut 20 Jahre ist es her, als ich meine Dissertation über die Alienphobie schrieb. Deshalb bin ich jetzt hier – das Schicksal ist verrückt.

Jetzt erst läuft der Film an.

Die Totale zeigt Frank Lehnert in der internationalen Raumstation und die Annäherung des Raumschiffes der Galaktischen.

Sollen wir rüberschweben. Das kann ich nicht. Kommen sie rüber. Wie groß sind sie? Passen sie durch die Schleuse, oder sind es Zwerge?

Die Besucher der Pressekonferenz sehen den mit dem

Raumanzug 'verkleideten' Psychologen und vernehmen seine Gedanken.

„Kontakt."

Die Luft war aus der Schleuse gepumpt worden. In der Mitte des Verbindungsschachtes zwischen den beiden ungleichen Raumfahrzeugen hatte sich eine ebenso transparente Grenzschicht gebildet

„Jetzt öffnet sich das Schiff der Galaktischen. Die Wesen schreiten in den Schacht." erklangen die Worte Ginsehs.

Langsam öffnen sich die Tore und eine Atmosphäre füllt zischend die Schleuse.

„Im Kopf und wie zur Bestätigung durch die Kopfhörer hörten wir Drei:" kommentiert Frank, *Im Gang ist eure Luft, Vorsicht – hier könnt ihr gehen.*

Wie damals Milliarden an den Bildschirmen, erstarren die Besucher der Verlagsveranstaltung im großen Saal vor der Leinwand. Ohne Probleme gelingt es ihnen zwischen den gesprochenen Worten des Originaltons, den Kommentaren Frank Lehnerts und den hineinsynchronisierten Gedanken zu unterscheiden. Sie erleben die Situation jetzt so, wie sie der Psychologe damals erlebt hat.

„*Wir begrüßen die Vertreter des Planeten, den ihr Erde nennt, die, die ihr euch Menschen nennt und uns als Galaktische bezeichnet. Lange hat unser Volk Gleiche im Universum gesucht. Uns beherrscht große Freude.*"

„Ich dachte einfach:"

Wir begrüßen Euch – die Galaktischen, wie wir Euch nennen – im Orbit unseres Planeten.

Überrascht hatte damals Frank seine beiden Begleiter angeschaut. Doch beide nicken ihm zustimmend zu.

Wundert Euch nicht, dass ihr uns hört und versteht. Wir haben das Leben auf eurem Planeten und eure Geschichte aus dem elektronischen Netz heraus studiert. Die Art eurer Kommunikation untereinander ist eine andere als bei uns. Wir verständigen uns

allein über die Kraft der Gedanken. Doch wir konnten feststellen, ihr könnt uns hören und wir können euch hören.

„Ich hatte es geahnt und die Gedanken rasten durch meinen Kopf. Ich befragte die anderen zum weiteren Vorgehen. Wir, jedenfalls ich, hörte die Galaktischen in meinem Kopf. Doch ihre Botschaft war für alle bestimmt. Die Galaktischen reagierten sozusagen aus meinem Kopf heraus:"

Wollt ihr unsere Nachricht noch einmal akustisch haben?"

„*Ja!*" und Franks Nicken zu diesem Gedanken ist im Film zu sehen.

Es ist seine Stimme, die die Galaktischen für ihre Botschaften benutzen. Genau wie damals, es waren ja auch Originalaufnahmen:

„Wir begrüßen die Vertreter des Planeten, den ihr Erde nennt, die, ..."

Ein Raunen ging schon einige Zeit durch den Saal. Jetzt wird es wieder still.

Obwohl alle diese Aufnahmen damals im Original, dann in den verschiedensten Ausschnitten bereits gesehen hatten, fesseln die Ereignisse auch diesmal die Zuschauer.

„Noch immer überrascht, dass die Galaktischen unsere, meine, Gedanken so selbstverständlich aufnahmen gingen wir in die Schleuse zurück, in der wir unangenehm durch die Schwerelosigkeit überrascht wurden." Ertönte Franks Kommentar.

„Die Verständigung mit den Galaktischen muss nun in geordnete Bahnen gebracht werden. Im Grunde genommen haben wir noch keine Informationen über sie. Die wichtigsten Fragen sind: Wo kommen sie her, und noch wichtiger: Was wollen sie hier? Was ist der Zweck ihrer Reise?", war das Fazit des auch wie ich unter Kopfschmerzen leidenden Professor Ginseh.

Und weiter „Wollen sie uns an ihren wissenschaftlich – technischen Errungenschaften teilnehmen lassen? Was wollen sie dafür von uns?"

„Wer soll unser Parlamentär sein. Gehen sie nochmals Professor Ginseh?" Erklingen wieder die Originaltexte zu den Bildern aus der Raumstation ....

Frank steht vor den Galaktischen.

Ich glaube, ich könnte mit euch so sprechen, doch ich werde meine Gedanken akustisch bekleiden – hoffentlich versteht ihr mich.

„Ich glaubte ein Nicken beobachtet zu haben und spürte die Bestätigung der Fremden. Erst vernahm ich in Gedanken, dann akustisch:"

„Unsere Heimat ist die Galaxis ......" und alle erinnerten sich an die damalige Ansprache des intelligenten Schiffes der Galaktischen.

Die telepathische Botschaft der Galaktischen war für die Journalisten und Besucher der Pressekonferenz neu:

Bevor wir in eine Pause treten: Vor unserem Abflug werden wir uns noch einmal treffen, uns noch einmal zu dem jetzt auftretenden Phänomen der immer besser werdenden Verständigung zwischen uns Gleichen – ohne Künstliche Intelligenz – verständigen.

„Wie bereits zu Beginn des ersten Gesprächs merkte ich, dass alles was ich zuletzt gehört hatte – nicht akustisch war." Die fast gleichzeitig zu Franks Kommentar gezeigten Bilder bewiesen die Wahrheit. Frank drehte sich im Film zu Mary Welch und Professor Ginseh um.

Ihr habt das auch gehört? Ja, wir auch. Antwortet ihm nur Mary Welsch. Du kannst mich verstehen, Mary?

Ich höre was du denkst.

Beide blicken zu Ginseh, dann treffen sich wieder ihre Augen und sie wissen beide, auch die Zuschauer im Saal:

Er nicht.

„Als Mary und ich uns den Galaktischen zuwandten vernahmen wir :"

Dieses Problem meinen wir. Ihr könnt unsere Gedanken vernehmen, wir vernehmen eure Gedanken. Wir hatten es zu Beginn unseres Gespräches endgültig festgestellt. Doch ihr könnt euch untereinander ebenso verständigen. Noch unvollkommen, doch wir beobachten das Wachsen dieser Fähigkeit hier bei euch. Nachrichten von eurem Planeten zeigen es, dass das nicht mit unserem unmittelbaren Kontakt verbunden ist.

Mary Welsch's Gedanken wurden aus Frank's Erinnerungen und mit ihrer Orginalstimme synchronisiert.

Wie bei den Ureinwohnern meines Volkes. Schon oft ist es mir vorgekommen, als ob sie sich nur mit den Gedanken verständigen. Das Leben in dieser Region des Planeten kommt mit viel weniger gesprochenen Worten aus. Oft blicken sie mich auf meine wortreich gestellten Fragen nur an, als ob die Antworten in den Augen zu lesen seien. Ob das die Galaktischen meinen? Hat mein Volk diese Fähigkeiten, die ich jetzt habe. Die Galaktischen haben noch kein Wort zu Gott gesagt. es müssen doch unzählige Fragen per Funk über Gott auf sie einstürmen. – Frank?

Ich höre dich und weiss von deinem Willen, sie zu Gott zu befragen. Du brauchst die Bestätigung von Ginseh. Und sprich laut. Bitte!

Mary wendet sich ihrem Delegationsleiter zu, der, als ob er ihr Anliegen ahnt, sich ebenso ihr zuwendet.

„Professor Ginseh, ich will unsere Freunde, ich bezeichne sie so, nach Gott befragen."

„Das Protokoll sieht diese Frage nicht vor, noch nicht. Doch das Protokoll existiert sowieso nicht mehr und die Galaktischen werden uns bald schon wieder verlassen. Ich hindere sie nicht. Hoffentlich führt das nicht zu einer Katastrophe."

Und noch einmal vernehmen die Anwesenden den Disput zwischen Mary Welch und den Galaktischen zur Frage um einen Gott, sehen den Zusammenbruch der jungen Geistlichen.

„Mary Welch ist ob ihrer telepathischen Fähigkeiten in ihrem Land gesteinigt worden. Aber das werden sie ja wissen." spricht Frank Lehnert in das Ende dieses Filmausschnittes.

Eine neue Filmsequenz.

Frank Lehnert, Professor Ginseh und der Raumschiffkommandant General Fletscher halfen sich gegenseitig beim Anlegen der Anzüge.

Das wird also die letzte Begegnung sein. – Ich will nach Hause. – Das ist nun mein größtes Abenteuer. Ein Menschheitstraum. Und ich will nach Hause. Das wird mir nie einer glauben – ich glaub's ja selber nicht. Petra wird mir eventuell glauben.

Franks Blick geht zu Fletcher. Hoffentlich macht der keinen Blödsinn.

Der hasst die Galaktischen – ich spüre es, ja, ich höre es. Aber einen konkreten Plan, ihnen was anzutun, hat er nicht. Ich sollte mit ihm reden. Weil es bisher so gut gelaufen ist. Der Professor hält sich weise zurück. Der ist weise. Seine Gedanken sind ruhig, ausgeglichen. Er denkt nicht, dass er mir die Verantwortung aufgeladen hat. Seine telepathischen Fähigkeiten tendieren jetzt gegen Null.

„Und wieder nahm ich das merkwürdige Gemisch von Gedankenübertragung und den Tönen aus den Lautsprechern wahr. Professor Ginseh hatte endlich die offizielle Gesprächsführung übernommen."

Die Zuschauer sahen das Gespräch und hörten leise die Stimmen. Frank Lehnerts Eindrücke zum damaligen Zeitpunkt wurden jetzt lauter, über den Originalton gesprochen.

„Ich konnte mich darauf nicht konzentrieren, die Galaktischen 'sprachen' gleichzeitig mit mir."

Du beherrschst unsere Form der Kommunikation und auf eurem Planeten werden es immer mehr. Das stellt eine große Gefahr für eure Kultur dar. Wir wissen jetzt, dass wir dies ausgelöst haben und sind sehr bestürzt. Es war nicht vorauszusehen und wir konnten es nicht verhindern; wir kennen die Ursachen nicht. Du, der du dich mit dem Denken beschäftigst, wirst die Ursachen erforschen und die Auswirkungen spüren. So verlassen wir euch im Hochgefühl nicht allein zu sein und voller Angst, euch geschadet zu haben.

„Mein Nicken, wurde auf den Monitoren der Welt damals bestimmt als unmotiviert wahrgenommen.Die Gedanken schossen mir durch den Kopf."

Was würde das für eine Zukunft werden? Würde dieses Phänomen nur auf wenige beschränkt bleiben? Wären das die oft beschriebenen und gefürchteten Mutanten? Oder würde die Fähigkeit, Gedanken zu lesen auf alle Menschen übergehen?

Dies sind auch unsere Fragen.

„War der letzte Gedankenimpuls der Galaktischen, den ich vernahm."

Der 'Rüssel' zwischen beiden Raumschiffen verschwindet. Das Raumschiff der Fremden schwenkt aus den Planetenorbit, koppelt am Rande des Sonnensystems an seine intergalaktische Antriebseinheit und verschwindet wie eine umgekehrte Sternschnuppe aus den Augen der Menschheit.

Im Film dauert dieser letzte Vorgang nur Sekunden.

Noch ist kein Licht im Saal, als ein Spot auf das Rednerpult fällt und Frank Lehnert in den Saal spricht:

„Das ist die Geschichte, wie ich sie erlebt habe. Seit dem lebe ich als Telepath. Ich habe das Wachsen telepathischer Fähigkeiten bei anderen Personen beobachtet, mich mit Telepathen verständigt."

Frank nimmt die Sonntagsausgabe mit Professor Rohms Telepathenartikel in die linke Hand, hält sie hoch.

„Wir müssen über Telepathen reden."

Kurz stockt er, lässt seinen Blick von einen zum anderen der Anwesenden gehen und viele von ihnen verspüren in ihren Köpfen die Sätze, *denn ich bin ein Telepath. Und mindestens 100 andere hier im Raum sind auch Telepathen.*

Dann wiederholt er es laut.

„Denn ich bin ein Telepath. Und mindestens 100 andere hier im Raum sind auch Telepathen."

Noch immer herrscht eine Totenstille im Saal. Reporter, Kameramänner und andere zur Pressekonferenz geladene Gäste schauen sich fragend an. Hier schüttelt einer den Kopf, einzelne blicken auf den Boden vor sich, dort ist eine stumme Verständigung zu sehen. Telepathische Botschaften prasseln auf den Psychologen hinter dem Rednerpult ein.

Zu früh!
Ich bin kein Telepath!
Endlich!

Frank ist zum Präsidium gegangen. Er setzt sich in die Mitte zwischen den Lektor und Eva. Vor beiden steht das Namensschild mit dem Zusatz – Konferenzleitung –.

Neben Eva hat für Frank überraschend die Chefin des Verlages Platz genommen.

Von dem Lektor vernimmt er *eine Eingeweihte, keine Telepathin. Bei dieser Publicity wird dein Buch der Knaller. Denkt sie.*

Nach und nach beginnt die Veranstaltung die Form einer echten Pressekonferenz anzunehmen. Fragen prasseln, dann geordnet durch den Lektor und Eva, auf Frank ein. Blitzlichtgewitter nimmt ihm teilweise den Atem.

Nachdem die Fotografen auf einen Fototermin vertröstet sind, ihre Plätze wieder einnehmen, beginnt Frank die Fragen nach und nach zu beantworten. Die Fragen nach Namen von Telepathen beantwortet er nicht.

Zwei Journalisten beginnen ihre Fragen mit einem Bekenntnis, Telepath zu sein. Schon versuchen einige ihrer Kollegen, sie nach ihren Fragen sofort zu interviewen.

So muss Eva bitten, dass im Interesse der Veranstaltung keine weiteren Bekennungen erfolgen sollen.

Kaum hat sie die letzten Worte gesprochen, da ist vom hinteren Ende des Saales eine laute Stimme zu hören. Fast gekreischt, „Doch sie sollen sich outen! Sie sollen sich vor laufender Kamera outen! Damit wir Gesunden uns vor ihnen schützen können."

Die Intensität der Stimme, dann auch der Inhalt der Worte haben den Saal zum Schweigen gebracht. Professor Rohm hat genau dies erreichen wollen. Seine Aufgeregtheit ist wie weggeblasen. Ein großes Auditorium ist seine Welt.

Mit großen Schritten und wehendem Mantel drängt er sich nach vorn. Die in den Gängen stehenden Fotografen und Kameraleute beiseiteschiebend hat er die Aufmerksamkeit auf sich gezogen. Dies verstärkt er noch mit den, nun in gefasster Stimme vorgetragenen Rufen.

„Wir Gesunden müssen wissen, wer zu den Aliens gehört!"

Zielgerichtet schreitet der Professor hinter das Rednerpult. Das Präsidium scheint ob des Auftritts wie erstarrt. Nur der Lektor legt den vor ihm liegenden Schalter um.

Und als der nun völlig gefasste Professor seine Ansprache halten will, ist das Mikrophon abgeschaltet. Völlig verdutzt, dann wütend, schaut der Professor zum Präsidium.

Jetzt oder nie!

Frank hat seine Überraschung über den Auftritt seines ehemaligen Mentors überwunden und stellt das Mikro vor sich an. Zuerst blickt er zum Rednerpult.

„Warum machst du das, Bernhard? Nicht nur ich spüre es, dass dein Hass auf die Telepathen persönlichen Motiven entspringt. Du kannst nicht verstehen, dass bei dir die Gabe noch nicht eingesetzt hat. Du, der sich für einen der größten Denker hält. Ja, auch ich denke, dass die Gabe der Telepathie eine natürliche Weiterentwicklung, eventuell auch eine evolutionäre Wiederentdeckung, katalysiert durch die Galaktischen, ist. Doch wie immer vollzieht sich das nicht geradlinig, gebunden am IQ oder gar an Berufe. So ist keiner wertvoller, der Telepath oder der Nichttelepath. Beide müssen es lernen, miteinander zu leben. – Zu lieben."

Schon längst hatte sich Frank Lehnert wieder dem Saal zugewandt. Eva, die ihrem Nachbar in Worten und Gedanken folgt, hatte zuletzt die Qualen Franks erkannt, als er an seine Frau dachte.

Petra, ob sie mich noch liebt. Oder hat sie Angst vor mir, dem Monster?

Ruhig ist es im Raum geworden. Die Anwesenden schauen auf den Psychologen und blicken nach innen. Eine ungewöhnliche Pressekonferenz. Keiner achtet mehr auf Professor Rohm. Der fühlt sich bloßgestellt, gedemütigt. Sieht innerlich schon den Telepathen Frank Lehnert seinen Platz im Institut einnehmen. So wie dieser den Aliens begegnen durfte.

Dies ist ungerecht!

Immer mehr fokussiert sich in seinen Gedanken auf diesen ehemaligen Schüler, als sein Feind.

Hatte er fast unbewusst die Pistole aus seinem Schrank in seiner Wohnung genommen, fühlte er jetzt deutlich den kalten Stahl in seiner Hand, die in der Manteltasche steckte.

Und je mehr er nachdachte, diesen Frank Lehnert ganz ruhig und sachlich auf die unterschiedlichsten Fragen der Journalisten antworten sah, Töne hörte er schon nicht mehr, desto mehr steigerte sich sein Hass auf diesen Mann. Seine Wut wich einer kalten Entschlossenheit.

Einige Kameras sind noch auf ihn gerichtet, andere schwenken wieder auf ihn, als er sich wenige Meter vor dem Präsidiumspult aufbaut, die Hand mit der Pistole aus dem Mantel holt und auf Frank Lehnert zielt.

Schlagartig ist es totenstill im Saal.

„Du verdammter Alienbastard. Du und deine verdammte Telepathenhure."

Mit der Pistole zeigte Rohm auch auf Eva.

„Denkst du etwa, wir wissen nicht von eurer Verschwörung und dass ihr miteinander fickt, um Telepathennachwuchs zu zeugen?"

Die letzten Worte treffen Frank Lehnert sichtlich.

Ich hätte es Petra erklären sollen. Sie hat es geahnt.

„Ja, da staunst du. Wir kennen eure Geheimnisse. Auch ohne Telepathen zu sein. Doch wir werden es nicht zulassen."

Er will mich töten. Klar kann ich seine verzerrten Gedanken lesen. Er will mich töten und doch geht es ihm immer nur noch um sich. Warum habe ich keine Angst? Bin ich mit dem Tod alle Probleme los? Deshalb?

Kaum hört Frank noch auf die geschrienen Worte des Professors, noch achtet er auf tumultartige Szenen im Saal, die auf die Totenstille folgen. Er nimmt die Angst Evas und des Lektors wahr.

Eigenartig, sie haben mehr Angst um mich als um sich. Die Pistole geht doch hin und her. Er wird mich töten, wenn ich nur den Mund aufmache. Also dann anders! Die Galaktischen konnten es, vielleicht klappt es bei mir auch.

Frank schließt die Augen und konzentriert sich.

Das ist nicht der Kampf zwischen Telepathen und Nichttelepathen. Wir können in Frieden miteinander leben. Wir brauchen keine Angst voreinander zu haben.

Und nur für sich: *ein bisschen pathetisch, aber wie sonst?*

Und wieder vernehmen alle, auch die Nichttelepathen, *Professor Rohm ist verletzt, verwirrt. Übt Toleranz mit ihm!*

An dieser Stelle fällt der Schuss. Frank hört, immer noch mit geschlossenen Augen, diesen unwahrscheinlich lauten Knall der aus fünf Meter Entfernung abgefeuerten Pistole und spürt fast sofort eine warme Flüssigkeit über sein Gesicht rinnen.

Ein Aufprall auf seinen Oberkörper lässt ihn mit seinem Stuhl nach hinten kippen.

Schwer legt sich etwas auf seinen Bauch, Brust und sein Gesicht.

Kein Schmerz? Eva, was ist los? Bin ich tot?

Doch Frank hörte keine Antwort. Langsam kehrt seine Wahrnehmung zurück, spürt den Körper auf sich liegen, schmeckt Blut auf seinen Lippen, hört die Geräusche eines Handgemenges.

Nur schwer kann er sich von der Last befreien und sieht dabei Evas Körper und ihr Gesicht... oder was nach einem Schuss aus einer 9mm Pistole aus fünf Meter Entfernung davon übrigbleibt.

Während der Psychologe sich auf seine telepathische Botschaft konzentrierte, hatte Eva den Professor mit all ihren Sinnen beobachtet. Frank Lehnerts telepathische Bitte um Toleranz mit dem Verhalten des Professors, hatte dieser ebenso aufgenommen, aber erneut als Demütigung verstanden. Das brachte bei ihm das Fass zum überlaufen. Wutentbrannt schloss er die Augen und drückte ab. In diesem Moment hatte sich Eva instinktiv, ihre Angst war wie weggeblasen, vor Frank gebeugt. Die Kugel durchschlug ihren Kopf.

Die Kugel wurde dadurch abgelenkt und verfehlte Frank.

Unten im Saal versuchen beherzte Journalisten Professor Roth zu überwältigen und ihm die Pistole zu entwinden. Andere filmen und fotografieren das Handgemenge.

Auf anderen Sendern ist das Wegschieben der Leiche durch Frank von seinen Körper live zu erleben. Wie er mit blutverschmiertem Gesicht über dem Frauenkörper kniet und auf einen Rest des Kopfes einen Kuss drückt. Franks Kopf ist einfach leer.

Langsam richtet er sich auf und wie durch ein Wunder für die Besucher im Saal unten, die hatten das Opfer Evas kaum wahrnehmen können, taucht Frank Lehnert blutverschmiert, fragend in den Saal schauend, hinter den Präsidiumstischen auf.

Warum? Warum? Warum Eva?

Der Kampf um die Waffe hatte Professor Rohm und seine Widersachern das makabere Schauspiel der 'Auferstehung' des Telepathen Frank Lehnerts nicht miterleben lassen.

Erst die Frage in ihrem Kopf *Warum?* lässt sie innehalten. Verwundert blicken sie auf die blutverschmierte Gestalt.

Professor Rohm und Frank Lehnert blicken sich in die Augen. *Warum?* Lange. *Warum?* Der Professor hebt seinen Arm, in der er immer noch die Pistole hält. Wie in Zeitlupe. Beide blicken sich in die Augen. Lange.

Warum? Wieder löste sich der Schuss. Die Kugel trifft Frank Lehnert in die rechte Schulter und wirbelte ihn herum. Die telepathische Frage *Warum?* erstirbt.

Das offizielle Zusammenleben mit Telepathen hat begonnen.